中国不法行為法の研究

――公平責任と補充責任を中心に――

文 元春 編著

王 成・張 愛軍・亓 培氷・瀬川信久・
小口彦太・但見 亮・長 友昭 著

成 文 堂

はしがき

　本書は，公益財団法人ヒロセ国際奨学財団平成27年度研究助成（助成課題：「不法行為民事責任に関する日中比較法研究」，研究代表者：文元春，助成期間：2015年12月〜2018年4月）に基づいて実施した日中共同研究の成果である。具体的には，以下の内容からなる。すなわち，（1）2016年3月と同年9月にそれぞれ，早稲田大学と北京大学で開催した公平責任関連研究会の成果（文元春ほか「中国不法行為法における公平責任研究」早稲田法学92巻3号377－439頁（2017年3月）所収，一部修正，「第1部第1章〜第8章」），（2）公平責任に関する編著者個人による研究論文（文元春「中国不法行為法における公平責任についての実証的研究──123件の裁判例を素材にして」但見亮＝胡光輝＝長友昭＝文元春編著『小口彦太先生古稀記念論文集　中国の法と社会と歴史』（成文堂，2017年5月）483－516頁所収，一部修正，「第1部第9章」），（3）2017年3月と同年9月にそれぞれ，早稲田大学と北京大学で開催した補充責任関連研究会の成果（未発表原稿，「第2部第1章〜第8章」，「第2部補論」）である。

　本研究は，中国不法行為法における公平責任と補充責任を対象に，学説と裁判例に関する総合的研究を通じて，中国における公平責任と補充責任の存在基盤，機能，日本法と比較した場合のその特徴を明らかにし，中国における法の在り方について検討することをその目的とした。本研究会のメンバーは，文，早稲田大学法学学術院瀬川信久教授（当時），早稲田大学名誉教授・江戸川大学学長小口彦太教授，一橋大学大学院法学研究科但見亮准教授（当時），拓殖大学政経学部長友昭准教授，北京大学法学院王成教授，北京市第三中級人民法院亓培氷民事第一廷廷長（当時。2017年3月より上海市方達（北京）弁護士事務所弁護士），北京市中勤弁護士事務所張愛軍主任弁護士となっている。なお，早稲田大学大学院法学研究科博士後期課程（当時。現中国江南大学法学院副教授）の李碩氏に，第1回研究会における一部の通訳および事務作業をお願いした。また，第2回研究会以降は，但見氏と長氏に通

訳を担当していただいた。

　本研究会は，その開催に先立って，文が，関連条文・問題の所在・検討項目等を整理して共同研究者に送付し，それについて中国側参加者が回答し，日本側参加者が日本法（比較法）の立場からコメントを行う形で行った。そして，上記の4回にわたる研究会を基に，文が，一部の加筆修正を行い，その後，中国側参加者の書面による回答（文が，その翻訳を行い，回答における裁判例の概要を補足するなど，一部の補足説明を行っている），日本側参加者の書面によるコメントを統合して文章化した。

　本書の出版に当たっては，北京市中勤弁護士事務所，亓培氷氏および早稲田大学孔子学院から出版助成をいただいた。また，本研究課題にご参加いただいた日中両国の共同研究者による多大なご助力なくしては，本研究を遂行することはできなかった。そして，本書の出版においては，成文堂の阿部成一社長及び編集部の飯村晃弘氏に大変お世話になった。併せて感謝の意を表したい。

　　2019年6月　　　　　　　　　　　　　　　　　　　　　文　　元春

目　次

はしがき ……………………………………………………………………… i

第1部　公平責任 ……………………………………………………… 1

第1章　関連規定 …………………………………………………………… 3
第2章　問題の所在 ………………………………………………………… 13
第3章　公平責任の起源問題 ……………………………………………… 16
第4章　公平責任は，独立した帰責原理（原則）であるか否か ……… 25
第5章　公平責任（民法通則132条，
　　　　権利侵害責任法24条）の要件論 ……………………………… 38
第6章　民法通則132条と権利侵害責任法24条の位置づけ問題 ……… 55
第7章　公平責任の適用範囲 ……………………………………………… 58
第8章　公平責任の存在意義 ……………………………………………… 75
第9章　中国不法行為法における
　　　　公平責任についての実証的研究 ……………………………… 86

第2部　補充責任 ……………………………………………………… 121

第1章　関連規定 …………………………………………………………… 123
第2章　問題の所在 ………………………………………………………… 145
第3章　補充責任の淵源問題 ……………………………………………… 148
第4章　補充責任の位置づけをめぐって ………………………………… 216
第5章　補充責任の性質論およびその他の責任形態との関係 ………… 228

第6章　補充責任関連事案における
　　　　各責任主体の主観的態様の如何 ……………………………… 235
第7章　補充責任者による直接の加害者への
　　　　求償の可否およびその範囲 …………………………………… 240
第8章　補充責任者の検索の抗弁権問題 ……………………………… 249
第2部　補　論 ……………………………………………………………… 255

第 1 部　公平責任

第1章 関連規定

＊下線および強調は，文によるもの。以下，同じ

1．外国の立法例

1.1　ドイツ民法第二草案（1890年）
752条1項　「不法行為によって他人に損害を加えたる者が，故意過失なきために責任を免れる場合には，裁判官はその時の事情，殊に両当事者の関係を顧慮し，加害者の相当の生計および法律上の扶養義務を全うし得る範囲において，衡平の観念の要求する相当の賠償を命ずることを得[1]。」

1.2　ドイツ民法（1900年）
829条（公平に基づく賠償義務）[2]　「第823条から第826条までに掲げる場合の一つにおいて，自己が加えた損害について第827条又は第828条に基づいて責任を負わない者は，損害の賠償が監督義務のある第三者から得られない限り，事情により，特に当事者の関係によって損害填補が公平に適い，相応な生計並びに法定扶養義務の履行のために必要な資力を失わせない限度で，損害を賠償しなければならない。」

1.3　1922年ソビエト連邦ロシア共和国民法
406条[3]　「第403条乃至第405条の規定に依り損害を与えたる者においてその

---

[1] 訳は，小口彦太「中国民法通則132条公平責任原則の系譜」東方198号9-10頁（1997年）によっており，原出典は未見である。
[2] 訳は，Erwin Deutsch = Hans Jürgen Ahrens著，浦川道太郎訳『ドイツ不法行為法』（日本評論社，2008年）338頁による。
[3] 訳は，『ソヴィエト社會主義共和國聯邦民法關係法令』（外務省欧米局第一課，1933年）150頁による。

賠償を要せざる場合においても，裁判所は，加害者及び被害者の資産状態の如何に因り加害者に対し損害を命ずることを得。」

2．民法通則制定前の各種草案

2.1 「債権債務［債］篇通則第一次草稿」（1955年10月24日）[4]「不法行為によって生じる債権債務」

45条　「人民法院は，損害賠償額を決定するとき，双方の経済状況に基づいて適切に処理しなければならない。」

＊別案（一）「人民法院は，損害賠償額を決定するとき，加害者の故意又は過失の情状の程度及び双方の経済状況に基づき，事情を斟酌して増減することができる。」

＊別案（二）「人民法院は，損害賠償額を決定するとき，双方の経済状況に基づき，事情を斟酌して減免することができる。」

2.2 「債権篇通則草稿」（1957年1月7日全国人民代表大会常務委員会弁公庁研究室）[5]

「第1章債権債務の発生　第3節他人に損害を生じさせることによって生じる債権債務」

22条　「損害賠償の額は，加害者の故意又は過失の情状の程度及び被害者の被害の程度に基づくほか，双方の経済状況を参照し事情を斟酌して決定しなければならない。」

＊別案「損害賠償の額は，人民法院が被害の程度，加害状況及び双方の経済状況に基づいて決定することができる。」

---

4) 何勤華ほか編『新中国民法典草案総覧（上巻）』（法律出版社，2003年）182頁。
5) 同前203頁。

2.3 「損害賠償（または，不法行為によって生じる債権債務に改める）［第三次草稿］」（1957年2月10日）[6]

13条　「損害賠償の責任は，加害者の故意又は過失の情状の程度及び被害者の被害の程度の大小に基づくほか，双方の経済状況を参照し事情を斟酌して決定しなければならない。」

　＊注：本条の第1句を，「人民法院は，損害賠償責任を決定するとき」に改めるべきとの意見があった。

2.4 「債権債務の通則第二次稿（別案）」（1959年1月9日）[7]

「（第1部分通則，第2部分契約）第3部分その他の原因によって生じる債権債務・（1）不法行為によって生じる債権債務」

80条　「人民法院は，損害賠償額を決定するとき，双方の経済状況に基づいて適切に処理しなければならない。」

　＊注：本条は不要であるとの意見もあった。

2.5 「中華人民共和国民法草案（意見徴求稿）」（1980年8月15日全国人民代表大会常務委員会法制委員会民法起草グループ起草，以下，「民法草案意見徴求稿」という）[8]

「（第1編総則，第2編財産所有権，第3編契約，第4編労働の報酬及び奨励）第5編損害責任（第1章損害の予防，第2章損害責任の一般規定，第3章損害責任の特殊規定）第4章賠償の範囲及び方法（第6編財産相続）」

472条　「加害者の賠償責任につき，人民法院は，損害の発生原因，社会に与えた好ましくない影響［不良影響］の程度，加害者の経済状況及び過錯[9]

---

6) 前掲注（4）245頁。
7) 前掲注（4）227頁。
8) 何勤華ほか編『新中国民法典草案総覧（下巻）』（法律出版社，2003年）431頁。
9) 中国不法行為法における「過錯」には，故意と過失が含まれており，それは，ソビエト法学におけるヴィナー（вина）を訳出する際に生まれてきた造語（より正確には，当て字）だと考えられる（より詳しくは，文元春「中国における共同不法行為についての基礎的研究」早稲田法学会誌65巻1号456頁注（5）（2014年）参照））。以下の記述においては，すべて「過錯」に統一して用いることとする。

に向き合う態度等の事情に基づき，適切に減免することができる。」

2.6 「中華人民共和国民法草案（意見徴求稿二稿）」（1981年4月10日全国人民代表大会常務委員会法制委員会民法起草グループ起草）[10]

「（第1編総則，第2編財産所有権，第3編契約）第4編権利侵害に基づく損害責任（第1章一般規定，第2章特殊規定）第3章賠償の範囲及び方法（第5編知的成果権，第6編財産相続）」

366条　「民法草案意見徴求稿472条と同文」

2.7 「中華人民共和国民法草案（第三稿）」（1981年7月31日全国人民代表大会常務委員会法制委員会民法起草グループ起草）[11]

「（第1編任務及び基本原則，第2編民事上の主体，第3編財産所有権，第4編契約，第5編知的成果，第6編親族，相続）第7編民事責任（第1章通則，第2章責任の確定に関する規定）第3章責任を負う範囲及び方法（第8編その他の規定）」

492条　「加害者の賠償責任につき，人民法院は，損害の発生原因，社会に与えた好ましくない影響の程度，加害者の経済状況等の事情に基づき，適切に減免することができる。」

2.8 「中華人民共和国民法草案（第四稿）」（1982年5月1日全国人民代表大会常務委員会法制委員会民法起草グループ起草）[12]

「（第1編民法の任務及び基本原則，第2編民事上の主体，第3編財産所有権，第4編契約，第5編知的成果権，第6編財産相続権）第7編民事責任（第1章通則，第2章責任の確定に関する規定）第3章責任を負う範囲及び方法（第8編その他の規定）」

448条　「加害者の賠償責任につき，人民法院は，損害の発生原因，社会に与えた好ましくない影響の程度，加害者の経済状況に基づいて適切に減免す

---

10) 前掲注（8）485頁。
11) 前掲注（8）557頁。
12) 前掲注（8）620頁。

ることができる。」

3．民法通則以降の法律，司法解釈等

3.1　民法通則（1986年4月12日公布・1987年1月1日施行，2009年8月27日一部改正・施行）

3条（平等原則）「民事活動における当事者の地位は，平等である。」

4条（自由意思［自願］，公平，等価有償，誠実信用の原則）「民事活動においては，自由意思，公平，等価有償，誠実信用の原則に従わなければならない。」

106条（帰責原理）「①市民［公民］，法人は，契約に違反し又はその他の義務を履行しなかった場合，民事責任を負わなければならない。②市民，法人が過錯によって国家，集団の財産を侵害するか，又は他人の財産及び人身を侵害した場合は，民事責任を負わなければならない。③過錯がなくとも，法律が民事責任を負わなければならないと規定している場合は，民事責任を負わなければならない。」

109条（公益又は他人の権利と利益を守るために受けた損害）「国家，集団の財産又は他人の財産，人身が侵害されることを防止し制止するために，自身が損害を受けた場合は，侵害者が賠償責任を負い，受益者も適切な補償を与えることができる。」

129条（緊急避難）「緊急避難によって損害が生じた場合は，危険な状況を惹起した者が民事責任を負う。危険が自然原因によって惹起されたときは，緊急避難者は，責任を負わないか又は適切な民事責任を負うものとする。緊急避難によって講じた措置が，不当であったか又は必要な限度を超え，相当でない［不応有的］損害が生じたときは，緊急避難者は，適切な民事責任を負わなければならない。」

132条（公平責任）「損害の発生に対して当事者ともに過錯がない場合は，実際の状況に基づいて，当事者に民事責任を分担させることができる。」

133条（監護人責任）「①民事行為無能力者，民事行為制限能力者が他人に損害を与えた場合は，その監護人が民事責任を負う。監護人が監護責任を尽

くしたときは，監護人の民事責任を適切に軽減することができる。②財産を有する民事行為無能力者，民事行為制限能力者が他人に損害を与えた場合は，本人の財産の中から賠償費用を支払うものとする。足りない部分は，監護人が適切に賠償するものとするが，組織［単位］が監護人となっている場合は除く。」

3.2 「最高人民法院の『中華人民共和国民法通則』を貫徹執行する若干の問題に関する意見（試行）」（法（辦）発［1988］6号，1988年4月2日公布施行。2008年12月18日一部改正・一部失効，不法行為関連部分有効。以下，「民通意見」という）

142条 「国家，集団又は他人の合法的な権利と利益を守るために，自身が損害を受けたが，侵害者に賠償資力がないか又は侵害者が存在しない場合において，被害者が（補償を）請求したときは，人民法院は，受益者の受益の程度及びその経済状況に基づいて，受益者に適切な補償を与えることを命じることができる。」

155条 「堆積した物品の倒壊によって他人に損害を与えた場合において，当事者のいずれにも過錯がないときは，公平原則に基づいて事情を斟酌して処理しなければならない。」

156条 「緊急避難によって他人に損害［損失］を与えた場合において，危険な状況が自然原因によって惹起され，且つ，行為者が講じた措置も不当でなかったときは，行為者は責任を負わない。被害者が補償を求めた場合は，受益者に適切な補償を命じることができる。」

157条 「損害の発生に対して当事者のいずれにも過錯がないものの，当事者の一方が相手方の利益又は共同の利益のための活動を行う中で損害を受けた場合は，相手方又は受益者に一定の経済的補償を与えることを命じることができる。」

3.3 「最高人民法院の人身損害賠償事件の審理において法律を適用する若干の問題に関する解釈」（法釈［2003］20号，2003年12月26日公布・

2004年5月1日施行。以下，「人身損害解釈」という）
13条（無償労務提供における損害責任）「他人のために無償で労務を提供する手伝い人［幇工人］が，手伝い活動の従事中に他人に損害を与えた場合は，被手伝い人が賠償責任を負わなければならない。被手伝い人が明確に手伝うことを拒絶したときは，賠償責任を負わない。手伝い人に故意又は重大な過失が存し，賠償権利者が手伝い人及び被手伝い人に連帯責任の負担を請求したときは，人民法院はこれを支持しなければならない。」
14条（無償労務提供における手伝い人の負傷）「①手伝い人が手伝い活動によって人身損害を被った場合は，被手伝い人が賠償責任を負わなければならない。被手伝い人が明確に手伝うことを拒絶したときは，賠償責任を負わない。但し，受益の範囲内において適切な補償を与えることができる。②手伝い人が第三者の不法行為によって人身損害を被った場合は，第三者が賠償責任を負うものとする。第三者を確定できず，又は第三者に賠償資力がないときは，被手伝い人が適切な補償を与えることができる。」
15条（公益又は他人の権利と利益を守るために受けた損害）「国家，集団又は他人の合法的な権利と利益を守るために，自身が人身損害を被った賠償権利者が，加害者が存在しないこと，加害者を確定できないこと，又は加害者に賠償資力がないことによって，受益者に受益の範囲内における適切な補償を求めた場合，人民法院はこれを支持しなければならない。」

3.4 「中華人民共和国民法（草案）権利侵害責任法編」（2002年12月17日第9期全国人民代表大会常務委員会第31回会議）「第2章損害賠償」

20条 「損害の発生に対して当事者ともに過錯がない場合は，実際の状況に基づいて，当事者に損害［損失］を分担させることができる。」

3.5 「中華人民共和国権利侵害責任法（草案）（2次審議稿）」（2008年12月22日第11期全国人民代表大会常務委員会第6回会議）「第2章責任の構成及び責任方式」

22条 「損害の発生に対して被害者と行為者ともに過錯がない場合は，実際の状況に基づいて，双方に賠償責任を分担させることができる。」

3.6 「中華人民共和国権利侵害責任法（草案）（3次審議稿）」（2009年10月27日第11期全国人民代表大会常務委員会第11回会議）「第2章責任の構成及び責任方式」

24条　「損害の発生に対して<u>被害者と行為者</u>ともに過錯がない場合は，実際の状況に基づいて，双方に<u>損害を分担</u>させることができる。」（権利侵害責任法24条と同文）

3.7 「中華人民共和国権利侵害責任法（草案）（4次審議稿）」（2009年12月22日第11期全国人民代表大会常務委員会第12回会議）「第2章責任の構成及び責任方式」

24条　「権利侵害責任法24条と同文」

3.8　権利侵害責任法（2009年12月26日公布，2010年7月1日施行）

6条（過失責任）　「①行為者が，過錯によって他人の民事上の権利と利益を侵害した場合は，権利侵害責任を負わなければならない。②法律の規定に基づいて行為者に過錯の存することが推定される場合において，行為者が自身に過錯の存しないことを証明できなかったときは，権利侵害責任を負わなければならない。」

7条（無過失責任）　「行為者が，他人の民事上の権利と利益に損害を与えた場合において，<u>行為者に過錯があるか否かにかかわらず，法律が権利侵害責任を負わなければならないと定めているときは，その規定に従う</u>。」

23条（他人の権利と利益を守るために受けた損害）　「他人の民事上の権利と利益が侵害されることを防止し制止するために，自身が損害を受けた場合は，権利侵害者が責任を負う。<u>権利侵害者が逃走し，又は責任を負う資力がなく，被権利侵害者が補償を求めたときは，受益者は適切な補償を与えなければならない</u>。」

24条（損害の公平な分担）　「損害の発生に対して<u>被害者と行為者</u>ともに過錯がない場合は，<u>実際の状況に基づいて，双方に<u>損害</u>を分担させる</u>ことができる。」

31条（緊急避難）　「緊急避難によって損害が生じた場合は，危険な状況を惹

起した者が責任を負う。危険が自然原因によって惹起されたときは，緊急避難者は責任を負わないか又は<u>適切な補償を与える</u>ものとする。緊急避難において講じた措置が不当であったか又は必要な限度を超え，相当でない［不応有的］損害が生じたときは，緊急避難者は適切な責任を負わなければならない。」

32条（監護人責任）「①民事行為無能力者，民事行為制限能力者が他人に損害を与えた場合は，その監護人が権利侵害責任を負う。監護人が監護責任を尽くしたときは，監護人の権利侵害責任を軽減することができる。②<u>財産を有する民事行為無能力者，民事行為制限能力者が他人に損害を与えた場合は，本人の財産の中から賠償費用を支払うものとする。足りない部分は，監護人が賠償するものとする。</u>」

33条（原因において<u>自由な行為</u>）「①完全民事行為能力者が，自身の行為について一時的に意識を失うか又は制御を失うことによって他人に損害を与えたことについて過錯を有する場合は，権利侵害責任を負わなければならない。<u>過錯がないときは，行為者の経済状況に基づいて被害者に対して適切に補償するものとする。</u>②完全民事行為能力者が，酒酔い，麻酔薬品又は向精神薬の濫用により自身の行為について一時的に意識を失うか又は制御を失うことによって他人に損害を与えた場合は，権利侵害責任を負わなければならない。」

35条（個人間の労務関係における責任）「個人間で労務関係が形成され，労務を提供する一方の当事者が労務によって他人に損害を生じさせた場合は，労務を引き受ける他方の当事者が権利侵害責任を負う。<u>労務を提供する一方の当事者が労務によって自ら損害を受けたときは，当事者双方の過錯に基づいて相応の責任を負うものとする。</u>」

37条（安全保障義務違反の権利侵害責任）「①ホテル，百貨店，銀行，駅，娯楽施設等の公共の場所の管理人又は大衆的活動の組織者が，安全保障義務を尽くさず，他人に損害を生じさせた場合は，権利侵害責任を負わなければならない。②第三者の行為によって他人に損害を生じさせた場合は，第三者が権利侵害責任を負う。<u>管理人又は組織者が安全保障義務を尽くさなかったときは，相応の補充責任</u>を負わなければならない。」

87条（不明な投棄物，墜落物による損害）「建築物の中から物品を投棄するか，又は建築物から墜落した物品によって他人に損害を与え，具体的加害者を確定できない場合は，自身が加害者でないことを証明できたときを除き，加害可能な建築物の使用者が補償を与えるものとする。」

第 2 章　問題の所在

　中国不法行為法における公平責任とは，損害の発生について無過失の当事者——被害者と，損害の発生について何らかの因果的関連を有する他方当事者＝行為者——に対し，公平の見地から，損害の重大さ・当事者の財産状況等の「実際の状況」に基づいて，生じた損害を分担させるものである。その類型は多岐にわたるが，例えば，売主 A と買主 B の間で，廃棄タイヤに関する売買契約が締結され，A が同タイヤの積込み作業中に負傷した場合，B に一定の損害分担（「補償」）をさせるものがその典型例である。

　公平責任に関する問題の所在を示すと，以下の通りである。

　公平責任の起源問題について（第 3 章）。諸外国の立法例（草案を含む）を見渡す限り，ドイツ民法第二草案752条 1 項が初めて，諸般の事情を斟酌して無過失の加害者にも賠償責任を負わせることを定めており，それは，中国法における公平責任の規定とかなりの類似性を有している。しかし，同規定は，その後のドイツ民法典に継承されることはなかったが，1922年ソビエト連邦ロシア共和国民法406条に，上記草案と類似の規定を見出すことができる。旧ソ連は，基本的に大陸法系に属しており，上記草案の影響を受けていたと考えても，不思議なことではない。ただ，上記民法406条の規定は，1964年のソビエト連邦ロシア共和国民法には継承されていない。では，中国の場合は，どうだったのか。中華人民共和国の成立前の1949年 2 月22日，中国共産党中央委員会から，「国民党の六法全書を廃棄し，解放区の司法原則を確定することに関する中共中央の指示」が発布され，同指示において，「法の断絶」方針が明記され，国民党のすべての法令が廃棄されることとなり，法の欠缺を埋める手段として，解放区における法源および党の政策が宛がわれるという状況が，建国後のかなりの間持続されることになった[1]。そ

---

1) 國谷知史「中華人民共和国立法史」中国研究所編『中国基本法令集』（日本評論社，1988年）464頁参照。

の後，民法典編纂作業が行われることになるが，「ソ連一辺倒」であった当時の状況において，上記の各民法典が参照されたであろうことは，想像に難くない。もっとも，民法通則の制定前にあった各種草案において，「公平責任」は基本的に，損害賠償額の算定（その基準として，双方の経済状況または加害者の経済状況等）という意味で使われていたが，民法通則132条になってはじめて，当事者に過錯のないことが要件とされ，「損害賠償額の算定」ではなく，「民事責任の分担（その基準として，実際の状況）」という意味で使われるようになった。そして，権利侵害責任法24条に至っては，その用語が，「損害分担（その基準として，実際の状況）」となった。

このように，中国法上の公平責任は果たして，旧ソ連法に由来するのか，それとも，中国の伝統的法（道徳）文化の所産であるかは，公平責任を理解するうえで，非常に重要な問題をなしている。この問題は，中国における公平責任の存在意義とも関わっている。

公平責任の位置づけ問題について（第4章）。中国不法行為法（民法通則，民通意見，人身損害解釈等における不法行為規範および権利侵害責任法を含む広義の不法行為法規範を意味する——文補）における公平責任とりわけ，民法通則132条の公平責任をめぐっては，従来から，過失責任・無過失責任と並ぶ独立した帰責原理であるとするものと，帰責原理ではなく，民法における公平原則の不法行為法における具体的現れであって，単なる損害分担ルールであるとするものとが，激しく対立していた。同様の状況は，権利侵害責任法の公布施行後にあっても，変わっていない。この問題は，不法行為法の帰責原則をどのように考えるかという問題とも深く関わっており，異なる帰責原則論を採る論者によって，その結論もまた，異なってくる。

もっとも，帰責原理としての公平責任を認めるかどうかは別として，現行法において，公平責任が明記されている以上，その存在を無視することはできない。問題は，公平責任の帰責原理性を否認する否定説のように，同説の挙げる様々な不当性を理由に，単にそれを否定または排斥するのではなく，現実における公平責任の実態を明らかにし，その真の存在意義を究明することが，何より重要である。それは，中国における法の在り方にも関わる問題である。実際の裁判実務においては，過失責任を適用すべき事案に，公平責

任を適用するような，公平責任の濫用ないし誤用も見られており，その具体的な適用要件を明確にすることもまた，重要な課題となっている。このような問題意識は，公平責任の要件論，民法通則132条と権利侵害責任法24条の位置づけ問題（これは，第4章とも関連している），公平責任の適用範囲，公平責任の存在意義（それぞれ，第5章～第8章参照）へと連なる。

　ここで予め，公平責任に関する筆者（文元春）の理解を簡単に述べておきたい。公平責任の根底には，実質的平等を追求する社会主義的公平観が横たわっており，それは，社会主義の正当性を体現する1種のバロメーター的存在であって，中国においては，必要不可欠な存在であると考えている。また，各種保険および社会保障制度の拡充によっても，公平責任によって処理されているすべての類型をカバーすることもできない。そのような損害を一切救済しないことは，中国人の一般的な法感情からしても，受け入れがたい結果であろう。もちろん，公平責任が適用される事案はあくまで，例外的な事案であって，真に厳格に適用されるならば，いわゆる「公平責任への逃避」といった問題も，解消できるように思われる。そして，中国において，法は，社会統治の一手段であると考えた場合，公平責任に一定の貧富格差の是正のような役割を担わせるとしても，賛同できるかどうかは別として，理解はできるだろう。ちなみに，JR東海事件に見られるように，公平責任が適用される事案は，中国特有の問題ではなく，日本を含む他の国でも生じ得るものであり，本研究は，日本法にも一定の示唆を与えることができると考える。とりわけ，瀬川教授と小口教授のコメントは，日本人学者が中国法における公平責任を理解するうえで，非常に重要な参照価値を有している。なお，公平責任に関する裁判例の検討については，「第1部第9章」を参照されたい。

第3章　公平責任の起源問題

　中国における公平責任は単なる理念的なものではなく，それには明文の規定が置かれている。ということは，公平責任に関する規定については，裁判官もそれに拘束されることを意味しており，関連事案においては，関連条文を適用して判決を下すことが求められることになる。もっとも，公平責任に関する一般規定は抽象的なものとなっているため，それが何に由来するかを解明することは，公平責任がどのような背景の下で導入されたかを理解し，具体的事案における適用にも資することになる。

　この点，中国法とりわけ不法行為法における公平責任は，1922年ソビエト連邦ロシア共和国民法406条等の旧社会主義諸国における立法例を参照したと考えられるが，文献資料の制約の関係上，それを明らかにすることはできなかった。もし，お分かりであれば，是非ご教示願いたい。この点，民法通則132条は，1980年代に中国の民事立法が民法典の起草作業から民法通則の起草作業に移行するという特殊な時期において，1950年代と1980年代における2度にわたる民法典起草作業の経験を総括し，旧ユーゴスラビア債務法改正において貫徹された社会主義的公平原則を導入し，その内容と体裁は，1922年と1964年のソビエト連邦ロシア共和国民法を総合的に参照して出来上がった産物であるとの指摘[1]があるが，この見解は正しいか。また，新中国成立後の初めての民法教材においては，損害賠償範囲の確定原則である「財産的損害についての全部賠償原則」の補充的原則として，「当事者の経済状況を考慮する原則」を挙げている[2]が，公平責任はその延長線上にあるものと考えてよいか。

---

1) 王竹「我国侵権法上『公平責任』源流考」甘粛政法学院学報2008年2期143頁参照。
2) 中央政法幹部学校民法教研室編著『中華人民共和国民法基本問題』（法律出版社，1958年）340頁参照。

〔中国側回答〕
〈王成〉

　王竹博士（現在，四川大学法学院教授——文補）による原文は，次の通りである。すなわち，「筆者は，『民法通則』の起草者がこの2つの資料（それぞれ，1980年出版の1964年ソビエト連邦ロシア共和国民法典の中国語翻訳本と，法学訳叢1980年2期に掲載された「ユーゴスラビア新債務法の概念およびその基本制度」という翻訳論文を指す——文補）を参照して131条（過失相殺）～133条を起草したということを証明できず，また，証明しようもないが，この2つの資料がこのような条文の設定に対しその理論上，最も重要な支柱的役割を果たし得ることは確かである。しかし，これとは逆に，当時の『民法通則』の起草者がこの2つの資料に対し見れども見えずであったとするならば，これに対し比較的詳細な説明を行う必要がある。他方，筆者の考察によると，わが国の民法学界では，『民法通則』の公布前において，いわゆる『公平責任』に関するいかなる検討も存在しなかったのに対し，同法が公布されてはじめて，学界は迅速に同問題に対して議論を展開したのである。従って，積極的な推断としては，参考資料が比較的乏しかった当時の状況下では，この2つの資料が上記3つの条文の起草について比較的大きい影響を与えたというのが，より合理的であろう[3]。」

　上記の記述から分かるように，民法通則における公平責任原則の起源に関する考察には，それを証拠付ける直接の資料が欠けている。

　直接の資料がなく，それを参考にすることができない以上，考え方をより広げたほうがよいと，私は考える。

　中国古代法は，天理（天地自然の理＝当該社会での普遍的道徳規範をいう——文補，以下同じ），国法（国の実定法），人情（慈悲，人情といった個別具体的な価値規範）を重んじる。国法は，天理の下，人情の上に置かれる。公平観念は，天理と人情の重要な内容をなすものである。従って，公平責任はいったい旧ソ連に由来するのか，それとも，中国の伝統的理念に由来するのかは，考えてみる価値がある。両者ともに直接の証拠がない以上，必ず旧ソ連に由

3）前掲注（1）142頁。

来するとは言い難い。

〈張愛軍〉
　質問1について。中国法とりわけ不法行為法における公平責任の起源問題の究明をめぐり，学者の意見は分かれる。しかし，私は，中国法における公平責任は，1922年ソビエト連邦ロシア共和国民法を含む旧社会主義（諸国の）立法例から比較的大きい影響を受けていると，考える。1922年ソビエト連邦ロシア共和国民法406条は事実上，公平責任を損害分担の一般的ルールと位置付けており，このことは，中国法における公平責任の立法と比較的に似ているが，1964年ソビエト連邦ロシア共和国民法は，同規定を踏襲していない。諸外国の立法についての考察から分かるように，嘗て公平責任を一般的ルールとして採用した立法例または立法の中で採用しようとしたものに関しては，諸外国では採用しなかったか，実際に適用されなかったか，または，公平責任の適用範囲を特定化していった。中国法における公平責任は，1922年ソビエト連邦ロシア共和国民法等の旧社会主義諸国の立法例をより多く参照して出来上がったものである。
　質問2について。公平責任は，新中国成立後の初めての民法教材において提起された「当事者の経済状況を考慮する原則」の延長線上にあるものと考えてよいかという質問に関し，私は，両者間には一定程度の関連性は存するものの，その延長線上にあるものだと簡単に結論付けることはできないと考える。公平責任の実質は，一種の損害分担ルールであり，それが解決しようとしているのは，侵害によって生じた財産的損害についての賠償および如何に当事者間の財産状況と財産的損害のバランスを取るかという問題であって，公平責任の適用要件は比較的厳格である。これに対し，「当事者の経済状況を考慮する原則」の目的は，損害賠償の範囲を確定することにあって，両者の適用目的は異なる。当事者の経済状況は，公平責任を適用する際の最も重要な考慮要素であるとはいえ，これによって公平責任は，「当事者の経済状況を考慮する原則」の延長線上にあるものまたは両者間には伝承関係があると考えることは，少し無理がある。

第 3 章　公平責任の起源問題　19

〈亓培氷〉
　私は，中国法は大陸法系に属しており，大陸法系諸国の民法とりわけドイツ民法とソビエト連邦ロシア共和国民法は，中国民法に対して重要な影響を与えていると，考える。1922年ソビエト連邦ロシア共和国民法406条は，「第403条乃至第405条の規定に依り損害を与えたる者においてその賠償を要せざる場合においても，裁判所は，加害者及び被害者の資産状態の如何に因り加害者に対し損害を命ずることを得。」と，定める。その記述は，わが国の民法通則と類似性があり，わが国の公平責任の比較法上の淵源である可能性がある。もちろん，より重要なのは，公平責任は，中国の伝統的文化観念の所産であり，中国の伝統的道徳観念における「公平」を法律化した結果であると，私は考える。私は，この問題に関して研究および論証を行っていないため，これ以上述べないことにしたい。

〔日本側コメント〕
〈小口彦太〉
　民法通則の公平責任原則の規定の直接のルーツがどこにあるか，民法通則の立法過程でのそのことを示す具体的資料があるのかどうか，私には分からない。1922年のロシア共和国民法典の規定が中国にも流布していたであろうことは推測できるが，その後，ロシア共和国民法典の改正において，当該の公平責任原則規定は削除された。削除されたということは，やはり，この規定が法的安定性を損なうと考えられたからであろう。そして，1922年のロシア共和国民法における公平責任原則規定は，ドイツ民法草案における衡平責任原則の規定の影響を受けていると思われる。しかし，このドイツ民法草案におけるこの規定は結局採用されなかった[4]。
　このように見てくると，中国が民法通則を制定する段階で，ロシア民法典

---

4) 参考文献としては，我妻栄「損害賠償理論における『具体的衡平主義』」『民法研究Ⅵ　債権各論』（有斐閣，1969年）。因みに我妻は，「将来の立法原則において如何に発展するかは未知数であろう。然し，法律学は今日（＝大正11年時点）既に第三原則（＝具体的衡平原則）を一の（一つの）原理として確立する権利を有するものといわねばならない」と，この原則を積極的に評価している（同書236頁）。

では公平責任原則の規定が削除されていることを知っていたわけで，それでもなおかつ民法通則に明文化したということは，中国の立法者において，その原則を評価する法観念が存したことによるであろう。つまり，外国の法制に公平責任原則規定があったかどうかに関係なく，その規定を受け入れる観念的土台が中国社会に存したのではないかと考える。

以上のように考えたときに想起されるのが，中国法制史学者である故滋賀秀三氏の研究である。同氏は，中国の明清時代，特に清代の判語の研究を踏まえて，当時の民事紛争に際しての地方官の判断基準において最も強い力を有したのは，「情理」であって，それは国法や天理といった成文，不文の法・法則に優位したと説く。氏によれば，「理と情は対立する概念でありながら同時に結びあい補いあって『情理』すなわち中国的良識を形成する。そしてこれこそが最も遍在的な裁判基準であったと言うことができる。なかんずく人情こそはすべてに冠たるおきてであったとさえ見られるふしがある[5]」と述べ，また，「『情理』とは一言でいえば，"常識的な正義衡平の感覚"である。……概言すれば，中国人の方が西洋人よりも全人間的な考え方をした。すなわち係争物だけを切り離さないで対立する両者の――時にはさらに周囲の人間までもまき込んだ――人間関係をトータルに考えようという傾向があった。また中国人は相対的な考え方を好み，対立する両者のどちらもいくらかずつ痛みを分け合うところに均衡点を見出そうとする傾向があった[6]」と述べる。

現代中国不法行為法における公平責任原則の観念的土台を伝統中国，特に明清時代の情理観念との連続に求めることは十分に可能である。しかし，両者の間には違いも存する。その違いは，当該事案の最終的判断の正当化の根拠づけに見出される。伝統中国における情理にもとづく裁きの場合，まさにそれが，国法や契約などの客観的ルールにとらわれないということを強調するところに優越的価値を見出すものであるのに対して，現代中国の裁判にあっては，民法通則132条や権利侵害責任法24条の条文――それ自体は実定的規定である――を引用しなければ，当該判断は正当化され得ないというこ

---

[5] 滋賀秀三『清代中国の法と裁判』（創文社，1984年）288頁。
[6] 滋賀秀三『続・清代中国の法と裁判』（創文社，2009年）17頁。

とである。

〈瀬川信久〉
　日本の不法行為法でも1910年代から「公平責任」「衡平責任」を議論している。その議論が考えていた問題は2つある[7]。一つは，（1）不法行為責任の過失責任と結果責任（無過失責任）を包括する責任原理がないか，という抽象的な問題である。もう一つは，（2）責任無能力者にも加害者・被害者の財産状態その他の事情を考慮して裁判官が認める額の責任を課すことの是非という具体的な問題である。（1）の問題は，日本産業化が始まった1910年前後から1950年代まで断続的に議論された[8]。（2）の問題は，ドイツ民法829条との関連で戦前からある[9]が，学説上の議論にとどまっていた。ただ，本年の最判平28・3・1民集70巻3号681頁（いわゆるJR東海・認知症老人事件）により，実際上も重要視されている。
　なお，中国の「損害分担ルール」の公平は，以上の（1）（2）と区別すべきであろう。それは，日本の裁判例でも賠償額減額の場面で広くみられる。特に，1960年代以後今日まで，判例は損害賠償責任が認められる場合を拡大しつつ，他方で賠償額減額を拡大してきた。端緒は，最三判昭39・6・24民集18巻5号874頁，最大判昭39・6・24民集18巻5号854頁が，年少者の将来逸失利益の賠償を認めつつ，事理弁識能力があるときの過失相殺と被害者側の過失を認めたことだが，その後は，事故競合，素因減額等，様々な場面で「割合的損害賠償」を広げてきた。この広範な賠償額減額は日本法の特色と思われるが，独立の責任原理ではないので本コメントでは立ち入らな

---

7) 以下の記述は，前田陽一「不法行為法における『損害の公平な分担の理念』と素因減額に関する一考察」『日本民法学の形成と課題・下』（有斐閣，1996年）893頁以下によるところが大きい。
8) 前田・同前895〜908頁。論者は，岡松参太郎，平野義太郎，我妻栄，石本雅男，加藤一郎である。今日では，田山輝明『不法行為法（補訂版）』（青林書院，1999年）11頁の「公平説」がある。
9) 加藤一郎『不法行為』（有斐閣，1957年）141頁。加藤・同書29頁注（18）は，ソ連民法406条等にも言及する。その後，星野英一「日本不法行為法リステイトメント11・責任能力」ジュリスト893号82頁以下（1987年）がその明文化を説いている。

い。

　このほか，責任原理に限らない「公平原則[10]」も別に考えるべきである。これに相当するものとして，1875年の裁判事務心得（太政官布告103号）が法源とした「条理」がある。条理による裁判の実態は不明だが，1890年代に立法作業と専門法曹養成が進展したことにより，法源としての条理の存在意義は縮小したように思われる。1910年代以後，判例は，適用の局面が少し限定された「権利濫用」，「信義誠実の原則」等の法理によるようになり，これらの法理は戦後の民法改正で明文化された（民法1条2項・3項）。上記の太政官布告が現在，効力を失ったかについては議論があるが，今日の裁判例で同布告を援用するものはない。

　以上が，公平責任のない日本法から提示できる，「起源問題」への返答である。ところで，起源問題から離れて日本法の現実をみると，上に述べたように過失相殺など賠償額を減額するときには，裁判例もしばしば「公平」「衡平」を根拠とする[11]。しかし，公平を根拠に賠償責任を認める裁判例はみあたらない[12]。その最大の理由は，中国法のような公平責任の条文がないからである。しかし，日中の比較法研究を一歩進めるためには，中国で公平責任によって解決している問題を公平責任の条文がない日本ではどのように解決しているかをみなければならない。過去に遡る「起源問題」を「比較法問題」に転換した場合のこの作業は，「第7章　公平責任の適用範囲」で行うことにする。

[10) 契約法における公平原則に関する邦語論文として，許更「中国契約法における公平原則」滝沢昌彦ほか編『民事責任の法理』（成文堂，2015年）437頁以下がある。
11) 例えば，前掲・JR東海事件の原審判決は，鉄道会社に過失がないとして過失相殺を否定した上で，「損害の公平の分担の精神〔ママ〕」を理由に，老人の行為態様，資力等を総合的に勘案して賠償額を半額としている。
12) 名古屋地判平23・2・8判時2109号93頁は，自閉症・全聾の女性 Y_1 がXを突き飛ばし転倒骨折させた損害の賠償責任について，「道義的には Y_1 において何らかの損害負担をすることが望ましいものである。」と付言するが，Y_1 とその親 Y_2 の不法行為責任を否定している。

〈長友昭〉

　中華人民共和国建国以降の民法ないし民法学について考える場合，中国における公平責任原則については，従来からソ連法の影響があるとされており，本研究会の議論でも前提的知識として認められているが，その具体的な経緯や根拠は必ずしも明らかではない。そもそも，中国の立法においてはソ連法の影響があるが，ここ数十年にわたる民法分野における立法においても，ソ連民法の影響を受けていることは同様である。そしてその影響が，近時のグローバルな立法動向を反映した中国の立法の文脈[13]の中では，いわば特徴的な制度となっているものもある。例えば，1986年の民法通則においては，民事責任制度を統一的に規定し，物権的請求権と不法行為請求権を混同して規定し，私権の地位についての規定に科学的ではない規定等があり，その原因は立法技術の問題でもあるが，思想的な偏りの問題でもあり，特にソ連民法からの影響であるとの指摘[14]がある。

　ソ連法の影響については，思想的な偏り等の理由から，これを排除すべきだとの説も有力である[15]。その一方で，近時の民法総則の立法とも関連して，慣習については重視し法源として明文化すべきとの説もある[16]。本研究の課題である公平責任はすでに明文の規定があるが，その適用過程では広く社会の慣習的要素も参照されるため，公平責任の観念ないしソ連法の考え方がどのように中国に広まったかについても注意する必要があるだろう。

　1949年以降の中国では，周知のとおり，国民党の六法が廃棄されて民法はなくなったものの，民事の法律関係が生じなくなるわけではないため，この時期の裁判所における民事裁判ではよるべき法がなく，ソ連民法の全面的な

---

13) 國谷知史「現代中国法の歴史」國谷知史＝奥田進一＝長友昭編『確認中国法用語250』（成文堂，2011年）特に95頁以下参照。また，中国民法（学）史の流れからの分析として，胡志民「論蘇聯法学理論対新中国民法学的影響」上海師範大学学報（哲学社会科学版）2015年6期53頁以下も参照されたい。
14) 楊立新「編纂民法典必須粛清前蘇聯民法的影響」法制與社会発展2016年2期137頁参照。
15) 楊・同前137頁参照。
16) 楊立新「塑造一个科学，開放的民法法源体系」中国人大2016年14期22頁参照。なお，楊教授自身は，政治的な偏りのあるソ連法の影響は排除すべきとの見解のようである。

持ち込みをいわば唯一の行いうる方策としていた。そして1950年5月に『蘇俄民法典』の中国語翻訳版が出版され，1万部が印刷された。同年には，法律出版社から『蘇維埃民法』の上下巻，1951年には中央人民政府法制委員会編訳により『蘇聯民法概論』が新法学参考叢書として人民出版社から出版された。また，法学部等の高等教育機関で，ソ連の法学者を招き，教材の翻訳などもなされた。

これらの土台の上で，1958年に，本研究会でも言及のある『中華人民共和国民法基本問題』が法律出版社から出版された。これは，ソ連民法を参照しつつ，中国の社会的特徴と適切に結び付けた統一的な民法教科書を完成させたものであり，全国の法学部で権威的教材となると同時に，民事裁判の権威的参考書にもなったと指摘されている[17]。この書物については，当時の中国語の文献としてはよくあることだが，参考文献や執筆者が明らかではない。そのため，オーラルヒストリーのような実態調査もよりいっそう重要になると思われ，近時進められている中国民法の制定の研究という内容の重要性とともに，関係者の年齢等に鑑みても，すみやかに研究の推進が求められる分野であろう[18]。

---

17) 楊・前掲注 (14) 141-142頁参照。
18) 本共同研究を進めている2016年9月初旬に，この書物にも関係しているとされ，王成教授の指導教授でもある魏振瀛教授の訃報に接した。本共同研究遂行との関連はもちろんのこと，筆者自身，十数年前の北京大学留学中に魏教授主編の教科書で学んでいたこともあり，大変残念である。ご冥福をお祈りしたい。なお，佟柔教授の研究背景に着目した研究として，楊立新＝孫沛成「佟柔民法調整対象理論淵源考」法学家2004年6期65頁以下も参照されたい。

第4章　公平責任は，独立した帰責原理（原則）であるか否か

　公平責任に関しては，民法通則132条（「第6章民事責任　第3節権利侵害の民事責任」）と，権利侵害責任法24条（「第2章責任の構成および責任方式」）にその一般規定が定められている（その他の規定に関しては，「第1章関連規定」を参照されたい）。両者はいずれも，帰責原理に関する規定（民法通則「第6章民事責任　第1節一般規定」106条と，権利侵害責任法「第2章責任の構成および責任方式」6条・7条）からかなり離れたところに配置されている。そのため，公平責任は，過失責任と無過失責任とは異なる1種の独立した帰責原理たり得るかという疑問が生じることになる。

　公平責任が独立した帰責原理であるか否かをめぐっては，従来から，賛否両論があり，権利侵害責任法の制定施行後においても，その状況は変わらないが，学説では同法24条（従ってまた，民法通則132条を含めて）は，独立した帰責原理ではなく，単なる損害分担ルールであるとの見解[1]が多数を占めているように思われる。

---

[1] 権利侵害責任法の起草機関によるものとして，①王勝明主編『中華人民共和国侵権責任法釈義（第2版）』（法律出版社，2013年）128頁以下，②王勝明主編『中華人民共和国侵権責任法解読』（中国法制出版社，2010年）104頁以下，③全国人大常委会法制工作委員会民法室編『中華人民共和国侵権責任法条文説明，立法理由及相関規定』（北京大学出版社，2010年）91頁以下，④王勝明主編『中華人民共和国侵権責任法条文解釈与立法背景』（人民法院出版社，2010年）100頁以下のほかに，最高人民法院侵権責任法研究小組編著『中華人民共和国侵権責任法条文理解与適用』（人民法院出版社，2010年）181頁以下，張新宝『侵権責任法（第3版）』（中国人民大学出版社，2013年）20頁以下，楊立新『侵権法論（第5版）・上巻』（人民法院出版社，2013年）171頁以下，彭俊良『侵権責任法論：制度詮釈与理論探索』（北京大学出版社，2013年）91頁以下，曹険峰『侵権責任法総則的解釈論研究』（社会科学文献出版社，2012年）77頁以下，王竹『侵権責任法疑難問題専題研究』（中国人民大学出版社，2012年）211頁以下，程嘯『侵権責任法』（法律出版社，2011年）152頁以下，周友軍『侵権責任法専題講座』（人民法院出版社，2011年）31頁以下，陳本寒＝陳英「公平責任帰責原則的再探討」法学評論2012年2期136頁以下など，多数。

肯定説の立場に立つ論者らにおいても，ニュアンスはあるが，共通してみられるのは，①公平責任は，過失責任原則と無過失責任（または厳格責任）原則の不備を補い，両者を補充する機能を果たしており，②過失責任原則と無過失責任原則を適用できず，また，被害者にすべての損害を負担させることが公平を失する場合に適用され，③その適用範囲が狭いことは，公平責任原則の存在の正当性を否定する理由にはならないという点に存するように思われる[2]。

　他方，否定説は，「公平責任」が解決するのは，帰責または責任の成否ではなく，損害の分担であって，帰責原則たり得ないとし，①公平責任は，原則としての法的根拠が欠けていること，②具体的な適用場面がないかまたは適用範囲が非常に限られていること，③帰責原則の内容としては，過失責任と無過失責任で十分であり，公平責任は事実上無過失責任の範疇に属していること，④公平責任が帰責原則だとすると，過失責任と無過失責任規範本来の機能を発揮し得ず，不法行為法体系の解体，裁判実務における公平責任へ

---

2) 肯定説を採るものとして，劉新熙「公平責任原則探討」法学研究1983年2期35頁，劉淑珍「試論侵権損害的帰責原則」法学研究1984年4期64頁，藍承烈「論公平責任原則」学習与探索1987年3期50頁，劉士国「論侵権損害的公平責任原則」法律科学1989年2期39頁，蔣頌平「『公平責任』原則応是独立的帰責原則」人民司法1989年7期25頁，李明発「関於公平責任原則若干問題的探討」法律科学1990年3期60頁，孔祥俊「論侵権行為的帰責原則」中国法学1992年5期77頁，徐愛国「重新解釈侵権行為法的公平責任原則」政治与法律2003年6期33頁，郭明瑞「侵権立法若干問題思考」中国法学2008年4期16頁，王成「侵権法帰責原則的理念及配置」政治与法律2009年1期78頁，王成『侵権責任法』（北京大学出版社，2011年）56頁以下，王利明『侵権行為法帰責原則研究』（中国政法大学出版社，1992年）94頁以下〔以下，「帰責研究」として引用する〕，同『侵権行為法帰責原則研究（修訂版）』（中国政法大学出版社，2003年）96頁以下〔以下，「修訂版帰責研究」として引用する〕，同『侵権行為法研究（上巻）』（中国人民大学出版社，2004年）273頁以下〔以下，「行為法研究」として引用する〕，同『侵権責任法研究（上巻）』（中国人民大学出版社，2010年）268頁以下〔以下，「責任法研究」として引用する〕，杜万華主編『人身損害賠償糾紛裁判標準与規範指引』（法律出版社，2015年）3頁以下などがある。

3) 米健「関於『公平』帰責原則的思考」中外法学1997年1期4頁以下，張新宝『侵権責任法原理』（中国人民大学出版社，2005年）42頁以下，楊立新『侵権行為法専論』（高等教育出版社，2005年）73頁以下，房紹坤「論侵権責任立法中的一般条款与類型化及其適用」煙台大学学報（哲学社会科学版）2009年3期16頁，房紹坤＝武利中「公平

の逃避等の多くの弊害が生じることなどの理由を挙げる3)。この点，小口彦太教授は，民法通則132条における公平責任原則は，一般的帰責原則たり得ないとし，同条は，①市民法原理ではなく，社会法原理を体現したものであり，②協同体主義を体現していて，その主要な目的は，当事者の権利義務関係の確定ではなく，社会全体の安定にあり，③正義論の観点からいえば，人の如何，事情の如何を問うことなく，法を一律平等に適用することを内容とする交換的正義ではなく，当事者間の経済利益上の均衡の維持を内容とする配分的正義の実現を目的とすると指摘する4)。

　質問：公平責任は，独立した帰責原理か，それとも，単なる損害分担ルールか。また，上記否定説の挙げる各理由についてどう考えるか。

〔中国側回答〕
〈王成〉
　公平責任原則の位置づけ問題をめぐっては，確かに少なからずの争いが存する。また，現実において，異なる法院による公平責任原則の適用状況も様々である。
　私はあくまで，公平責任原則は1つの独立した帰責原則であると考えている。帰責とはその名の通り，責任の帰属を確定すること，すなわち，責任と事故を引き起こしたある種の原因を関連付けることをいう。不法行為法における帰責原則とは，不法行為の発生後，どちらの当事者が損害を負担するかまたは被害者にその他の救済手段を与えるか否かということを確定する原則をいう。
　法規範的原理において，損害を被った権利・利益と，損害の発生を促した原因とを結び付け，これによって損害を原因者に転嫁して負担させる法的価

　　責任原則質疑」西北政法学院学報1988年1期66頁のほかに，前掲注（1）所掲の否定説に関する各文献参照。
　4) 小口彦太「中国民法通則132条公平責任原則の系譜」東方198号10-11頁（1997年），同「日中侵権行為法的比較」法制与社会発展1999年3期34頁参照。
　5) 邱聡智『従侵権行為帰責原理之変動論危険責任之構成』（中国人民大学出版社，2006年）31頁。

値判断要素はすなわち,「帰責」の意義の中核である[5]。

公平責任原則はまさしく一定の価値判断に基づき,過失［過錯］責任原則,無過失［無過錯］責任原則および結果責任原則[6]によっては提供し得ない損害配分のプランを提供したのである。

上記の反対意見には,それぞれ一理ある。他に,王澤鑑教授もまた,公平責任原則を独立した帰責原則とすることに反対している。その反対理由の中で,以下の2点が最も示唆に富んでいる。

第1に,王澤鑑教授は次のように指摘する。すなわち,民法通則132条にいういわゆる「実際の状況に基づいて」当事者が民事責任を分担するとは,主に,財産状況を指しており,法律が考慮しているのはもはや当事者の行為ではなく,当事者の財産である。これにより,財産の有無・多寡が,1つの民事責任に関する帰責原則となり,資力のある一方の当事者が,社会安全制度という任務を担うことになる。

第2に,王澤鑑教授はまた,次のように指摘する。すなわち,実務において,法院が,加害者に過失が存するか否か,従事している作業が高度の危険性を有しているか否かについて安易に認定する一方,方便,人情またはその他の要素により広くこの公平責任条項を適用しかねず,よって,過失責任または無過失責任が本来あるべき規範的機能を発揮し得ず,不法行為帰責原則体系の構成を弱体化させることになる。

王澤鑑教授のこの2つの憂慮にはいずれも一理ある。とりわけ2番目の理由であるが,現実にはこのような状況が存在している。このこともまた,公平責任原則を正しく理解し適用することが如何に重要なことであるかを物

---

6)〔文補〕王成教授は,中国不法行為法における帰責原則は,過失責任原則,無過失責任原則,結果責任原則,公平責任原則の4つからなるとし,そのうち,無過失責任原則が,確実に行為者に過錯がないことを必要とする（そのため,過錯のないことが1つの要件とされる）のに対し,結果責任原則は,行為者の過錯の有無を問わないとし,具体的には,民用核施設,民用航空機の経営者が負う権利侵害責任（権利侵害責任法71条,72条,民用航空法157条参照）,自動車と非自動車の運転者,通行人間で起きた交通事故において,過錯のない自動車側が負う全損害額の10％を超えない賠償責任（道路交通安全法76条1項2号後段参照）が,その典型例であるとされる（前掲注（2）王成書45頁以下,53頁以下参照））。

語っている。

　王澤鑑教授が提起した1番目の理由についていうと，「実際の状況に基づいて」ということを財産状況と理解するならば，上記の憂慮には確かに一理あることになる。しかし，司法実務における公平責任原則の適用状況についての私自身の観察によれば，いわゆる「実際の状況」とは，決して単に財産状況をいうのではない。司法実務における実際の状況として，裁判官は，具体的事件の処理において，心の中で確信している公平観念と結び付け，少なくとも以下の要素を考慮している。すなわち，被害者の損害の重大さ，被害者と加害者の財産状況，被害者が得られ得るその他の救済手段，事件の特殊さの程度および一般的ルールとなり得るか否かである。

　王澤鑑教授が憂慮している第2番目の理由についていうと，公平責任原則を適用する前提条件を強調しなければならない。すなわち，公平責任原則は，当事者双方がともに，損害の発生について過錯がなく，法律にも無過失責任原則または結果責任原則を適用すべき特別の規定が存在しておらず，一方の当事者に全部の損害を負わせることが公平に反する場合に適用される。このような場合においては，民法における公平原則に基づき，行為者が被害者の財産的損害について適切な補償を与え，当事者に合理的に損害を分担させることになる。このように適用するならば，王澤鑑教授が憂慮するような状況は生じないはずである。

　このように，王澤鑑教授が憂慮している2つの反対理由は，理解の問題であるか，それとも，適用の問題であって，いずれも，公平責任原則が1つの基本的な帰責原則であるということを否定するには足りないものである。

　さらに，損害分担ルールは，ある種の帰責原則に帰属しなければならない。しかし，公平責任原則を適用する状況は，過失責任原則，無過失責任原則および結果責任原則のいずれにも包摂され得ないのである。このような意味からしても，公平責任原則は独立した帰責原則であると考えなければならない。

〈張愛軍〉
　公平責任の位置付け問題に関し，私は，公平責任は損害分担ルールであっ

て，独立した帰責原則でないと理解しなければならないと考える。

　何故なら，権利侵害責任法24条は，「損害分担」ルールであると明確に定めたからである。立法過程から見ると，このような変化は，立法者の公平責任の位置付けについての選択を意味している。権利侵害責任法における公平責任の位置から見ると，公平責任はその24条に配置されていて，第2章における「責任の結果［責任結果］」部分に属しており，第2章における人身損害賠償のルール，正義感に燃えて勇敢な行動に出ること［見義勇為］における損害分担ルール，精神的損害賠償のルール，財産的損害賠償のルール，損害賠償金の支払方法等の規定と一緒に配置され，帰責原則に関する規定からは比較的遠く配置されている。そのうち，6条が過失責任原則，7条が無過失責任原則に関する規定である。このように，24条規定の性質認定に対して立法者の本意は，決して（公平責任を）独立した帰責原則とは考えなかったことが分かる。さらに，2008年12月22日，全国人民代表大会法律委員会が全国人民代表大会常務委員会に対して行った「権利侵害責任法（草案）」の主要問題に関する報告において，「草案は，民法通則の規定に基づき，わが国の権利侵害責任制度は，過失責任と無過失責任とを結び付ける原則を実行することを明確にした」と，述べている。従って，立法目的という視角から見ても，公平責任は決して帰責原則ではない。

　否定説の挙げる各理由についての理解に関して。①法律上の原則［法律原則］は，法律の基礎的原理であって，その他の法的要素に，その基礎または根源を提供する総合的原理またはその出発点となるものである。これに対し，同条の規定（権利侵害責任法24条を指す――文補）は，単に損害分担の際に考慮される要素であって，権利侵害責任法の適用における例外規定であるにすぎず，責任負担の基礎とすることはできず，過失責任原則および無過失責任原則と同様の地位を備えていない。②不法行為法における帰責原則によっては，被害者を救済し得ないことは，公平責任適用の必要条件である。あらゆる不法行為事件はすべて，まずもって帰責原則による観察を経たうえで，どのような構成要件を適用するか，加害者は責任を負うべきか否かおよびどのような，どれほどの責任を負うべきかを決めなければならない。帰責原則をその基礎とする権利侵害責任によっては，被害者を救済できない状況

下ではじめて，公平責任を適用することができる。③否定説の挙げる3番目の理由は主に，公平責任の適用は必ず，行為者と被害者の双方ともに過錯のないことをその大前提としていることをいうのであって，このことは，公平責任に関する一般条項［一般条款］を適用する最も重要な条件であると同時に，無過失責任の内在的要求でもある。④過失責任原則と無過失責任原則は，権利侵害責任法の中核をなすものとして，それぞれ，同法第2章の6条と7条に位置しているのに対し，公平責任は，第2章の後ろから2番目に位置しており，且つ，その内容の編成から見ると，24条は責任の結果部分に位置しており，その前後の条文の内容はいずれも，責任の配分結果に関する規定である。このように，（権利侵害責任法の）立法は，決して公平責任を過失責任原則，無過失責任原則と同等に扱っておらず，一種の責任の結果という意味における公平責任にその重きを置いている。それと同時に，権利侵害責任法の運用過程においては，必ず利益の均衡を図らなければならず，そうすることによって，行為者，被害者と社会の三者間の調和が取れることになる。公平責任を帰責原則とするならば，その適用範囲は実践において必ずや次第に拡大していくことになろうが，このことは，社会の安定に不利であり，権利侵害責任法の目的と相反することになる。

〈亢培氷〉
　私自身は，公平責任は独立した帰責原則ではなく，特殊な損害分担ルールであって，裁判官に授権し，特定の状況下において損害結果について合理的に配分させる責任形態であると，考える。公平責任が1つの独立した帰責原則でないと考える理由は，次の点にある。
　まず，公平責任には，明確な帰責の根拠［基礎］が欠けている。いわゆる帰責とは，ある事実状態に基づいて責任の帰属を確定することをいう。帰責原則はすなわち，責任帰属の確定に当たって依るべき法的準則である。帰責原則が解釈しなければならないのは，責任の根拠としての「事実状態」は何か，その考慮要素は何かということである。
　基本的な帰責原則として，一般不法行為には過失責任原則が適用され，法律に定める特殊不法行為には無過失責任原則（「過錯を問わない原則」，「客観

的責任原則」と呼ぶ者もいる）が適用される。過失責任原則における責任の根拠は，行為者の「過錯」および帰責可能性にあり，無過失責任における責任の根拠は，行為者が作出しかつその支配下にある「危険」および「危険」によって損害をもたらしたことについての帰責可能性にあり，両者の帰責の根拠は明確である。過錯による帰責の意義に関しては，多言を要しないのであって，「過錯」は意思自治を貫徹する現れであり，損害を行為者に帰せしめる根拠である。無過失責任は，その本質において危険責任に属しており，「特定の危険の実現をもって，その帰責理由としている。敷衍すると，すなわち，ある特定の危険を有する物品を所持または，そのような施設または活動を経営する者は，当該物品，施設または活動が有する危険の実現によって他人の権利と利益を侵害したときは，生じた損害について賠償責任を負わなければならない。賠償義務者が，当該事故の発生に対して故意過失を有しているか否かは問わない[7]」。危険責任の成立の根拠に至っては，配分的正義の理念に基づくのであって，王澤鑑教授は，それには次の4つの理由があると指摘する。すなわち，第1に，特定の企業，物品または施設の所有者，占有者［持有人］が，危険源を作り出したこと，第2に，ある程度において，当該所有者，占有者がこれらの危険を制御できること，第3に，利益を得ている者が責任を負うべきことは，正義から来るニーズであること，第4に，危険責任によって生じる損害賠償については，商品サービスのもつ価格的機能および保険制度によって分散できることが，それである[8]。このように，一般不法行為に適用される過失責任原則であれ，それとも，法律に定める特殊不法行為に適用される無過失責任原則であれ，いずれも，その明確な帰責の根拠を有しているのである。

　もし，公平責任は，1種の帰責原則であるとするならば，その責任の成立根拠はどこにあるのだろうか。公平責任の法的根拠とされるものには，民法通則132条と権利侵害責任法24条がある。前者は，「損害の発生に対して当事

---

7) 王澤鑑『侵権行為法（第1冊）：基本理論，一般侵権行為』（出版社不詳，1998年）17頁。陳聡富『侵権帰責原則与損害賠償』（北京大学出版社，2005年）115頁からの再引用。

8) 王澤鑑・同前書17-18頁参照。陳聡富・同前書115頁からの再引用。

者ともに過錯がない場合は，実際の状況に基づいて，当事者に民事責任を分担させることができる。」と規定し，後者は，「損害の発生に対して被害者と行為者ともに過錯がない場合は，実際の状況に基づいて，双方に損害を分担させることができる。」と，規定する。2つの条文が定めている「実際の状況」に関し，理論および実践においてはいずれも，まずもって「被害者の経済状況」に注目しており，通常，被害者の経済状況が比較的に悪く，その他の救済手段が存在しなければ，救済の必要性が生まれることになる。次は，行為者の経済状況であり，行為者の経済状況が，被害者より優れているならば，被害者を救済し責任を負わせ得ることになる。いうまでもなく，責任の根拠は「財産」にあり，正にある学者がいうように，「財産が責任を生む」ことになる。過失責任原則，無過失責任原則の適用においても，当事者の経済状況は，賠償範囲に対して一定の影響を与えているが，このような影響は，決して責任の成否に現れているわけではない。このように，「財産が責任を生む」という命題は，法的論理，価値のいずれにおいても不十分であることは明らかである。他方，責任の根拠を「公平」に求めるとするならば，「公平」自体は抽象的すぎていて，それは，「行為」から推論するのではなく，「結果」から推論することになる。さらにいうと，1つの帰責原則としての責任根拠さえ探し出すことができないとするならば，この帰責原則は，帰責原則と呼べるだろうか。

　次に，公平責任は，明確な適用対象を欠いており，帰責原則としての一般的根拠を備えていない。前述の通り，過失責任原則は一般不法行為に適用され，無過失責任原則は法律が明確に定めた特殊不法行為に適用される。他方，公平責任原則が，どのような不法行為に適用されるかをまとめることは，非常に難しい。民法通則および民通意見が制定されて間もない頃において，公平責任には未だ一定範囲の明確な適用対象があったとしても，人身損害賠償に関する最高人民法院の司法解釈および権利侵害責任法の公布に至っては，類型化可能な「公平責任」に属し得る補償責任が，既に立法および司法解釈によって明確に規定された。これに対し，公平責任に関する基本条項は未だ存在しており，上記の法定補償責任以外の公平責任の適用範囲はさらに狭まることとなった。公平責任原則の適用対象をめぐり，学者間には異な

る認識が存在しているとはいえ，そのいずれも，公平責任の適用対象が狭く，不明確であるという現実を否定することはできない。例えば，民通意見156条における「自然原因によって危険な状況が惹起された緊急避難においては，受益者に適切な補償を命じることができる」ということは，公平責任を適用する場合に属する。他方，その他の場合，例えば，民通意見157条はそれぞれ，「無償労務提供［幇工］」と「事務管理」に組み入れることができ，堆積した物品が倒壊して他人に損害を与えるケース（民通意見155条参照——文補）は，「過失推定」の中に組み入れることができる。そうすると，必然的に公平責任の適用範囲をさらに狭め，公平責任の独立した帰責原則としての地位の必要性を低下させることになる。

　更に，公平責任を独立した帰責原則とするならば，必然的に論理上の混乱を招き，法律適用上の誤りをもたらすことになる。公平責任原則が独立した帰責原則であるとする学者らの見解によると，公平責任原則は，当事者双方ともに過錯がなく，且つ，法律が特別に無過失責任または結果責任を適用すべきことを規定していない場合に適用されることになる。しかし，司法実践において，被告（行為者）が，原告（被害者）の損害について責任を負うべきか否かを確定するには，通常，被告に不法行為法的意義における行為があるか否かを分析しなければならない。すなわち，当該行為が一般不法行為に属すれば，過失責任原則を適用すべきであり，法律に特別規定のある特殊不法行為であれば，無過失責任原則（または結果責任原則）を適用すべきである。従って，司法過程における評価の対象は，行為者の行為であって，行為者に過錯があるか否かを考慮し，過錯があれば責任を負わなければならず，または，過錯がなくとも，法律が未だ責任を負うべきことを定めているときは，法律責任を負わなければならない。行為者に過錯がなく，法律も行為者が無過失責任を負うべきことを定めていないならば，通常，当該損害は，被害者自身が負担することになる（自己責任）。これに対し，行為者に当該損害結果の負担を命じたならば，たとえ一部の損害を分担させたとしても，それは責任の転嫁をなし，われわれは依然として，「行為者の責任の根拠は何か」を問い詰めなければならない。

　上記の通り，私は，公平責任は決して独立した帰責原則でなく，単なる特

殊状況下における損害配分ルールであるにすぎず，被害者に対し部分的補償を与えることを行為者に求める責任形態である，という立場に賛成する。

〔日本側コメント〕
〈小口彦太〉
　不法行為法の帰責原理に公平責任を含めるかどうか，帰責の定義にかかってくる。王成氏のように，「責任の帰属を確定すること」と広義に定義づければ，不法行為の帰責原理に含められるだろうし，亓培氷氏のように「責任帰属の確定に当たって依るべき法的準則」と，狭く定義づければ，含められないだろう。
　ところで，広義説に立つ王氏といえども因果関係の存在という要件を課している。「損害を被った権利利益と，損害の発生を促した原因とを結びつけ，これによって損害を原因者に転嫁して負担させる法的価値判断」を「帰責の意義の中核」と説いているところから，このことは明らかである。しかし，公平責任原則の適用例を見ると，広東省五月花レストラン爆破事件[9]のように，被告（レストラン側）には違約責任も不法行為責任もなく，そして損害結果につき，まったく因果関係がないにもかかわらず，一定額の「補償」を命じている事例も存している。民法通則意見157条の公平責任に関する司法解釈及び民法通則4条の公平原則にもとづいて，一定額の「補償」を命じている事例も存在する。
　筆者は，民法通則106条及び権利侵害責任法第2章責任構成を定めた6条，7条には公平責任に関する言及がないことからすると，立法者意思としては帰責原理とはされていないと考える。

〈瀬川信久〉
　亓培氷裁判官は公平責任が「独立した帰責原理」であることを否定されるが，その詳細な理由はこの問題を考える重要な手掛かりを与えているように思われる。

---

9)〔文補〕本件の詳細およびその評釈については，小口彦太「中国的特色を有する民事判決」早稲田法学87巻2号103頁以下（2012年）を参照されたい。

亓裁判官は3つの理由をあげる。第一に，過失責任には行為者の過失，無過失責任には行為者が作出したり支配する危険という，賠償責任を課す明確で実質的な根拠があるが，「公平」は抽象的過ぎるので，賠償責任の根拠にならない。第二に，過失責任は一般不法行為を適用対象とし，無過失責任は法律が明確に定めた特殊な不法行為を適用対象とするが，公平責任の適用対象は不明確である。民通意見156条（自然原因による危険に対する緊急避難），157条，155条（堆積物責任）が規定する公平責任の諸場合には統一性がない。157条は無償労務提供・事務管理の場合，155条は過失推定の場合と考えることができるから，結局，公平責任は156条の場合だけである。第三に，損害賠償責任の判断では被告に不法行為たる行為があるかを判断しなければならないが，公平責任では，被告に過錯ある一般不法行為も，法律の定める特殊な不法行為もないのに賠償責任を課すので，賠償責任の根拠を別に考えなければならない。

要するに亓裁判官は，過失責任，危険責任と違って，公平責任は明確で実質的な根拠がなく，適用対象が不明確で，責任根拠たる被告の行為がないとされる。しかし，日本の裁判例をみると，過失責任にも無過失責任にも幅があり，両者の間に，またそれぞれの中に，多様なバリエーションの責任類型がある（製造物責任法の欠陥責任，工作物責任の瑕疵責任，中間責任等[10]）。したがって，危険責任の範囲もそれほど明確でない。実際，権利侵害責任法32条1項（監護人責任）は危険責任とみることができるが，公平責任ともみることもできる。また，不作為の不法行為は，過失責任の中に入れられる[11]が，被告の明確な行為を根拠としない。そして，不作為の不法行為では，過失・違法性・因果関係の要件の内容が，作為の不法行為とは異なって明確でない。翻って，公平責任が明確で実質的な根拠を欠くかは，実際の公平責任の裁判例に即して検討する必要がある。

ところで，亓裁判官の議論には，現在の中国の法状況に対する一つのスタ

---

10) 瀬川信久「危険・リスク」ジュリスト1126号141頁以下（1998年），同「民法709条」広中俊雄・星野英一編『民法典の百年Ⅲ』（有斐閣，1998年）559頁以下。

11) 中国でも広く認められる安全配慮義務は過失責任とされるようである。其木提「中国社会の変容と不法行為法（2）」北大法学論集51巻6号1892頁以下（2001年）。

ンスをうかがうことができる。すなわち，その第一の理由は，中国で，「賠償責任は明確で実質的な根拠がある場合に限るべきである」との考えが浸透していることを前提とする。第二の理由では，「民法通則および民通意見が制定されて間もない頃において，公平責任には未だ一定範囲の明確な適用対象があったとしても，人身損害賠償に関する最高人民法院の司法解釈および権利侵害責任法の公布に至っては，類型化可能な『公平責任』に属し得る補償責任が，既に立法および司法解釈によって明確に規定された。これに対し，公平責任に関する基本条項は未だ存在しており，上記の法定補償責任以外の公平責任の適用範囲はさらに狭まることとなった。」という。これは，公平責任の適用範囲（＝現場の裁判官の裁量的判断の範囲）がこの間の立法整備の中で縮小していることを前提にしている。最後に，第三の理由では，学者と司法実務を対置し，過失責任でも危険責任でも「司法過程における評価の対象は，行為者の行為である」ことを強調する。

　そもそも，公平責任は，「独立した帰責原理」であるとも，ないともいえるようなものである。それを「独立した帰責原理」とし，あるいは，そうでないとするのは，おそらく「公平責任」として異なる実態を考えているか，異なる立場からみているからである。したがって，この問題に答えるには，実際の裁判例に即して公平責任の実態を明らかにすると同時に，公平責任を議論する立場の違いが生まれた背景を考える必要がある。「第7章　公平責任の適用範囲」のコメントで，そのような作業を試みることにする。

第5章　公平責任（民法通則132条，権利侵害責任法24条）の要件論

　実際の裁判実務において，同様の事案における判決結果が区々であり，公平責任の誤用または濫用が見られるのも，その要件が明確でない（または裁判官が正しい理解を持ち得ていない）ことに一因があると考えられる。そのため，具体的事案において公平責任を適用するには，まずもって，その要件を明確にする必要がある。

　この点，王利明教授は，権利侵害責任法24条の適用要件として，①実際に損害が生じていること，②被害者と行為者ともに，損害の発生について過錯が存しないこと，③実際の状況に基づいて損害分担を定めることを挙げる[1]。

　　質問1：①につき，裁判実務においては，精神的損害賠償をも認める裁判
　　　　　　例が，少なからず見られるが，このことは妥当か。損害の範囲
　　　　　　は，どこまで含まれるか。

〔中国側回答〕
〈王成〉
　まず，公平責任原則の構成要件にはさらに，当事者双方ともに過錯がない状況下で，法律にも無過失責任と結果責任を適用すべき規定がないことが含まれるべきである。それと同時に，一方の当事者に全部の損害を負わせることが，民法における公平原則に反することを必要とする。
　公平責任原則に含まれる損害は，基本的損害でなければならない。精神的損害慰謝料は，その中に含めるべきでない。司法実務において，より一般的に見られる状況としては，裁判官が事件の総合的状況に基づき，既に述べた様々な考慮要素（第4章における氏の回答参照――文補）に基づいて最終的に

---

　1)「責任法研究」282-284頁参照。

大体の賠償額を確定するのであって，一般的にはそんなに正確に項目ごとに計算するわけではない。

〈張愛軍〉

　私は，精神的損害慰謝料の賠償を命じるやり方は適切でないと考える。

　「最高人民法院の民事上の権利侵害による精神的損害賠償責任を確定する若干の問題に関する解釈」（法釈［2001］7号，2001年3月8日公布・同年3月10日施行――文補）は，社会公共の利益，社会の公共道徳に違反し，他人の人格上の利益を侵害して不法行為を構成する場合，被害者は，精神的損害の賠償を請求できることを確認している（同解釈1条2項参照――文補）。精神的損害賠償の適用には，厳格な基準がなければならず，その構成要件は，権利侵害者の主観上の故意または過失の存在が必要であることを明確にしている。精神的損害賠償の適用範囲を勝手に拡張してはならず，そうでなければ，加害者側の負担を加重しかねず，そのようなことは，実質的には公平責任の内在的要求に背くものである。

　公平責任は，財産の損害を生じさせた事件にのみ適用されるべきであり，このような損害は直接損害でしかありえず，間接損害，得べかりし利益等はいずれも，分担させるべきでない。このことは，公平責任が社会救済と類似するというその特性に決定づけられたものである。精神的損害賠償が，公平責任に適用され得ないのは，以下の理由による。すなわち，一方において，その額は極めて不確定的であり，被害者の精神的損害の具体的な度合を正確に評価することが難しく，裁判官の自由裁量権が比較的大きい。他方において，精神的損害賠償の懲罰的機能と慰謝的機能はいずれも，行為者の帰責可能性に依拠しなければならず，加害者に帰責可能性がないにもかかわらず，精神的損害慰謝料を負担しなければならないとするならば，明らかに公平を失することになる。従って，私は，裁判実務において，精神的損害慰謝料の賠償を命じることは適切でないと考える。そのため，含まれ得る損害の範囲もまた，確定できない。

〈亓培氷〉

　精神的損害慰謝料の賠償を命じることは，裁判実務における公平責任濫用の1つの例証であり，このようなやり方は適切でない。何故なら，公平責任原則は，単なる特殊状況下における例外的ルールであるにすぎず，その適用対象と賠償範囲は，厳格に制限しなければならず，そうでなければ，不法行為帰責原則の体系に衝撃を与えかねない。賠償範囲に関し，法律には明確な規定がなく，司法実践においても未だ明確な裁判ルールが形成されていないとはいえ，その賠償範囲は，精神的損害ではなく人身および財産的損害に，得べかりし利益ではなく積極的損害に限定しなければならず，すなわち，被害者の被った積極的な人身，財産上の損害に限るべきだと，私は考える。

　ここで説明しなければならないのは，被害者に障害が残ったかまたは被害者が死亡したときにおける障害賠償金および死亡賠償金は，その性質上，収入損害に属しており，精神的慰謝料の範疇には属さない。

〔日本側コメント〕
〈瀬川信久〉

　この質問1から質問6までについては，「第7章　公平責任の適用範囲」のコメントで述べることに依れば，公平責任の事案類型ごとに考えるべきだということになる。

〈文元春〉

　損害要件に関しては，直接損害に限られ，精神的損害賠償は含まれないとするのが通説である。しかし，筆者が実際に当たった100件以上の裁判例においては，精神的損害賠償を認めるものも少なからず存在しており，学説と裁判実務の乖離現象が見られる。また，公平責任を過失責任または無過失責任以外の第三の帰責原理と考えるのであれ，それとも，単なる損害分担ルールと考えるのであれ，各損害項目の積算方式により得られた通常の損害総額を，公平責任における損害総額と同視することには違和感を覚える。これは，公平責任関連裁判例の多くにおいて，原告が通常の過失責任に基づく損害賠償請求を行うこととも関係しているが，いずれにせよ，公平責任におけ

る損害概念の再構築が必要であるように思われる。

質問2：②につき，あらゆる証明手段を尽くしても，過錯の存否が真偽不明の状態にあるときは，どう処理すべきか。また，裁判実務はどう処理しているか。

〔中国側回答〕
〈王成〉

過錯の証明は，事件におけるその他の事実と同様，訴訟においてはいずれも，証明責任の配分を通じて行われなければならない。すなわち，法院が，証明責任をいずれかの当事者に配分させた後，当該当事者が当該事実の存在を証明できないならば，立証不能による不利な法的効果を負わされることになる。

過錯は通常，行為によって判断される。従って，ある種の行為の存在を証明しさえすれば，過錯の存否を確定できる。実務において，困惑が生じるもののより多くは，因果関係である。すなわち，被害者の損害が，行為者の行為によって生じたか否かをめぐり，それを証明できる十分な証拠が欠けている場合が少なくない。

例えば，有名な彭宇事件[2]において，当事者間には意見の隔たりがあり，裁判官が確定できないのは，原告が転倒して負傷したことは，被告の行為に

---

2) 〔文補〕法院の事実認定によると，本件（江蘇省南京市鼓楼区人民法院（2007）鼓民一初字第212号民事判決，2007年9月3日）の概要は，以下の通りである。

　2006年11月20日午前，原告（徐某）が，南京市水西門路線バス停留所で83番路線バスを待っていたところ，9時半頃，2台の83番路線バスが同時に停留場に入ってきた。原告が，後ろのバスに乗ろうとし，前のバスの後ろドアまで来たとき，被告（彭宇）が，最初に前の路線バスの後ろドアから降り，原告は倒れて負傷した。それを発見した被告は，原告を起こしてそばに移動させた。その後，原告の親族が現場に到着し，被告は，原告の親族らと一緒に原告を病院まで送り治療を受けさせた。原告は，左大腿骨頸部骨折と診断され，入院治療を受けることとなり，寛骨の関節置換術を行い，医療費，看護費，栄養費等の損害が生じた。また，事故当日，被告は，原告に200元余りを給付しており，且つ，その後，ずっと原告にその返還を求めなかった。被告が原告に金銭を給付した理由につき，双方の陳述は異なっており，原告が立て替えた賠償額であると主張したのに対し，被告は，借金であると主張した。そして，事故に

よって生じたか否かである。これは，因果関係についての判断である。本件において，過錯は，決して問題とはならない。本件において，裁判官は，双方ともに過錯がないと考えたため，公平責任原則を適用した。私自身は，本件がこのような大きな波紋を起こしたのは，その問題点が，まさに過錯の有無の確定において生じたためだと，考えている。本件においては，原告と被告ともに過錯が存するといわなければならない。すなわち，原告についていうと，停留場に入ってきたばかりの路線バスのドア付近を急いで通る際には，バスから乗客が降りてくることを予見すべきであった。他方，被告についていうと，最初に路線バスから降りてくる際には，その下の人または車とぶつかるかまたは自身がぶつけられることを考えるべきであった。これに対し，双方にとってみれば，衝突の結果を回避しようとするならば，その予防のコストは非常に小さい。少しゆっくり歩くか，または事前に少し周囲を観察しさえすれば，損害の発生を回避できたのである。そのため，本件においては，双方ともに過錯が存する。本件における因果関係は，それほど明確ではないが，このときの因果関係についての判断は，過錯についての判断に転化可能である。つまり，双方ともに過錯があるため，過失相殺を行い，双方ともに過錯があることを明示したうえで，双方に損害を分担させるべきであった。その結果においては，現在の判決結果と近いが，正当性の面においては，その開きが大きい。

　私自身の理解によると，正しいことと間違っていること［対錯］をはっき

ついての責任および原告と被告との間で接触衝突があったか否かという問題についても，双方には意見の隔たりがあった。原告が，自身は最初にバスから降りてきた被告と接触衝突し転倒して負傷したと主張したのに対し，被告は，原告と接触衝突したことはなく，原告を助け起こしたのは，良いことをしたものであると主張した。

　これに対し，南京市鼓楼区人民法院は，本件の争点は，①原告と被告が，ぶつかったか否か，②原告の具体的損害額の算定，③被告は，原告の損害を負担すべきか否かにあるとした。そのうち，①に関しては，原告の負傷は，被告と接触衝突して転倒したことによるものであると認定し，③に関しては，原告被告ともに過錯がないと認定し，本件に公平責任を適用して，被告に対し原告損害の40％（45876.36元）を補償するよう命じた。なお，その後，被告が上訴し，上訴審で調停が行われたが，調停書が公表されていないため，その詳細は不明である。ただ，被告が原告に対し，一定の補償（または賠償）を行ったことは，確かである。また，その後，原告は，引越しを余儀なくされ，本件の裁判長は，裁判官の職務を外されることとなった。

り見分けなかったことはまさしく，彭宇事件が社会の大きな反響を巻き起こした根源である。これは，前述の王澤鑑教授が憂慮しているところでもある。

〈張愛軍〉
　あらゆる証明手段を尽くしても，過錯の存否が未だ真偽不明の状態にあるときは，過失責任と無過失責任のいずれも適用できず，このときの結果もまた，明らかに公平を失するならば，公平責任の適用状況と合致することになる。このときは，過失責任原則における過錯の不存在を推定すべきであり，このときに権利侵害責任は成立しないため，損害を行為者に帰せしめることはできない。過錯の不存在が推定されたときに，無過失責任原則を適用すべきか否かをめぐっては，さらに，加害者に権利侵害責任の負担を求める法律の明文規定があるか否か，責任を負わない法定事由が存するか否かを見極めなければならない。法定の免責事由が存するならば，このときにも，無過失責任原則が適用されず，行為者は，権利侵害責任を負わないことになる。
　権利侵害責任が成立しさえしなければ，「行為者は，損害の発生に対して過錯がない」ことを意味しているため，公平責任の適用が可能となる。裁判実務は，このような状況下で通常，被害者の利益を守るという視角から，双方の過錯を考慮することなく，公平責任を適用して被害者の損害を填補し，できるだけ被害者に十分な救済を与えている。

〈亓培氷〉
　公平責任を適用する事件において，通常，原告（被害者）が，被告（行為者）に過錯があること，または，過錯がなくとも，法律の規定に基づいて無過失責任または結果責任を負うべきことを主張し得るのに対し，被告は，自身に過錯がないこと，因果関係が存しないこと，または，原告に過錯が存すること，原告の過錯が損害発生の原因であること等を主張し得る。従って，原告が，被告に過錯の存することを証明できず，または，被告の過錯と損害との間に因果関係が存することを証明できず，無過失責任を適用する前提も存しておらず，且つ，損害もまた，原告自身の行為によって生じたもので

なければ，裁判官は，当該事件に公平責任を適用する余地があるか否かを詳しく見なければならない。すなわち，裁判官は結果から見て，原告が敗訴の結果を負うことによってすべての損害を負うことが公平の理念に合致するか否かを審査し，原告自身にすべての損害結果を負わせることが適切でなく，公平の視角から出発して，被告に一部の損害を負わせることができるとするならば，裁判官は進んで公平原則を適用し，被告に対し，原告に部分的補償を与えるよう判決を下す可能性がある。

〔日本側コメント〕
〈小口彦太〉

設問のように，裁判員が当事者に挙証責任を課している場合は，証明できなければ敗訴というやり方で処理するであろうが（筆者は不法行為に関する裁判例はそれほど多く参照していないが，契約法関係の裁判例では挙証責任論で処理している事例は少なくない），筆者が随分前の1990年代に人民大学法学院で，裁判員を対象とした培訓（職業訓練）のための講義をした際に，当の裁判員達が，過失の有無の判定が難しい場合に公平責任で処理すると述べていたのを記憶している。

〈文元春〉

小口教授が指摘する状況は，残念ながら現在の裁判例でも確認できる。実際には，2つの状況が存在しているように思われる。1つは，とりわけ，基層人民法院における過錯の認定が厳格でなく（例えば，王教授が挙げる彭宇事件もその一例である），過錯を認定できる事案にも公平責任を適用するケースがある。いま1つは，まさに，元裁判官が指摘するように，過錯（因果関係を含めて）の存否が不明な場合に，「裁判官は結果から見て，原告が敗訴の結果を負うことによってすべての損害を負うことが公平の理念に合致するか否かを審査し，原告自身にすべての損害結果を負わせることが適切でなく，公平の視角から出発して，被告に一部の損害を負わせることができるとするならば，裁判官は進んで公平原則を適用し，被告に対し，原告に部分的補償を与えるよう判決を下す」場合である。つまり，これは明確な結果的思考で

あり，それには被害者救済を優先するという価値判断が先行していることが分かる。

　　質問3：③につき，裁判実務においては，「実際の状況」として経済状況
　　　　　のほかに，どのような要素が斟酌されているのか。

〔中国側回答〕
〈王成〉
　前述のように，実際の状況には，少なくとも以下の幾つかの点が含まれている。すなわち，被害者の損害の重大さ，被害者と加害者の財産状況，被害者が得られ得るその他の救済手段，事件の特殊さの程度および一般的ルールとなり得るか否かである。

〈張愛軍〉
　この「実際の状況」という用語が，比較的曖昧であるため，実質的には裁判官に広範な自由裁量権を与えることになった。私自身は，実際の状況としては，経済状況を考慮するほか，被害者の損害事実をも考慮しなければならないと考える。損害事実には，損害発生の原因，手段，損害行為の性質，損害の程度，損害を被った利益の性質，損害の被害者に対する実際の影響，損害と受益との間の関連等が含まれており，これらはいずれも，損害分担の際に考量しなければならず，よって，総合的に公平責任による損害分担を考慮することになる。単に経済状況のみを考慮することは，その理由としてあまりに単一に失しており，その他の要素を考慮しないことによって，公平責任（の適用）における不公平現象が生じ，一方の負担を加重させかねない。従って，「実際の状況」については総合的に認定しなければならず，そうすることによって，双方の分担割合を全面的に確定することができる。

〈亓培氷〉
　経済状況のほかに，考慮し得る要素としては，次のようなものが含まれる。すなわち，第1は，被害者の損害の重大さおよび被害者がその他の救済

を得られるか否か，つまり，被害者に対して救済を行う必要性である。第2は，行為者が，被害者の損害をもたらした行為から利益を得ているか否かであり，「利得―損害」という関係が存在すれば，行為者が，損害について過錯がないとしても，部分的補償責任を負い得ることになる。第3は，行為者が，一定の方法によって損害を転嫁または分散できるか否かであり，このような可能性が存するならば，行為者が補償責任を負うことに傾くことになる。第4は，被害者の損害と行為者の行為との間の関連度，または，行為者はどの程度まで，被害者の損害について部分的責任を負うべきか，ということである。

〔日本側コメント〕
〈文元春〉
　王，張，冘の三氏が，「実際の状況」として挙げる具体的考慮要素は，多かれ少なかれ，実際の裁判例に現れている。もっとも，そのうち，被害者の損害の重大さ（死傷のような人身損害），被害者と加害者の財産状況，被害者が得られ得るその他の救済手段の有無こそが，実質的に重要な考慮要素となっている。また，少なからずの学校事故・スポーツ事故に見られるように，王教授が挙げる事件の特殊さの程度という考慮要素は，明確に現れてこない。これは，裁判理由の部分において，具体的な考慮要素を詳らかに述べていないことと関係する。このことは，公平責任特有の問題ではないが，今後の裁判実務においては，具体的な考慮要素を明確に述べるなど，裁判官ないし法院の価値判断をより前面に出す必要があると考える。

　　質問4：裁判実務において，行為者の行為と被害者の損害結果との間の因果関係は，要件とされないか。されるとしたら，その証明はどの程度まで求められているのか。

〔中国側回答〕
〈王成〉
　因果関係は，不法行為の一般的構成要件であり，公平責任原則における不

法行為も同様である。行為者の行為と被害者の損害との間に因果関係が存在しなければ，被害者の損害と行為者とを結び付けることはできない。例えば，中国北京市海淀区人民法院が判決を下した，白天昊が苑緒光を訴えた事件[3]において，原告は，自身の損害が被告によって生じたことすなわち，自身の損害と被告との間に因果関係の存することを証明できなかったため，不法行為の成立を認定できなかった。

　因果関係の判断は，1つの基礎的な前提的判断であり，因果関係の存在を証明できなければ，如何なる不法行為も成立しないことになる。しかし，因果関係の問題は，過錯の問題に転化可能である。例えば，彭宇事件において，因果関係の存在を証明できる十分な証拠が欠けていたものの，現存する証拠に基づくと，原告被告ともに過錯があることが分かる。このときは，類似する損害を予防する視角から，過錯（の存在）によって双方に過失相殺を

---

　3)〔文補〕法院の事実認定によると，本件（北京市海淀区人民法院民事判決書，裁判年月日不詳，権利侵害責任法施行後の事案）の概要は，以下の通りである。

　2011年8月7日13時50分，北京市海淀区学清路学知軒の向かい側にある非自動車道内において，苑緒光（被告）が自転車に乗って北から南に向かって走行し，白天昊（原告）が電動自転車に乗って北から南に向かって走行していたが，その間，白天昊が負傷した。北京市公安局公安交通管理局海淀交通支部清河大隊（以下，交通隊と略称）によって下された交通事故認定書によると，①苑緒光が乗っていたのは，ナンバープレートのない自転車であり，②白天昊が乗っていたのは，ナンバープレートのない電動自転車であること，③苑緒光が，「白天昊の車両が私の自転車を追い越すとき，私と接触しておらず，電動自転車がガードレールと衝突し，白天昊が負傷した」と主張していたのに対し，④白天昊は，「私が，苑緒光の自転車を追い越すとき，自転車が突然左側に寄ってきて，苑緒光の左腕が電動自転車の右側バックミラーに当たったことにより，電動自転車がガードレールと衝突し，白天昊が負傷した」と主張していたこと，⑤交通隊は，双方間で事故が発生したか否かを認定しておらず，また，責任も認定しなかったことが判明した。そこで，白天昊が，苑緒光に対して，医療費5350.03元（その他の栄養費等については，審理中にその訴えを取り下げている）および訴訟費用の負担を求めて提訴した。

　これに対し，北京市海淀区人民法院は，本件の争点は，①原告と被告との間では，接触があったか否か，②原告の負傷と被告の行為との間には，因果関係が存するか否かにあると認定し，①につき，交通隊による事故認定書は，事故認定および責任認定を行っていないことを指摘し，法院の職権に基づく証拠調べによっても，両者間で接触があったとは認定できないと判断し，そのため，②の因果関係の存否も証明できていないとして，原告の請求を棄却した。

行わせることができる。
　因果関係の証明度に関しては，一般事件と大差ないように思われる。

〈張愛軍〉
　私は，行為者の行為と被害者の損害との間の因果関係を構成要件としなければならないと考える。何故なら，因果関係の存在によって，何故にその他の者に（損害を）分担させるのではなく，「行為者」に損害を分担させるかという問題が解決されるからである。因果関係を構成要件としなければ，公平責任適用の基準を低下させかねず，その適用範囲を拡大させ，本来ならば損害を分担することのないその他の者にも損害を分担させることになる。従って，因果関係の存在は，行為者が損害を分担する正当性の基礎をなしている。
　因果関係の証明度は，決して権利侵害責任の構成要件における因果関係の証明のような厳格さを必要とせず，必ず「相当性」まで具備することを必要としない。相当性の判断は実質上，責任の帰属問題であって，加害者が損害について賠償責任を負うべきことをその判断根拠とする。実務において，公平責任における因果関係に関しては，原則的には「条件関係［条件性］」を具備しさえすれば足り，その証明度は，相対的に比較的低く設定しなければならない。

〈亓培氷〉
　前述の公平責任の構成要件において，王利明教授は，行為者の行為と被害者の損害との間の因果関係を構成要件としていない。事実上，非常に多くの中国司法実務における裁判例ではいずれも，「損害」が行為者の「行為」によって生じたこと，損害と行為との間に因果関係が存することを厳格に要求していない。公平責任を独立した帰責原則とするならば，その適用は，拡張される可能性があり，裁判官は，公平の観念および損害結果から出発して，行為者の責任の正当性を類推する可能性が非常に大きく，因果関係から出発して公平責任の適用を制限する可能性は乏しい。
　それとは逆に，公平責任を特定状況下における損害配分のルールと位置付

けるならば，その適用対象，適用条件，賠償範囲は，厳格に制限されるべきであり，そうすると，因果関係を被害者が主張する責任の構成要件にしなければならないことは，明らかである。私は，次のように考える。すなわち，行為者の行為と損害との間には，事実的因果関係が存しなければならず，事実的因果関係がなければ，損害を行為者と結び付けることはできない。他方，行為者の行為が存在しておらず，被害者が損害を受けたことと行為者が利益を得ていることしか存在しないような状況下では，上記の行為と損害との間の因果関係は不要である。

〔日本側コメント〕
〈文元春〉
　実際の裁判例において求められている因果関係存否の程度は，一概ではない。その中には，明確な事実的因果関係の存在を必要とするもの，一定の因果的関連で足りるとするもの，因果関係存否の判断自体を行わないもの（これには，因果関係存否の判断が難しい場合も含まれる），因果関係の存在を不要とするもの（労務従事中における持病による死亡事案などが典型的である）など，多岐にわたっている。ただ，共通して見られるのは，法的因果関係は不要とする点である。

　質問5：上記の要件は，民法通則132条にも同じく当てはまるか。

〔中国側回答〕
〈王成〉
　民法通則132条と権利侵害責任法24条は，その構成要件において同様である。

〈張愛軍〉
　私は，上記の要件は同じく，民法通則132条に適用されると考える。
　権利侵害責任法は実質的に，民法通則の規定を踏襲し，公平責任を1種の責任負担方法としており，その本質において両者は一致している。民法通則

132条の規定に基づくと，公平責任の適用においては実際の状況を考慮しなければならない。これに対し，この実際の状況には，次の2つの側面の内容が含まれている。すなわち，1つは，損害の程度である。つまり，損害の発生および損害の程度は，公平責任を適用する客観的前提である。いま1つはすなわち，当事者の経済状況である。従って，実際に損害が生じたことは，要件の1つである。当事者双方ともに過錯がないことは，公平責任を適用する基本的条件である。ここにいう過錯がないということに関しては，まず，行為者に過錯があると推定できないこと，次に，過錯のある当事者を探し出すことができないこと，さらに，一方または双方の過錯を認定する［確定］ことが，明らかに公平を失することを意味する。従って，被害者と行為者ともに，損害の発生について過錯がないことは，公平責任の構成要件の1つである。公平責任適用の弾力性は比較的大きく，裁判官に比較的大きい自由裁量権を与えることによって，当事者が損害を分担すべきか否か，および如何に損害を分担すべきか，ということを合理的に確定させている。そのため，実際の状況に基づいて損害を分担することもまた，その構成要件の1つである。

〈亓培氷〉

上記の要件は同じく，民法通則132条に適用されるべきである。

〔**日本側コメント**〕

〈文元春〉

この設問は，権利侵害責任法24条が，民法通則132条と比べ，その文言上，変化（民事責任の分担から損害［損失］の分担へ）が見られるため，確認的に提起したものである。なお，筆者自身も，両者には要件上の相違はないと考える。

質問6：公平責任を適用した実際の裁判例の中には，過錯の存する事案に公平責任を適用するなどの公平責任の濫用ともいうべき現象が見られるとの指摘は，予てからあった[4]が，近年においても，その

ような状況は変わっていないように見受けられる[5]。何故,このような現象が起きるのか。

[中国側回答]
〈王成〉
　確かにそのような状況が存在している。このこともまた,公平責任原則について深く掘り下げて研究すること,とりわけ,その構成要件と適用の前提を重視することが非常に必要であることを物語っている。

〈張愛軍〉
　近年の裁判実務においては,公平責任を濫用する状況が存在している。その主な原因はやはり,公平責任の適用要件および適用方法が厳格に守られていないことにあると,私は考える。一部の過錯の存する事件と,公平責任の適用要件を具備した事件が,非常に似通っているのに対し,公平責任を適用する事件において,双方の損害分担額を決めるに際し,わが国の法律(権利侵害責任法)が与えている法定基準は,「実際の状況に基づく」ことであり,このような極めて曖昧な用語を採用したことは実質的に,裁判官に広範な自由裁量権を与えることとなった。このような自由裁量権は,極めて容易く濫用の問題を引き起こしかねない。従って,裁判実務において公平責任を適用するに当たっては,裁判官にその内心の公平,正義という道徳観念に基づいて行うことを求めなければならない。

〈亓培氷〉
　実践において,公平責任の濫用,誤った適用は,次の点に現れている。す

---

4) 小口彦太「中国民法通則132条公平責任原則の系譜」東方198号12頁(1997年),其木提「中国社会の変容と不法行為法:過渡期におけるその多元性(4・完)」北大法学論集52巻2号85頁以下(2001年)参照。
5) 北京市第二中級人民法院の陳科裁判官が,中国法院ネットで検索して収集した公平責任を適用した100件の裁判例のうち,44件が過錯の存する事案であったとのことである(陳科「公平責任一般条款的司法適用:以100份侵権案件判決書為分析様本」法律適用2015年1期12頁参照。

なわち，第1に，過失責任を適用すべき状況下において，例えば，行為者が過錯を有していて，本来ならば，過失責任を適用して賠償責任を負わせるべきなのに，公平責任を適用して補償責任を負わせている。第2に，無過失責任を適用すべき状況下において，本来ならば，行為者が過錯を有しているか否かは，責任の成立要件でないのに，公平責任を適用して行為者，被害者に損害を分担させている。第3に，過失責任を適用すべき状況下において，行為者に過錯がないか，または，被害者に過錯があって，本来ならば，行為者が責任を負うべきでないのに，公平責任を濫用して行為者に民事上の補償責任を負わせている。第4に，無過失責任を適用すべき状況下において，被害者に故意または重過失があるか，または，行為者の行為と被害者の損害との間に因果関係がなく，本来ならば，行為者が賠償責任を負うべきでないのに，公平責任を適用することによって，行為者に補償責任を負わせている。私は，前二者は，公平責任の誤った適用であり，後二者は，公平責任の濫用であると考える。

　私は，公平責任の誤った適用，濫用には，次のような原因が存すると考える。

　まず，公平責任は独立した帰責原則であるという認識は，公平責任の誤った適用，濫用の根源である。むろん，公平責任が独立した帰責原則であるか否かをめぐっては，一定の争いが存在しているが，公平責任は，過失責任原則，無過失責任原則と同等の相並ぶ帰責原則であると考えるならば，必然的に同じ行為が2度の評価を受けることになる。つまり，1つは，過錯があるか否かという評価であり，過錯の視角から賠償すべきか否かを判断することになる。いま1つは，過錯がない場合であり，このときは，結果の視角から救済しないことが公平の観念，公平原則に反するか否かを判断することになる。もし，当事者ともに過錯がなく，法律にも行為者が責任を負うべき明確な規定がない状況下で，依然として「公平」から来る要求に基づいて，行為者に過失責任と法律規定以外の責任を負わせるならば，知らず知らずのうちに，裁判官の過錯認定の必要性を低下させることになる。また，過錯（の存否）が，比較的に曖昧であり，過失推定が行われる等のような具体的状況下で，直接結果論から出発し，直接公平責任を適用して被告である行為者に部

分的責任の負担を命じることは，少なくともその結果において，過錯を認定して行為者に責任を負わせることと，公平責任を適用することによって行為者に責任を負わせることは，「公平」に至る方法において，その手段は異なっても結果は同じである。従って，実践における公平責任適用の氾濫すなわちいわゆる「公平責任への逃避」，つまり，本来ならば，過失責任を適用すべき状況下で，公平責任を適用することの根源はまさに，公平責任を独立した帰責原則と考えることにある。前二者の原因はまさにこの点にある。

次に，公平責任の適用対象そのもの自体が不明確であり，適用要件が具体的でないことは，裁判官をして，容易く自由裁量権を濫用して公平責任を適用せしめることになりかねない。どのような不法行為，どのような事件類型に公平責任を適用すべきか，および公平責任の具体的な適用要件は，どのような厳格な制限を受けるべきかなどといった，これらの問題に関しては，法律，司法解釈，指導性案例，裁判準則による明確な規定が存しない。徐国棟教授の「厳格なルールと自由裁量権」に関する反比例関係に照らすと，ルールが不明確である状況下で，公平責任が濫用されること自体も，理解できる。

更に，現在の中国は，社会の転換期に置かれており，（社会）保険，保障ともに完備されておらず，客観的にも，公平責任を適用することによって，救済が足りず，救済が欠けることを補うという現実的ニーズが存在している。従って，当事者ともに過錯がないか，または，たとえ被害者に一定の過錯が存するような状況下でも，被害者が，任意保険［商業保険］，社会保障の中から救済を受けられないとするならば，被害者は往々にして，不法行為法上の公平責任に訴えることになる。被害者が救済を受けられないことは，1つの社会問題になりかねず，その非正義性は，過錯のない行為者に補償責任を負わせることの非正義性を超えているため，後者に責任を負わせることをして，受け入れ可能なものとならしめる。このことはある程度，公平責任の適用をして，拡張可能なものとならしめた。

以上が，私が考える，公平責任が濫用され得る原因である。その他に，指摘しなければならいのは，現在の司法権の機能についての「安定の維持」という位置付けもまた，公平責任が氾濫する重要な原因である。

〔**日本側コメント**〕
　〈文元春〉
　王，張，冗の三氏が挙げる理由はいずれも，首肯できると考える。そのうち，とりわけ，冗裁判官が挙げる司法権の機能——「安定の維持」——は，公平責任の存在意義とも深く関わっているものである。これは，中国における法の在り方にも連なる重要な問題だと考えられる。しかし，それを明言するものもある[6]が，殆どの裁判例においては明確に現れてこない。

---

6) 例えば，浙江省寧波海事法院（2011）甬海法温事初字第3号民事判決（カニの共同捕獲作業中における不慮の事故による転落死），広西チワン族自治区宜州市人民法院（2010）宜民初字第820号民事判決（無償労務提供中の手伝い人の負傷），湖北省棗陽市人民法院（2013）鄂棗陽民一初字第00121号民事判決（中学生同士のバスケットボール試合中の負傷）など，参照。

第 6 章　民法通則132条と権利侵害責任法24条の位置づけ問題

　公平責任に関する一般規定である民法通則132条と権利侵害責任法24条の理解をめぐっては，公平責任を独立した帰責原理として認める論者にあっても，見解が分かれている。

　例えば，王利明教授は，当初，民法通則132条は，公平責任原則に関する一般規定である[1]としていたが，権利侵害責任法の制定後に出版された書物においては，公平責任は補助的な原則であり，権利侵害責任法24条は，決して一般条項［一般条款］ではなく，また，帰責原則に関する一般規定でもなく，公平責任の構成要件を定めた規定であるとの見解を示した。そして，その理由として，①過失責任を一般条項として据えた以上，さらに公平責任に関する一般条項を設けることはできず，また設けることもないこと，②体系的解釈の視角からみると，24条は，同法 6 条および同法 7 条と並置されておらず，同条は，責任が定まった後の損害分担ルールに関する規定であり，一般的な帰責原則ではないこと，③24条は，民法通則132条に由来するものであるが，後者は，裁判官が責任を確定する際に指針を与えるものであり，公平に責任を確定するルールとして機能するものであること，④比較法的にみても，公平責任が帰責原則たり得ることを主張する学者は多く見られるが，諸外国における公平責任の適用範囲は限られていることなどを挙げる[2]。他方，王成教授は，民法通則132条と権利侵害責任法24条は，如何に当事者に損害を分担させるかにつき，裁判官が実際の状況に基づいて定める授権条項であり，公平責任原則は，明らかに公平を失するという契約の取消し可能事由と同様，一種の包括条項［兜底条款］であると指摘する[3]。

---

[1] 「帰責研究」120頁，「修訂版帰責研究」124頁，「行為法研究」291頁参照。
[2] 「責任法研究」281-282頁参照。
[3] 王成『侵権責任法』（北京大学出版社，2011年）60頁参照。

質問：民法通則132条と権利侵害責任法24条をどう理解すべきか。両者は，どのような関係にあるのか。

〔中国側回答〕
〈王成〉

　私は，権利侵害責任法24条は，民法通則132条と同様，いずれも帰責原則に関する規定であると考える。民法通則の制定年代および背景に鑑み，権利侵害責任法は，数人による不法行為に関する問題，類型化された不法行為に関する問題等々のように，民法通則が定めた非常に多くの問題についてすべて新たに規定し直した。権利侵害責任法24条は，正に民法通則132条の再述である。公平責任を帰責原則とする理由に関しては，前述の議論（本書27-29頁）を参照されたい。

〈張愛軍〉

　民法通則132条と権利侵害責任法24条はいずれも，損害分担に関する一般的ルールである。一般的ルール自体はまさに，当事者が損害を分担する法規範的根拠である。権利侵害責任法の公布は，民法通則における公平責任をして，非権利侵害責任の性質を有する損害分担の一般的ルールとしての役割を大幅に強化せしめた。救済法としての権利侵害責任法は，その1条において，同法の1つの重要な機能はまさに，「社会の調和安定を促進する」ことであると明確に述べており，公平責任を通じて被害者に対し権利侵害責任の負担方法以外の救済を与えることはまさに，このような目的を実現する手段の1つとなっている。

　救済手段としての公平責任については，1種の補助的な原則であると理解すべきでなく，その実質は，社会的公平を維持する一般的な救済条項に属しており，このような救済条項は，裁判官に一定の自由裁量権を付与することによって，実際の状況に基づいて具体的事案における公平の目的を実現させている。従って，私自身は，民法通則132条と権利侵害責任法24条は決して，公平責任原則の一般規定または補助的な原則ではないと考える。私は，裁判実践における裁判官の自由裁量権という視角から公平責任を理解すべき

であると考えており，（その意味で）王成教授が，公平責任を１種の授権条項と考えることには一理ある。

〈亓培氷〉

　私は，王利明教授と王成教授の見解はいずれも，その合理性があると考える。なお，私は，次のように考えている。

　まず，権利侵害責任法の公布後，公平責任は，独立した帰責原則ではなく，既に１種の特定状況下における損害分担ルールとなっている。権利侵害責任法の制定前において，民法通則132条は，公平責任原則に関する一般規定であるというのが，学術界，裁判実務界における通説であった。公平責任の適用状況に関しては，民通意見および理論，実務界のいずれにも，一定の類型化された帰納が存する。権利侵害責任法が公布された後，その24条は，民法通則132条とその記述において類似しているものの，24条は，責任方法，責任の範囲等に関する条文の後に置かれており，その体系からいうと，それは既に帰責原則でなく，損害の配分ルールとなっている。

　次に，権利侵害責任法24条は，裁判官に授権して損害分担を行わせる授権条項であり，同条項は通常，公平責任のルールに関する一般的条項［一般性条款］であると考えられている（勿論，このように記述することは，決して公平責任が独立した帰責原則であることを意味しない）。

　更に，権利侵害責任法24条は決して，単なる公平責任を適用するための構成要件に関する規定ではなく，同条は，公平責任が適用されるその他の状況を包摂する一般的ルールでもなければならない。すなわち，類型化の前提の下で，権利侵害責任法は，公平責任を適用する具体的類型を定める一方で，その他の類型化することはできないものの，公平責任の適用を排除し得ない状況をも規定し，裁判官の適用に供しているのである。このような意味からいうと，同条項は，包括条項でもある。

第7章　公平責任の適用範囲

　公平責任の具体的な適用場面については，民法通則，民通意見，人身損害解釈および権利侵害責任法に関連規定が置かれている。しかし，公平責任に関する一般規定である民法通則132条と権利侵害責任法24条の規定からすると，これらの規定は，すべての適用範囲を網羅しているわけではない。そうすると，明文規定以外に，どのような場面に公平責任を適用できるかが問題となる。

　公平責任の具体的な適用範囲をめぐっては，論者によって開きがあるが，①緊急避難によって損害が生じ，その危険が自然原因によって惹起された場合において，緊急避難者または受益者が行う適切な補償（権利侵害責任法31条，民通意見156条），②自身の行為について，一時的に意識をなくしまたは制御不能となった無過失の完全行為能力者が行う適切な補償（同法33条1項），③具体的な加害者不明の場合における加害可能な者の損害分担（同法87条），④偶発事故［意外状況］における無過失者の損害分担の場合には，公平責任の適用を認めるのが一般的である。

　これに対し，王利明教授は，公平責任の具体的適用場面として，上記の①，②，③のほかに，④財産を有する行為無能力者または制限的行為能力者が，他人に損害を与えた場合における責任の負担（権利侵害責任法32条2項），⑤責任負担における公平責任の適用を挙げる一方，公益または他人の権利と利益を守るために受けた損害についての責任（権利侵害責任法23条）をめぐっては，公平責任説，事務管理説，特定条件下における損害分担説に分かれているが，特定条件下における損害分担説が妥当であると，主張する[1]。

　また，王成教授は，以下の場合にはいずれも，公平責任を適用すべきでな

---

1)「責任法研究」284-292頁参照。

いと指摘する。すなわち，①民法通則128条における過剰防衛，同法129条における過剰避難にはいずれも，「過失〔過〕」が存するため，公平責任原則の帰責理念と相いれない。②民法通則133条1項後段の規定は，過失推定責任における減免責事由であって，公平責任ではない。③民通意見157条には，無償労務提供行為と事務管理が含まれ得るが，それぞれ，人身損害解釈14条と民法通則93条（事務管理）によって規律されるため，公平責任の適用はない。④民通意見155条は，人身損害解釈16条1項2号による民法通則126条の適用（過失推定責任）に取って代わっており，もはや公平責任の適用はなくなった。他方，民通意見156条は，公平責任の具体的適用例であるとされる[2]。

　質問1：公平責任は，法律に明文の規定がある場合にのみ適用されるか。
　質問2：公平責任の適用例としては，他にどのような場面が想定され得るか。

〔中国側回答〕
〈王成〉
　この2つの問題は，併せて回答することができる。
　公平責任原則についての位置付けを離れて，公平責任原則の適用範囲を議論することはできない。公平責任を1種の基本的な帰責原則として理解するならば，凡そ当事者双方に過錯が存しておらず，法律にも，無過失責任原則または結果責任原則を適用すべきことを定めておらず，一方の当事者に単独で責任を負わせることが，民法における基本的な公平の観念に相反するときは，帰責原則としての公平責任原則を適用することになる。そのため，私自身は，公平責任原則は，法律に明文の規定がある場合には適用されないと考える。当事者双方ともに過錯のないことを確定させ，法律にも，無過失責任原則または結果責任原則を適用すべきことを定めていないさえすれば，公平責任原則を適用する可能性がある。適用するか否かに関しては，裁判官

---

2) 王成「侵権法帰責原則的理念及配置」政治与法律2009年1期86-87頁参照。

が，個々の事案における具体的状況に基づいて判断する必要がある。

〈張愛軍〉

　質問1について。私は，公平責任は，単に法律に明文の規定がある場合に制限されるべきでないと考える。公平責任は1種の損害分担ルールとして，それには弾力性がある。しかし，その適用は，法律に定める場合を超えてはならないとすると，公平責任をして，活力を失わせしめ，次々と現れてくる社会現象において，現実［実践］のニーズを満たすことができなくなる。従って，公平責任原則を適用するには，法律に明文の規定がある場合に拘泥すべきでない。裁判実践においては，裁判官が厳格な審査によって，過失責任原則と無過失責任原則を適用する可能性を排除すると同時に，当該事件もまた，公平責任を適用する各々の要件を満たしさえすれば，裁判官は，自由裁量権に基づき，公平責任の理念を適用して判決を下すことができる。

　質問2について。その他の公平責任を適用し得る具体的場面としては，次のようなものが考えられる。すなわち，当事者のいずれも，損害の発生について過錯がないものの，一方が，相手方の利益または共同の利益のために活動する中で損害を受けたような場合も，同じく公平責任から来る要求を体現している。社会生活は，複雑で目まぐるしく変わるため，法律があらゆる状況を規定し尽くすことはできず，過失責任原則と無過失責任原則の適用を排除しさえすれば，裁判官は，実際の状況に基づき，自由裁量によって公平責任を適用するか否かを決めることができる。例えば，運転手甲が，車を運転して道路上を正常に走行していたところ，車輪に撥ねられた小石が，通行人乙の頭部を命中し，乙が頭部に損傷を受けたとしよう。本件においては，双方ともに過錯がないものの，実際に通行人に損害を与えており，完全に被害者自身が損害を負担するとなると，それは，明らかに公平の理念に反するのである。

〈亓培氷〉

　質問1について。私は，その論理からいうと，公平責任は，単に法律に明文の規定がある場合にしか適用されないとすると，法定補償責任を明確に定

めている状況下では，権利侵害責任法24条は不要なものとなると考える。公平責任は，法律に明文の規定がある場合に適用されるほか，その他の状況下において，裁判官が，当該事件の「具体的状況」，「実際の状況」に基づいて双方に損害を分担するよう命じることを排除しない。類型化可能な状況下において，権利侵害責任法およびその前の民法通則，民通意見はいずれも，明確な規定を置いた。これらを除き，依然として権利侵害責任法24条において，損害分担に関する条項を明確に定め，典型的な場合を包摂するほか，公平に損害を分担する一般的ルールを設けることによって，公平責任にある程度の開放性を持たせることとなった。

　質問2について。公平責任を適用する具体的場面として，その他の状況はもはや，類型化することが非常に難しくなっている。しかし，公平責任は，道徳規範における公平の内容が法律規範へと高められた結果であると解されているため，公平責任を適用する場面としては，通常，次のような場合が考えられる。すなわち，法律規範の視角から見ると，行為者には過錯がなく，さらには不法行為法意義における不法行為が存在しておらず，不法行為法上の因果関係も存しないものの，被害者の損害と行為者との間に一定の関連性があるような場合である。例えば，行為者は，ある活動の組織者，招集者であって，社会連帯，道徳規範的意義から見ると，行為者が全部の責任を免れることが好ましくないため，組織者，招集者に一定の補償責任を負わせる可能性がある。例えば，実践においてしばしば発生する，宴を組織した者が，酒酔いによって死亡した共同飲酒者に対して負う責任につき，裁判官は公平責任を適用したのである。それが妥当かどうかをめぐっては，一定の争いはあるものの，実践における1つの観点を代表していることは確かである。

〔日本側コメント〕
〈小口彦太〉
　筆者は不法行為に関する裁判例をそれほど多く見ていないので，確かなことは言えないが，契約法関係の裁判例による限り，公平原則の適用が目に付くのは，契約法114条2項の違約金額の調整をめぐる事例とか，119条の損失拡大回避義務違反の事例においてである。こうした現象を類推すれば，権利

侵害責任法26条の過失相殺の場合の実際の損害賠償額の算定等において，公平責任原則が働いているかもしれない。多くの場合は法準則を適用し，実際の損害賠償額を算定する際に適用されていると推測するが，しかし，公平責任の特質は，客観的な法準則にとらわれないところにあるのではないだろうか。

〈瀬川信久〉
（１）はじめに
　公平責任の適用範囲をめぐっては中国でも意見が分かれている。このような問題を日本法から検討するときにできることは，公平責任の事例の対応物が日本にあるか，それを日本法はどう解決しているかを整理することである。公平責任のように輪郭が不明確な概念については，各論者が問題の一部を念頭に置いて各自の問題意識から法律論を構築するために，相互の議論が成り立たないことが少なくない。それを避けるためには，公平責任をできる限り広くかつ具体的な形で把握する必要がある。そこで，公平責任とされている事例の整理から出発する。
　公平責任の事例として，王教授は次の５つの裁判例をあげる。①自発的なサッカーゲーム中の衝突で負傷したゴールキーパーの X が，衝突した Y に損害賠償請求した事件（広西チワン族自治区南寧市中級人民法院（2011）南市民一終字第137号民事判決。X は危険性を認識して参加したとして請求棄却），② Y が請け負わせて建てた施工現場の塀が大風により倒壊し，塀に沿って歩いていた X が負傷した事件（江蘇省蘇州市中級人民法院（2005）蘇中民一終字第1210号民事判決。Y にも X にも過錯がないとして公平責任を適用），③煉瓦焼き竈が倒壊した死傷事件（同村の A X_1 X_2 Y が，各自家を建てるためにレンガ焼きを互いに手伝う約束をし，Y のためのレンガを焼いていたところ突然の大雨で竈の戸が倒壊し，A 死亡，X_1 重傷，X_2 軽傷。A の家族と X_1 X_2 が Y に対し50万元余の賠償を請求），④彭宇事件（江蘇省南京市鼓楼区人民法院（2007）鼓民一初字第212号民事判決。X は，バス停留所で２台のバスの後ろのバスに乗ろうとして前のバスのドアまで来た時に，車内から降りてきた Y とぶつかって倒れて骨折し手術治療を受けたと主張し，Y は衝突を否定した。裁判所は，Y がバスから降りた

第 7 章 公平責任の適用範囲 63

最初の者だったこと，X に衝突した者が他にいたら普通その者を捕らえるのに，X を起こし病院まで同伴していることから Y が衝突したとし，双方に過錯がないことを理由に公平責任として損害の40%，15,000元の補償を認容した），⑤白天昊事件（北京市海淀区人民法院民事判決・裁判年月日不詳。電動自転車の X は，自転車の Y の左側を通って追い越そうとしたところで，転倒負傷し，Y に同伴されて病院に行き手術を受けた。X は，Y が突然ハンドルを左に切ったために接触したとして Y に賠償請求。裁判所は，交通隊の事故認定書が接触を認定していないこと，X が接触の証拠を提出していないこと，他に接触の証拠がないこと，X は制限速度15kmを超えていたこと，ナンバープレートを付けていなかったこと，追い越す者が安全注意義務を負うことを理由に X の請求に根拠がないとした[3]）。元裁判官は，⑥民通意見156条（自然原因による危険に対する緊急避難），⑦同157条（無償労務提供・事務管理），⑧同155条（堆積物責任）をあげる。文助教（当時）は，⑨共同飲酒者の１人が，その後の自動車運転事故で死傷したり昏睡中に死亡した場合に，本人またはその親族が他の飲酒者に賠償請求する事件 9 件のほかに，47件の裁判例をあげる（その47件は，⑩利他行為による侵害，⑪偶発事故，⑫学校事故・スポーツ事故，⑬労務提供者の労務提供中の事故，⑭その他，過錯の存否不明の場合に法24条を適用し過錯なしとした裁判例などに整理される[4]）。小口教授はコメントの中で五月花レストラン爆破事件をあげる。以上に，2000年までの公平責任の事例を包括的に検討するチミト論文の50件を加える[5]。

これらの公平責任の事例は，日本法の考え方からみると 7 つの類型に分けることができる（類型Ⅰ～類型Ⅶ）。そして，それらは，日本法では，XY 間に何の関係もないので不法行為一般の因果関係・過失等の要件によって判断

---

3) これらは，2016年 3 月16日早稲田大学における王成教授の講演「中国法における公平責任原則」で紹介された事件である。
4) 本コメントは，文元春助教（当時）が2015年11月19日現在，「Westlaw China」で収集した裁判例より作成した「公平責任関連裁判例整理」の詳細な判例研究に依拠している。以下で引用する裁判例に付された【　】の番号は，その判例研究における番号である。
5) 其木提「中国社会の変容と不法行為法：過渡期におけるその多元性（4・完）」北大法学論集52巻 2 号77頁以下（2001年）（以下，「チミト論文」という）。

するもの（類型Ⅰ・Ⅱ）と，XY間の関係にもとづきYの侵害防止義務を考えるもの（類型Ⅲ・Ⅳ）と，XY間の関係から，Xの被害を防止する義務まではないが何らかのYの負担義務を考えるもの（類型Ⅴ・Ⅵ・Ⅶ）の3つにまとめることができる。類型Ⅲ以下では，a）Xへの侵害に対するYの関与の仕方が重要であり，さらにいえば，類型Ⅲ・Ⅳでは，β）侵害防止義務の基礎となるXY間の関係が重要であり，類型Ⅴ・Ⅵ・Ⅶでは，γ）侵害防止義務の基礎とまではならないXY間の関係が重要である。7つの類型を順にみながらこのことを確認する。

(2) 類型化による検討
〈類型Ⅰ〉
　これは，Yが積極的な侵害行為（作為）をしたが，それとXの被害との事実的因果関係（a）あるいは法的因果関係（b）が不明であり，また，XY間に特別の関係がないのでYの防止義務違反を理由に不法行為責任を課すことができない場合である。
　(a)「あれなければこれなし」の事実的因果関係が不明──Xへの侵害にYの作為が関与したか否かが不明──の例は，王の④彭宇事件，⑤白天昊事件である[6]。文の【17】上海市崇明県人民法院（2012）崇民一（民）初字第4780号民事判決（Yの農地への農薬散布の当日夜に，小川を挟んで10m離れたXの養殖場のエビが不良反応をし始めて数日後に死滅した。16万元の賠償。精神的損害賠償請求なし）もこの事例である。
　(b) 事実的因果関係はあるが法的因果関係が不明の場合とは，Yの作為に第三者の行為あるいは偶然の事情が加わってXの被害が発生した場合である。第三者の行為が加わって被害が発生した例は，文の【13】上海市奉賢区人民法院（2013）奉民一（民）初字第88号民事判決（Yの失火による家屋火災の際に，消防隊が消火活動でXの家屋を水浸しにし，財産損害を与えた。0.5万元

---

[6] チミト論文はこの類型をあげないが，チミト論文の公共交通の乗客昇降・待合中の接触事故（[45]～[47]）の事案と近い（「自動車事故に関する公平責任」とする）。チミト論文は，以上のほか，日常生活の中の偶然的な事故（[1]～[5]）と，責任無能力者の責任，その監督義務者の責任（軽減可能）（[28]～[32]）を挙げる。

の賠償。精神的損害賠償請求なし。判旨は，Xの家屋への損害についてのYの過失を否定したうえで，失火との「関連性」を理由に賠償責任を認めた）である。Xに対する消防隊の侵害行為が失火者Yの義務射程内であるか，あるいは，Yの失火の危険関連性の範囲内にあるかという問題である。Yの作為に偶然の事情が加わって被害が発生した例は，文の⑪偶発事故の【37】河南省三門峡市中級人民法院（2011）三民四終字第344号民事判決（返却するリヤカーが接触した木の蜂の群れが貸主を襲って死亡。認定損害額55％の4万元と精神的損害の0.5万元を認容），【40】上海市浦東新区人民法院（2011）浦民一（民）初字第37253号民事判決（バスの後部車輪が跳ね飛ばした石塊がYの乗用車のフロントガラス・ボンネットを損傷。保険会社に0.2万元（経済的損害の保険限度額），バス会社に0.15万元を認容），チミト論文の「因果関係論に関する公平責任」の〔23〕〜〔27〕（ショックによる精神異常など）等である。

　日本では，(a) の場合は事実的因果関係の推定の成否による。日本の裁判例だと，④彭宇事件，⑤白天昊事件では事実的因果関係を推定せず，【17】では推定するように思われる。(b) の場合には，判例は「相当因果関係」の有無によるが，学説はYの義務射程あるいは危険関連性の範囲内にあるかによるべきだとする。このように，日本法からみると，以上の公平責任は事実的因果関係・法的因果関係の不存在・不明を補充する機能を果たすものである。

〈類型Ⅱ〉

　この類型では，〈類型Ⅰ〉と同じくXY間に特別の関係がない。しかし，Yの所有・管理する物が消極的に関与してXの被害を発生させている。ここで消極的な関与とは，Yの物のわずかな危険性が，被害者自身あるいは第三者の行為や自然現象によって現実化したことである。具体例は，王の②大風による塀の倒壊による負傷事故，③煉瓦焼き竈倒壊死傷事件[7]，元の⑨民通意見155条の責任，文の⑪偶発事故の【28】上海市第一中級人民法院（2012）滬一中民一（民）終字第899号民事判決（駐車分離帯の石の塊の回転に

---

　7) この事件は，Yの所有・管理する物が消極的に関与した点では類型Ⅰだが，被害者が加害者のために危険な行為をしていた点では類型Ⅲであり，両類型が重なっている。

よる転落負傷。50％、7万元の賠償。精神的損害は0.25万元を認容)、【35】湖南省株洲市中級人民法院（2011）株中法民一終字第192号民事判決（バイク運転者が豪雨による崖崩れで死亡し、親族が道路管理者に損害賠償を請求。9.4万元の補償を認容。精神的損害は賠償請求せず）、チミト論文の建築物・堆積物による侵害事故である（[33]～[36][8])。

この類型について、日本の裁判例は、民法717条の工作物責任を拡大して、一定の場合に工作物の管理者・所有者の広範な賠償責任を認めている。

〈類型Ⅲ〉

これは、Ｘが、<u>ＹとのＹの法的関係にもとづきＹの指示ないし管理の下で</u>[9]、しかしＹの行為や物に因らないで、被害を受けた場合である。この中には、a) ＸがＹの指示・管理下になければ被害を受けなかった場合と、b) ＸがＹの指示・管理下になくても被害を受けた場合[10]と、c) いずれか不明の場合とがある（各裁判例の末尾に付記する）。

この類型は王、亓もチミト論文もあげないが、文が、⑪偶発事故、⑫学校事故・スポーツ事故のうち教育機関の責任に関するもの、⑬労務提供中の事故の中で多数の裁判例をあげる。中国の裁判例の新しい動きのように思われる。XY間の法的関係をみると次のようなものがある。

(i) 被監護者の被害に対する監護者の責任

【18】上海市松江区人民法院（2012）松民一（民）初字第7395号民事判決：5か月の乳児の窒息死につき預けた両親がベビーシッターに賠償請求。10万元の分担を認容（精神的損害を含む）。……c

(ⅱ) 生徒・学生の事故被害に対する学校の責任

---

8) チミト論文はこれに動物責任（[37]～[40]）を続け、さらに、危険責任（[41]～[44]）を公平責任の事例としてあげる。
9) Ｙの事業活動の場であっても被害者ＸがＹのために行動していた場合は、次の類型Ⅳになる。
10) b) は、この点では類型Ⅰと同じであるが、この類型ⅢではXY間の法的関係に基づきＸがＹの指揮・管理下にいたことが賠償責任の根拠とされる。

【9】上海市松江区人民法院（2013）松民一（民）初字第5774号民事判決：自動車学校Yの学生Aが学校のトイレで転倒し，入院治療しても好転せず死亡。Aの親族がYに公平責任により賠償請求。Yの行為とAの死亡との因果関係がないとして請求棄却（精神的損害を含めて）。……c)

【29】重慶市石柱土家族自治県人民法院（2012）石法民初字第00105号民事判決：給食の牛乳を飲んだ小学生がその後に腹痛を訴え，翌日に胃穿孔・急性腹膜炎で死亡。牛乳との因果関係は不明。両親が学校に賠償請求。責任2万元の分担を認容（精神的損害を含む）。……c)

【16】上海市第一中級人民法院（2013）滬一中民一（民）終字第200号民事判決：中学生が跳び箱練習で転倒し負傷（障害等級10級）。「教育・管理の職責を尽くしていなかった」と主張したが，「双方に過錯なし」とし，5万元の補償。精神的損害を1審は0.3万元を認容，2審は棄却。……a)

【22】上海市長寧区人民法院（2012）長少民初字第40号民事判決：Y_1小学校5年のハンドボールの練習試合でY_2がXの靴紐を踏んでXが転倒・負傷。XがY₁とY₂およびY_2の両親に賠償請求。ここではY_1に対する請求を取りあげる。34％の3.6万元を認容。精神的損害は棄却。……a)

【46】河南省鄭州市高新技術産業開発区人民法院（2011）発民初字第3370号民事判決：中学生が砲丸投げで骨折。請求棄却。……a)

(iii) 労務提供者の労務提供中の被害に対する労務受領者の責任

【31】以外は，第Ⅳ類型と連続する。【41】以外は，従業員以外の者の業務遂行中の病死に関する裁判例の新しい動きと理解すべきもののように思われる。

【31】河南省鞏義市人民法院（2011）鞏民初字第2681号民事判決：Yからの受任弁護士Aが，出張したモザンビークでマラリアに感染し帰国後に死亡。Aの親族がYに賠償請求。15万元を認容。精神的損害については不明。……a)

【41】重慶市永川区人民法院（2011）永民初字第03441号民事判決：被用者Xが就業場所で休息中に自発性くも膜下出血を発病し死亡。Aの親族が雇主Yに賠償請求。2万元を認容。精神的損害については不明。……b)

【8】重慶市第五中級人民法院（2013）渝五中法民終字第04871号民事判決：水道会社Yの元従業員Aが作業を終えて会社に戻る車両の中で突然気絶し死亡。Aの親族がYに賠償請求。死因不明。9.3万元を認容。精神的損害は棄却。……c）

【14】江蘇省南京市秦淮区人民法院（2013）秦民初字第518号民事判決：不動産管理会社Yの従業員が作業待機中に突然倒れ脳外傷で死亡。Aの親族がYに賠償請求。死因不明。30.8万元を認容。精神的損害は棄却。……c）

【32】湖南省邵陽市中級人民法院（2012）邵中民一終字第74号民事判決：Yの臨時被用者が巡回広告中に突然発病し死亡。死因不明。Aの親族がYに賠償請求。3万元を認容。精神的損害については不明。……c）

（ⅳ）指示・管理といえないその他の関係における関係者の責任[11]

【7】河南省開封市人民法院（2013）汴民終字第979号民事判決：X所有の賃貸建物が原因不明の火災により焼失。Xから賃借人Yに対し賠償請求。50％の7.5万元の賠償を認容。

【21】広西チワン族自治区防城港市中級人民法院（2012）防市中民一終字第80号民事判決：Yが修理したタイヤが爆発してタイヤ販売業者Aが死亡。タイヤ爆発の原因は不明。Aの親族がYに賠償請求。8万元を認容。精神的損害は棄却したようである。

【26】湖南省益陽市中級人民法院（2012）益法民一終字第44号民事判決：給水パイプの販売者Xが買主YのためにY設置作業中にYの梯子から転落して重傷。1審は20％の17.4万元を認容，精神的損害は棄却。2審は15％の15.5万元，精神的損害は0.5万元を認容。

以上の（ⅰ）〜（ⅳ）の全体をみると，日本の安全配慮義務，保護義務の進展と近似している。日本では1970年代前半に，公務災害と労働災害の被害者（公務員・労働者）の損害賠償請求権を不法行為の3年の時効消滅（民法724条）から免れさせるために，債務不履行責任としての安全配慮義務の判例法理を形成した。1990年代以後は，被害者が事故から短時日に提訴するように

---

11) 小口教授のコメントの五月花レストラン爆破事件もここに位置付けることができる。

なり，また，判例が724条の３年の消滅時効の起算点を遅らせるようになったために，消滅時効は問題でなくなった。しかし，安全配慮義務は，被害防止義務（作為義務）を課す法理として公務員関係・雇用関係以外に拡大され重要な機能を果たしている。今日，下級審裁判例は，請負関係，学校関係，保育園・幼稚園関係，治療・入院関係だけでなく，スポーツ指導・旅行案内の関係，旅館・ホテル関係（宿泊客の遊泳事故・泥酔死亡事故についてのホテルの責任），さらには，売主（店舗）・買主に対する関係（パチンコ店のお客の子どもの転倒事故に対する店の責任），買主の売主に対する関係（配達先のリフトによる配達員の負傷事故），劇場と出演者の関係でも，安全配慮義務により被害防止義務を課している[12]。

このように，類型Ⅲの公平責任を，日本の安全配慮義務の判例法理の等価物とみると，類型Ⅲの公平責任は新しいタイプということになる。中国でも，安全配慮義務・保護義務について権利侵害責任法37条に規定がある。ただ，同条は「ホテル，百貨店，銀行，駅，娯楽施設等の公共の場所の管理者又は大衆的活動の組織者が安全保障義務を尽くさなかった」場合に限られる。同条がカバーしない場合を裁判所は公平責任によってカバーしているのでないか。

類型Ⅲの公平責任が日本の安全配慮義務と似ているといっても，日本の裁判例は安全配慮義務を，a）当該被害の発生が被告の事業活動と関係がある場合に限っているのに対し，中国の裁判例は公平責任を，b）当該被害の発生が被告の事業活動と関係がない場合（被害者自身の疾病による死亡）にも認めている。日本では自己責任の考え方が，中国では負担分けの考え方が強いように思われる。

〈類型Ⅳ〉

日本では侵害防止義務を考える関係としてもう一つ，ＸとＹが危険な行為を共同でした場合がある。中国の公平責任には，共同飲酒者の１人が自動車運転事故で死傷したり昏睡中に死亡した場合に，死傷した本人または親族

---

12) 瀬川信久「安全配慮義務論・再考」『21世紀の日韓民事法学』（信山社，2005年）195頁以下。

が他の共同飲酒者に賠償請求する事例がある。王，元，チミトはこれをあげないが，文は9件の裁判例をあげる。

　日本では，飲酒運転による交通事故の被害者が，飲酒運転者と一緒に飲酒した者や飲酒を勧めた者を訴えた公表裁判例はかつて相当数あった。判例は共同不法行為者として賠償責任を課している[13]。しかし，死傷した飲酒者の親族等が他の共同飲酒者に賠償請求する事件はみあたらない。ただ，交通事故が介在しないが近い事案としては，一気飲みによる死者の親族が共同飲酒者に賠償請求するものがある。もっとも，和解による解決が多いからであろう[14]，公表裁判例は少ない。見出し得た福岡高判平18・11・14判タ1254号203頁は，国立大医学部の漕艇部の新入生歓迎コンパで大量に飲酒し酔いつぶれたAが，上級生らにより他の学生のアパートに運ばれて寝かされていたところ翌日死亡していた場合に，Aの両親XらがAの漕艇部の部長Y_1（教授）と上級生Y_2〜Y_{19}に賠償請求した事件である。一審は，Aの死因が不明であり，YらはAの死亡を予測できなかったとして請求を棄却した。これに対し控訴審は，Aの死因は特定できないが，アルコールが死亡に相当影響したであろうとし，また，Aの飲酒酩酊の経過を認識していた一定の者は，医師の診断を受けさせるか，有事の際は直ちに受診させる態勢をとる保護義務を負うとし，Y_1と，上級生のうちキャプテン1名，Aの搬送を指示した2名，搬送した3名，後で見回りをした2名はこの保護義務に違反したとしてXの賠償請求を認めた。しかし，Aの重大な過失とYらが保護義務を負う理由を考慮して9割の過失相殺をした（657万円の連帯責任）。

　この判決は，因果関係を緩く認め，また，大幅な減額をしている点で，中国の公平責任の解決と似ている。しかし，個々の被告ごとに保護義務違反を判断している点で異なる。日本では，賠償責任を課すときに必ず個人の保護義務違反を認定するのである。

---

13) 最判昭43・4・26判時520号47頁など。そのほかの裁判例と論文については，湯川浩昭「飲酒運転による交通事故の関係者の損害賠償責任について」判タ1251号51頁以下（2007年）を参照。
14) 小佐井良太「飲酒にまつわる事故と責任（1）」九大法学88号468頁（2004年）はそのような事例を報告する。

〈類型Ⅴ〉

　以上の類型Ⅲ・Ⅳは，XY間の関係からYの被害防止義務が考えられる場合であるが，以下の類型Ⅴ・Ⅵ・Ⅶでは，日本の裁判例は，XY間の関係からYの被害防止義務ではない負担を考える。

　まず，類型Ⅴは，<u>被告のために無償で活動していた者が，第三者の行為や自身の過失のない行為，あるいは自然現象により被害を受けた場合の受益者の責任</u>である。王の③煉瓦焼き竈倒壊死傷事件，亓培氷の⑧民通意見157条の責任のほか，文の⑩利他的行為の【2】【4】，⑪偶発事故の【10】，⑬無償労務提供者の事故の【42】，⑭その他の【23】である。これらも，a）XがYのために活動していなければ被害を受けなかった場合と，b）Yのために活動していても被害を受けた場合と，c）いずれか不明の場合とに分けられる。

【2】河南省蘭考県人民法院（2011）蘭民初字第645号民事判決：Aが飲酒後に一緒に飲酒していたYを送る途中で交通事故により死亡。Aの両親がYに賠償請求。20％の2.7万元と精神的損害0.3万元を認容。……a）

【4】重慶市忠県人民法院（2011）忠法民初字第1554号民事判決：Y夫婦の家屋の火災消火活動中に下敷きとなり重傷を負ったXが賠償請求。5万元の補償を認容（精神的損害を含む）。……a）

【23】広西チワン族自治区梧州市長洲区人民法院（2012）長民重字第3号民事判決：X（制限行為能力者）がY₁の唆しに従いY₂らと共にAに硫酸を掛けて逃走する際に転倒して負傷。XがY₁・Y₂らに賠償請求。0.5万元の補償を認容。精神的損害は請求せず。……a）

【10】上海市第二中級人民法院（2013）滬二中民一（民）終字第2062号民事判決：Xが，妻が家政婦をしていたYの家で扇風機取り外し作業中に持病で倒れ死亡。4万元の分担を認容。……b）

【42】湖南省耒陽市人民法院（2011）耒巡民一初字第230号民事判決：Aが農村の風俗に従い，Yらの父親の葬儀の出棺を手伝っていた時に突然転倒し死亡。死因不明。1万元の補償を認容。精神的損害は不明。……c）

　裁判例は，XのYの被害がYのための活動と関係している場合（a）のほか，関係していない場合（b），関係しているか否かが不明の場合（c）でも賠償

責任を認めている（【10】【42】）。王教授はこれを公平責任の典型とし，亓裁判官は伝統的な公平責任とし，文でも相当数存在し，チミト論文ではこの事例が最も多い（［7］～［16］）。王・亓は主にa）の場合を考えているように思われる。

　この類型Vについて，日本では，ア）受益者Yが行為者Xの利他的行動を了解していた場合と，イ）認識・了解していなかった場合を分けることになろう[15]。ア）の場合は，好意関係における権利義務の問題となる。そして，盛岡地裁花巻支判昭52・10・17判時884号98頁は，同じ町内のよしみからYの鮎梁の倒壊防止作業を手伝っていたABが水死した事件で，非典型契約の成立を認め，ABの遺族からの賠償請求を，民法650条3項（受任者が受けた損害を委任者に賠償請求できると規定する）に準じて認容した。また，横浜地判昭58・2・3判時1081号107頁は，団地の芝刈作業で負傷した住民が団地管理組合に損害賠償請求した事件で，組合は信義則上の保護措置義務があるとして請求を認容した。しかし，鹿児島地判平元・5・29判タ708号213頁は，町内会の草刈作業の参加者が傾斜地で転倒死亡した事件で，作業の内容から，各参加者が注意し，町内会長Yの注意義務は限られていたとして，Yの不法行為責任を否定した。学説の議論はない。他方，イ）の場合については，裁判例はないが，学説は，事務管理の本人に対する事務管理者の請求の問題と考えている。そして，今日では，事務管理行為の「費用」に準ずるもの——管理者の営業活動への従事によって失った利益，事務管理の必然的なあるいは類型的な結果（救助活動のための衣服の汚損，危険な救助行為による負傷）——は，管理者が本人に賠償請求できると考えている。しかし，救助行為者の死亡損害については，本人への損害賠償請求を認める論者，これを否定する論者，人命救助に対する公的補償でカバーされない部分につき，相当の額に限って認める論者に分かれる[16]。実質的な結論は中国の

---

15) 谷口知平＝五十嵐清編『新版注釈民法（13）』（有斐閣，2006年）59-60頁〔瀬川信久〕参照。

16) 四宮和夫『事務管理・不当利得・不法行為（上巻）』（青林書院新社，1981年）33頁以下，加藤雅信『事務管理・不当利得・不法行為（第2版）』（有斐閣，2005年）19頁以下など参照。

公平責任の類型Ⅴに近いと思われるが，事務管理の費用償還請求権の中で受け止めようとする点が異なる。

〈類型Ⅵ〉
　これは，緊急避難行為による被害者に対する緊急避難者の責任である。すなわち，Yが，他人Pの行為や自然現象の危害から自己または第三者Qの利益を守るために，Xに被害を与えた場合にYがXに負う責任である。元裁判官の⑦民通意見156条の責任であり，チミト論文は緊急避難の問題としてあげる（[17][18]）。しかし，文助教（当時）の裁判例にはない。これは，本来の不法行為責任を負わない点では次の類型Ⅶの違法性阻却事由がある場合と同じであるが，被害を発生させた活動から利益を受けた者（ただし，Qでなく緊急避難行為者Yである）に負担を課す点では類型Ⅴと同じである。いわば類型Ⅴと類型Ⅶの複合型である。
　この類型Ⅵに相当する裁判例は日本にはなく，学説の議論もない。他方，日本民法720条は，他者Pの侵害からYが自己または第三者Qを防衛するためにした行為（正当防衛・緊急避難）により被害を受けた者Xは，Yに対しては賠償請求できないが，Pに対しては賠償請求できるとする。これは，Pの行為→Yの正当防衛・緊急避難行為→Xの被害という因果関係の中で，Pの行為とXの被害の間の法的因果関係を認め，Xの被害についてPの賠償責任を認めるものである[17]。

〈類型Ⅶ〉
　これはスポーツ中の事故や児童の遊戯中の事故の加害者の被害者に対する責任である。王の①サッカーゲーム中の衝突負傷，文の⑫学校事故・スポーツ事故のうち相手プレーヤーの賠償責任に関するもの（【19】【22】【47】）がそれである。チミト論文では遊戯中の事故である（[19]〜[22]）。危険を承認した共同の活動から一方が被害を受けた場合である。

---

17) これに関する最近の論文として，鈴木清貴「民法上の正当防衛における第三者救済――侵害者の責任」滝沢昌彦ほか編『民事責任の法理』（成文堂，2015年）437頁以下がある。

【19】上海市徐匯区人民法院（2012）徐民一（民）初字第6304号民事判決：バスケットボール試合中の負傷。2.5万元を認容。精神的損害は棄却。

【22】小学校でのハンドボール試合中の負傷（前述〈類型Ⅲ〉の（ⅱ））に関するXのY$_2$Y$_3$Y$_4$に対する賠償請求。33％の3.5万元の給付を認容。精神的損害は棄却。

【47】河南省南陽市中級人民法院（2011）南民二終字第540号民事判決：バスケットボール競技中の負傷。6.3万元をX：Y$_1$：Y$_2$：Y$_3$＝3：3：2：3で分担を認容。精神的損害は棄却。

　中国法では，共同の活動の参加者間での損失の分担と考えるようである。日本法から見ると，この公平責任は，違法性阻却事由あるいは注意義務軽減のゆえに賠償責任を負わない場合に賠償責任を認めるところに意味がある。日本には，緊急避難行為者やスポーツ・遊戯中の加害行為者の免責の可否に関しては裁判例や学説の議論がある。しかし，緊急避難行為の受益者の責任（類型Ⅵ）や，スポーツ・遊戯を理由に免責を受ける者の負担（類型Ⅶ）については，裁判例も学説の議論もない。ただ，後者（類型Ⅶ）については，違法性阻却事由の判断の中で考慮しているように思われる。

（3）結論

　以上によれば，日本にも公平責任の事案が相当数に存在し，その解決の結果が中国の公平責任と同じことが少なくない。しかし，解決の結果が違う場合や，結果は同じだが解決の論理が違う場合もある。この分析結果を踏まえると，質問のいくつかに答えることができる。ここでの「公平責任の適用範囲」についていえば，抽象的に，公平責任を広く認めるべきか限定すべきかではなく，どのような類型にどのような理由でどのような内容の公平責任を適用すべきかを考えるべきだ，ということになる。（以上の分析による，その他の質問に対する回答は，「第8章　公平責任の存在意義」のコメントを参照）。

第8章　公平責任の存在意義

　公平責任の帰責原理性を否定する論者らによると，公平責任は，特殊な状況下における損害分担ルールであるにすぎない。これに対し，公平責任の帰責原理性を肯定する論者らの中には，公平責任の存在意義を高く評価する者もある。

　例えば，王利明教授は，「わが国の民法における公平責任は，誠実守信，互助友愛，扶貧済困，公平正義の精神を唱道し，社会主義的平等，団結，友愛，互助，協力［合作］という社会主義的新しいタイプの関係を樹立し発展させることをその旨とするため，それは，社会主義的道徳規範における公平の内容を法的規範へと高めた結果である。このように，公平責任は1つの帰責原則として，社会主義的道徳気風を発揚することにとって必要である。それと同時に，公平に損害を配分することは，多くの場合において民事紛争の合理的な解決，矛盾の激化の防止，社会の安定団結の維持に資する[1]」と，指摘する。他方，王成教授は，「公平責任原則は，一種の利益のバランスを取る道具［利益平衡器］であり，社会の緊張関係を和らげ，社会の調和安定を促進することに資する[2]」と，主張する。

　質問1：公平責任の真の存在意義はどこにあるのか。

〔中国側回答〕
〈王成〉
　私自身の見解は，上記引用の通りである。公平責任原則は，一種の利益のバランスを取る道具であり，過失責任原則，無過失責任原則および結果責任

---

[1] 「帰責研究」108-109頁，「修訂版帰責研究」111頁，「行為法研究」285頁，「責任法研究」279頁。
[2] 王成『侵権責任法』（北京大学出版社，2011年）56頁。

原則が提供し得ない配分プランを提供しており，社会の緊張関係を和らげ，社会の調和安定を促進することに資する。

〈張愛軍〉

　公平責任の真の存在意義はまさに，ある程度，社会的公平という価値理念の実現を促進したことにある。

　わが国の実践において，公平責任は通常，次の2つのレベルにおいて用いられている。すなわち，1つは，損害事件の処理において，具体的状況に基づいて公平合理的に賠償額を確定することをいい，今1つは，当事者ともに，損害の発生について民事責任を負うべきでないときに，公平の理念に基づいて当事者が損害を分担することをいう。私自身は，公平責任の真の存在意義は，後者にあると考える。法律に特別な規定がない状況下において，当事者ともに過錯がなく，過失責任と無過失責任の適用を排除できるとき，重大な損害結果を一方が単独で負担することは，明らかに公平を失している。

　これに対し，公平責任が現れたことはまさしく，過失責任原則の適用によって生じ得る不公平の欠を補うこととなり，裁判官は，公平という価値理念から来る要求に基づき，自由裁量権に依拠して当事者間で損害の負担を合理的に配分することができる。従って，公平責任には，それ独特の存在価値があり，それは，過失責任原則の不備を補うこととなった。王成教授が指摘するように，公平責任は，利益のバランスを取る道具のような役割を果たしており，ある程度，公平という価値理念の実現を促進したのであり，このこともまた，公平責任の真の存在意義の所在である。

〈亓培氷〉

　私は，公平責任の真の存在意義は，次の点にあると考える。

　第1に，中国社会における比較的低い保険および保障水準により，権利侵害責任法が負っている救済機能は重すぎている。不法行為法の機能は，権利に対する救済にあり，「救済がなければ権利はなく」，逆に，「権利がなければ救済もない」。不法行為法は，権利を救済すると同時に，自由に対して保護するという機能をも担っている。何故なら，過錯のない状況下で，法律

が，無過失責任または結果責任を適用すべきことを定めるのでなければ，行為者は，損害賠償結果を負担しないすなわち，行為者は自由なのである。しかし，中国の現状では，損害自体に対する救済の必要性が，権利に対する救済の必要性を上回っており，よって，裁判官は，公平責任を適用して当事者の不幸な損害を分担させる必要が生じるのである。

　第2に，中国社会における伝統的道徳，習俗的要素の中の「公平」観念は，過失責任原則と無過失責任原則によって完全に吸収され体現されることはできないため，依然としてそれを法律に高める必要がある。中国社会は，従来から共同体の役割を重視してきており，共同体における平等，均衡，連帯，共同享受，共同負担によって，責任もまた，ある程度，一般化される傾向にある。「富む者の財産を奪って貧しい者に与える」，「散財すれば難を免れる」等の観念は，公平責任とは無関係であるとはいえ，これらは，中国人の結果の公平に対する価値的選好および内心からの受け入れを表している。

　第3に，法律規定の不完全性および裁判官に対する授権の必要性である。過失責任，無過失責任の適用によって，あらゆる不法行為による賠償責任問題を公平に解決できるか否かをめぐり，立法者は決して，確信をもっているわけではない。そのため，裁判官に授権し，特定の状況下において，公平の観念および「実際の状況」に基づき，結果の公平を基準にして被害者の損害を救済させている。

〔日本側コメント〕
〈小口彦太〉
　上記王成氏の見解に同意する。

〈瀬川信久〉
　「第7章　公平責任の適用範囲」のコメントで述べた日本法からの分析によれば，王教授，張弁護士の説明，特に元裁判官が公平責任の存在意義としてあげる3つの存在意義はよく理解できる。そして，法律家の立場から考えるときは元裁判官の第3の点が重要であるように思われる。少し敷衍する。
　「第7章　公平責任の適用範囲」のコメントで述べたように，公平責任の

条文がない日本法では，類型Ⅰ・Ⅱの事案は因果関係の推定と過失・注意義務の拡大によって受け止め，類型Ⅲの事案は安全配慮義務の形成と拡大，付随義務の拡大によって受け止め，類型Ⅳの事案も保護義務によって受け止めている。要するに，類型Ⅰ・Ⅱ・Ⅲ・Ⅳは709条の関係する要件の解釈によっている。他方，類型Ⅴは，委任・事務管理の準用によっているが，類型Ⅵ・Ⅶについては裁判例・学説がない。

以上に対し，中国法ではこれらすべてを公平責任の条文で受け止めるが，同条は要件として両当事者に過失がないことしか規定しない。そのため裁判官は，最高人民法院の司法解釈という立法的な枠組の下で，自らの解釈論を展開することなく判断している。裁判例が公平責任を広く認めるのに対し，学説は公平責任を限定する論者と広く認める論者に分かれる。それは，このような解釈論を介さない裁判を是認するか否かの見解の違いを反映しているようである。いずれの見解を採るべきであろうか。

たしかに中国では，裁判官が法律論を介さないで直観による判断を「公平責任」で正当化する傾向が強い。しかし，そのような傾向があっても，本コメントの検討によれば裁判例は事案類型ごとに一定の解決を示しているように思われる。「公平責任の濫用」だといわれる裁判例についても類型化し，賠償責任の要否を実質的に検討し，必要であればその検討を踏まえて公平責任に代わる法律論を提示する必要がある。すなわち，公平責任を批判し否定するよりも，事案類型に分け，解釈論によって公平責任の要件を構築することが必要でないだろうか。そうすることによって，弁護士・裁判官・学者の議論によって支えられた安定した判例法の形成と維持が可能になるように思われる。

質問2：今後，中国において，各種保険と社会保障制度の完備によって，公平責任自体はなくなるだろうか。

〔中国側回答〕
〈王成〉

公平責任原則が，保険または社会保障制度によって取って代わられるか否か

は，1つは，後者の発展の程度にかかっており，いま1つは，後者がこのような損害を包摂し得るかにかかっている。裁判官が，公平責任原則を適用すべきか否かを確定するとき，「被害者が得られ得るその他の救済手段」は，重要な考慮要素である。そのため，保険またはその他の社会保障制度が存在するならば，公平責任原則に取って代わって適用される可能性がある。

〈張愛軍〉

　私自身は，今後，中国の各種保険と社会保障制度が絶えず改善されていくことに伴い，公平責任が適用される状況は，益々減少していき，その適用範囲は，さらに制限される可能性があるが，公平責任がなくなる可能性は大きくないと考える。

　何故なら，中国現在の国情にあっては，保険制度が未だ全面的に普及されておらず，社会救助制度，社会保障メカニズムはなお健全なものでなく，中国はまだ，高度の福祉国家ではない。そのため，諸外国法において，不法行為法以外の制度によって解決できる多くの事項は，中国法においては，不法行為法によって解決するしかなく，不法行為法はある程度，社会保障制度，任意保険制度等のその他の補償制度に取って代わって，その機能を果たしている。しかし，各種保険と社会保障制度が絶えず改善されていくとしても，公平責任は，その適用の空間を失うことはない。まさに，王成教授が考えているように，公平責任は，一種の授権された包括条項とより似ており，その強力な生命力によって社会の発展において次々と出てくる社会問題に対応し，社会の調和安定を促進するというその内在的価値を実現しているのである。

〈亓培氷〉

　私は，中国の各種保険，保障制度の改善に伴い，公平責任を適用する必要性の基礎に変化が生じ，その適用の空間は，さらに縮小されていくと考える。まず，被害者の視角から見た場合，被害者にその他の救済手段が存する状況下では，公平責任による帰責というニーズは減少していくことになる。次に，被害者の損害が，保険，保障によって救済されるならば，裁判官が公

平責任を適用する動機および原動力もまた，低下していくことになる。

しかし，私は，公平責任は，中国社会でなくならないと考える。その理由は，以下の点にある。すなわち，第1に，1つの責任が一旦確定されると，往々にして，制度による慣性が存し，それを完全に無くすことは，非常に難しい。第2に，中国社会の公衆意識の中において，共同体主義および社会連帯主義は根強く，一般的に安全の価値が，自由の価値に勝ると考えられており，これを基に，公平の理念および公平な責任が生まれてくる。第3に，中国社会の汎道徳主義は，道徳問題の法律化を招き，道徳問題，風俗慣習問題によって解決される問題を，法律問題へと浸透，転化させ，公平責任に頼る形でそれを実現している。

〔日本側コメント〕
〈瀬川信久〉

　王，張，亢の3氏は，各種保険と社会保障制度の完備によって公平責任は縮減すると考える。日本の状況から少し具体的に考えてみる。

　まず，「第7章　公平責任の適用範囲」で行った裁判例の検討によれば，公平責任の事案類型の中には各種保険と社会保障制度の完備によってなくなるものがある。例えば，類型Ⅶのスポーツ・遊戯中の事故，類型Ⅲ（ⅱ）の学校事故については，日本では相当部分が保険によってカバーされるようになっている。類型Ⅴの中の，救助行為者の死亡損害の場合に，学説は被救助者への損害賠償請求を認めるか否かで分かれる（前述）が，救助行為者の救済は社会保障の完備によるべきだとの見解がある。しかし，以上に対し，類型Ⅰ・Ⅱ・Ⅳ・Ⅵ，類型Ⅴの救助行為者の死亡損害以外のものは，保険や社会保障の対象にならないように思われる。類型Ⅰの公平責任をなくすのは，保険や社会保障ではなく，訴訟制度の変更であろう。このように，保険や社会保険がカバーできるのは公平責任の中でも一部に限られるように思われる。また，損害額が保険金額を超える場合にはカバーされない部分について請求の可能性が残る。さらに言えば，保険や社会保険がカバーする場合にも，給付の後に保険給付者から加害者に対し保険代位訴訟がなされ，そこでは加害者の不法行為責任が問われる[3]。保険と社会保障の整備で賠償請求事

件がなくなるわけではない。他方で，裁判所が不法行為責任を認めることで新たな保険商品が形成されることも少なくない（子供会保険など）。

　一般論としては各種保険と社会保障制度の完備が公平責任を減少させると思われるが，不法行為責任と保険，社会保障との関係は複雑であり，具体的にみる必要がある。

　　質問3：筆者は，中国不法行為法における公平責任の根底には，実質的平等を追求する社会主義的公平観が横たわっており，それは，社会主義の正当性を体現する一種のバロメーター的存在であって，従来から結果の具体的妥当性を重視してきた人民法院の裁判実務慣行（社会的経済的効果と法的効果の統一）および司法の役割（紛争解決・社会の安定維持）ともあいまって，公平責任の重要性が減殺されることはない[4]と，考えている。このような理解は正しいか。

〔中国側回答〕
〈王成〉
　この見解には，一理ある。

〈張愛軍〉
　私は，このような理解は，中国現在の価値理念および国情から来るニーズに合致しており，正しいと考える。
　公平は，人類がたゆまず追求する価値目標であり，人類社会の正義に対す

3）飲酒運転事故との関係で，最判昭42・11・10民集21巻9号2352頁をあげておく。漬物店 Y_1 の社員Sが自動車運転手 Y_2 に飲酒を勧めた後，Y_2 運転の自動三輪車に同乗し，Y_2 の運転ミスで左大腿複雑骨折したが，国Xは労働者災害補償保険法によりSに休業補償費・療養補償費・障害補償費を支給し，Sに代位して Y_1，Y_2 に損害賠償を請求した。一・二審は，Sの損害賠償請求権を前提として，治療費・休業損害の損害賠償請求のXの代位請求を認めた（ただし，Sの過失を理由に過失相殺して75％に減額。労働能力減少による損害は棄却）。最高裁は上告棄却。
4）田中信行編『入門中国法』（弘文堂，2013年）52頁【文元春執筆部分】参照。

る認容と渇望を表している。中国現在の発展段階において，国民間の貧富の格差は，客観的に存在しており，社会保障制度の樹立と改善にはさらに，非常に長い年月を要する。とりわけ，都市と農村の二元的体制を，短期間内に完全に変えることができない状況下では，保険制度が，広大な農村に普及していくことは非常に難しく，これにより，多くの農民大衆が，速やかな救済を受けることができなくなる。そのため，権利侵害責任の内部において解決策を探し求めることは，一種の必然的な趨勢となる。権利侵害責任法もまた，社会各層のニーズを十分に考慮し，社会各層の合法的な利益を尊重しなければならない。実質的平等を目標とし，経済的地位の相違を考えたうえで，経済面で優勢に置かれている一方に，より多くの義務を負担させることは，公平責任のあるべき意味であり，また，結果の具体的妥当性を重視してきた法院の裁判実践および司法の役割の位置付けのあるべき意味でもある。このことは，中国現在の社会主義的法治の理念と合致しており，公平責任の重要性は減殺されるどころか，さらに引き続き，そのあるべき役割を大いに発揮していくであろう。

〈亓培氷〉

　私は，この見解に高く賛同する。中国社会の法観念においては，結果の公平さを非常に重視し，利益の均衡を強調し，結果に大きな差があることを嫌っている。現在の法的効果と社会的効果の統一において，いわゆる社会的効果とは一般的に，社会の一般的観念と人民大衆の法意識をいう。社会的効果を強調した結果，社会的効果によって法的効果を検証し，法的結果を修正し，さらには，法的結果を変えることになる。司法の役割の位置付けにおいては，「紛争を治め，争いを止めさせる［定紛止争］」こと（すなわち，その結果において，紛争を治め，事態を収束させることをいう）が強調され，社会の安定を維持するという司法の役割もまた，裁判官が公平責任を適用することにとって，客観的な激励となり得る。

〔日本側コメント〕
〈瀬川信久〉
　たしかに，被害者個人の事情による死亡について死亡時の関係者に損害の一部を分担させる裁判例の基礎には強固な連帯観念がうかがわれる。しかし，これが，「実質的平等を追求する社会主義的公平観」である否かは，一方では，「公平責任」「社会主義的公平観」という規範理念の意味により，他方では，公平責任が対象とする事案類型の範囲による。
　まず，規範理念の意味についてみると，王利明教授は「社会主義的公平観」の意味を拡張して，労働関係・生産関係以外の社会関係のすべてに及ぶ様々な道徳観念を包括するものを考えられる。このような意味では，公平責任の根底に「社会主義的公平観」があるということができる。しかし，このように拡張された意味だと，この社会主義的公平観を両当事者に過失のない場合に限定する理由を説明することが難しい。王成教授のように，社会の調和安定を促進するためのバランスをとる補助的な道具ととらえる方が整合的であるように思われる。
　他方，公平責任の裁判例には，日本で1970年代以後一定の取引関係・社会関係で認められた安全配慮義務・保護義務を考えるものもある。これらを「社会的公平観」ではなく「社会主義的公平観」によるとすることには，——上述したように「社会主義的公平観」の意味にも依るが——違和感を持つ。そして，広く裁判例の事案をみると，公平責任は多元的であり，消えゆく伝統的な共同体社会関係に基づくとだけとらえることも，社会主義的思想に基礎を置くものだけとらえることもできないように思われる。公平責任を一元的に「社会主義的公平観」ととらえると，現実と不整合な法律論をもたらすように思われる。

　　質問4：王軼教授は，権利侵害責任法23条後段，同法24条，31条中段，32条2項前段，33条1項後段，87条はいずれも，債権債務の発生原因である契約，不法行為，事務管理，不当利得と並ぶ，法定補償義務に基づく法定債権債務であるとし，公平責任を不法行為に基づく損害賠償責任概念の中に留めざるを得ない公平責任原則と比

べ，法定補償義務説がより優れている[5]と，主張する。このような見解をどう見るか。

〔中国側回答〕
〈王成〉
　王軼教授が，法定補償義務という類型を提起したことは，非常に示唆に富んでいる。ただ，王軼教授の論文で列挙されているように，法定補償義務の前提はやはり，法律の明文規定が存することである。公平責任原則の適用範囲は，法律の明確な列挙による制限を受けない。その適用要件を満たしたとき，適用するか否かは，完全に裁判官が決めることになる。そのため，公平責任原則は，裁判官に対する授権条項である。

〈張愛軍〉
　私は，王軼教授がこのように考えていることは，適切でないと考える。
　王軼教授が理解している法定補償義務に基づく法定債権債務であれ，権利侵害に基づく損害賠償責任における損害分担ルールであれ，行為者の被害者に対する損害賠償は事実上，権利侵害責任法の矯正的正義の現れであり，当該法定補償は，権利侵害責任法の配分的正義の現れであって，両者はいずれも，中国権利侵害責任法において認められた債権債務の発生原因であり，ともに，被害者の受けた損害に対する救済機能を表している。しかし，民法における事務管理制度，不当利得制度ないし権利侵害に基づく損害配分制度等は，同問題を解決するうえで未だ制約があり，被害者が補充的地位に置かれている適切な補償責任は，被害者のすべての損害を填補しかねず，配分的正義を実現するには，依然として公権力機関による補償等の社会の全体的救済メカニズムによって推し進めなければならない。そのため，利益衡量および救済の完全性において，実質的平等を追求する公平責任は，法定補償義務説と比べ，利益の分担においてより妥当である。

---

5) 王軼「作為債之独立類型的法定補償義務」法学研究2014年2期116頁参照。

〈亓培氷〉

　私は，上記列挙の債権債務の発生原因には，法律の明文規定があり，且つ，それらは，賠償義務以外の補償義務に属しているため，法定補償義務の独立類型として位置付けることができないわけでもないと，考える。しかし，一般的には，上記の責任形態自体は，公平責任から発展変化してきたものであり，それは，公平責任の具体的類型であって，その本質において，公平責任に属している。そのため，私は，上記の法定補償義務を公平責任の責任類型として位置付けることに賛成する。

第9章　中国不法行為法における 公平責任についての実証的研究

1. はじめに

　中国不法行為法[1]における公平責任とりわけ，民法通則132条の公平責任をめぐっては，従来から，過失責任・無過失責任と相並ぶ独立した帰責原理であるとするものと，帰責原理ではなく，民法における公平原則の不法行為法における具体的現れであって，単なる損害分担ルールであるとするものとが，激しく対立していた。同様の状況は，権利侵害責任法の公布施行後にあっても，変わっていない[2]。この問題は，不法行為法の帰責原則をどのように考えるかという問題とも深く関わっており，異なる帰責原則論を採る論者によって，その結論もまた，異なってくる。

　もっとも，帰責原理としての公平責任を認めるかどうかは別として，現行法において，公平責任が明記されている以上，その存在を無視することはできない。問題は，公平責任の帰責原理性を否認する否定説のように，同説の挙げる様々な不当性を理由に，単にそれを否定または排斥するのではなく，現実における公平責任の実態を明らかにし，その真の存在意義を究明するこ

---

1) ここにいう「不法行為法」とは，民法通則（1986年4月12日公布・1987年1月1日施行，2009年8月27日一部改正・施行。以下，「民通」という場合は，同法を指す），「最高人民法院の『中華人民共和国民法通則』を貫徹執行する若干の問題に関する意見（試行）」（法（辦）発［1988］6号，1988年4月2日公布施行。2008年12月18日一部改正・一部失効，不法行為関連部分有効。以下，「民通意見」という），「最高人民法院の人身損害賠償事件の審理において法律を適用する若干の問題に関する解釈」（法釈［2003］20号，2003年12月26日公布・2004年5月1日施行。以下，「人身損害解釈」という）等における不法行為規範，および権利侵害責任法（2009年12月26日公布，2010年7月1日施行。以下，「法」という場合は，同法を指す）を含む広義の不法行為法規範を意味する。

2) 学説の議論状況に関しては，文元春＝王成＝亓培氷＝張愛軍＝瀬川信久＝小口彦太＝但見亮＝長友昭「中国不法行為法における公平責任研究」早稲田法学92巻3号393頁以下（2017年）および本書「第1部第4章」を参照されたい。

とが，何より重要である。それは，中国における法の在り方にも関わる問題である。実際の裁判実務においては，過失責任を適用すべき事案に，公平責任を適用するような，公平責任の濫用ないし誤用も見られており，公平責任に関する一般規定である民法通則132条と権利侵害責任法24条が，適用要件を明確にしていないこともあり[3]，その具体的な適用要件を明確にすることもまた，重要な課題となっている。このような問題意識は，公平責任の要件論，民法通則132条と権利侵害責任法24条の位置づけ問題，公平責任の適用範囲，公平責任の存在意義へと連なる[4]。

　本章は，公平責任に関する一般条項とされる民法通則132条と権利侵害責任法24条に焦点を当て，権利侵害責任法施行後の裁判例を中心に[5]，裁判実

---

3) 民法通則132条（公平責任）は，「損害の発生に対して当事者ともに過錯がない場合は，実際の状況に基づいて，当事者に民事責任を分担させることができる」と，定める。他方，権利侵害責任法24条（損害の公平な分担）は，「損害の発生に対して被害者と行為者ともに過錯がない場合は，実際の状況に基づいて，双方に損害を分担させることができる」と，規定する。なお，中国不法行為法における「過錯」という用語は，故意と過失を含む概念であり，同用語は，ソビエト法学において，法違反に対する制裁としての責任（刑事，行政，民事のすべてにわたる）をその違反者に課す際に必要とされる，ヴィナー（вина）という主観的責任要件を訳出する際に生まれてきた造語（より正確には，当て字）であると考えられる。以下，帰責原則の場合は「過失」，不法行為の要件を意味する場合は「過錯」を用いることにする。

　また，公平責任に関するその他の条文としては，公益又は他人の権利と利益を守るために受けた損害に関する民通109条・民通意見142条・人身損害解釈15条・法23条，自然原因により惹起された危険に対して行った緊急避難において，無過失の緊急避難者または受益者の被害者に対する適切な補償に関する民通129条・民通意見156条・法31条，自身の行為について一時的に意識を失うか又は制御を失うことによって他人に損害を与えたことについて，過錯のない行為者が負う適切な補償責任に関する法33条，不明な投棄物，墜落物による損害について，加害可能な建築物の使用者が負う補償責任に関する法87条などがある。詳しくは，前掲注（2）論文378-384頁および本書「第1部第1章」参照。

4) これらの問題については，前掲注（2）論文403頁以下および本書「第1部第5章～第8章」参照。

5) 2000年までの裁判例に関しては，其木提「中国社会の変容と不法行為法：過渡期におけるその多元性（4・完）」北大法学論集52巻2号85頁以下（2001年）参照。また，主に2000年以降の公平責任に関する実証的研究として，陳科「公平責任一般条款的司法適用：以100份侵権案件判決書為分析様本」法律適用2015年1期12頁以下，康欣「公平責任原則在我国的司法適用」私法2014年1期160頁以下がある。

務における公平責任の実相を明らかにしようとするものである。その際には，公平責任の要件論とりわけ，過錯と因果関係存否の判断基準，事案類型[6]に留意しつつ，検討することにする。結論先取的にいうと，公平責任をめぐる大多数の裁判例においては，結局のところ，過錯とりわけ過失の中身・判断基準に大きく左右されることになっており，一般的不法行為における主観的要件としての過錯という原点に回帰せざるを得ない。つまり，通常の不法行為における過錯の中身・判断基準と比べ，公平責任をめぐる裁判例においては，その判断が厳格に行われておらず，恣意的であること，過錯の中身が異化していることを指摘しなければならない。敷衍すると，中国において過錯の本質をめぐっては，過錯は故意と過失からなる加害者の帰責され得る主観的心理状態であり，過失の有無は客観的判断基準（注意義務違反の有無）によって行われることに関しては，広くコンセンサスが得られている。つまり，過錯の本質とその判断基準を切り離して論じるが一般的である[7]。また，過錯には自身の行為による損害結果に対する行為者の認識と態度が含まれているとされる。すなわち，故意とは，行為者が自身の行為による損害結果を予見できたにもかかわらず，当該結果の発生を希望または放任することをいい，過失とは，行為者が自身の行為による損害結果を予見すべきであったかまたは予見できたにもかかわらず，予見しなかったか，または，予見したにもかかわらず当該結果の発生を回避できると軽信したことで

---

6) この点，本書「第1部第7章」において，瀬川信久教授は，筆者が提起した質問項目およびそれに対する中国側共同研究者の回答についてのコメントにおいて，主に原告と被告の人的関係に着目し，公平責任が適用された事案（その内訳は，王成・元培氷の両氏が挙げる事案，筆者が整理した56件の裁判例，同前・其木提論文が挙げる50件の裁判例の合計約100件となっている）を7つの類型に分けたうえで，詳細な検討を行っており（以下，「瀬川コメント」という），非常に示唆に富んでいる。この点，本稿は，基本的に権利侵害責任法施行後の裁判例かつ損害態様の具体的事案類型に焦点を当てていること，公平責任の要件論に着目している点で，瀬川コメントとは異なるアプローチをしている。

7) 張新宝『侵権責任法原理』（中国人民大学出版社，2005年）68-70頁，中国大百科全書総編輯委員会『法学』編輯委員会＝中国大百科全書出版社編輯部編『中国大百科全書．法学』（中国大百科全書出版社，1984年）473頁【陳嘉梁執筆部分】，王利明『侵権責任法研究（上巻）』（中国人民大学出版社，2010年）331-334頁，楊立新『侵権責任法』（法律出版社，2010年）85-86頁など参照。

あるとされる。これに対し，公平責任をめぐる裁判例では，「損害結果」に対する過錯という点が曖昧になったり，予見可能性の存在を承認するも，結果回避義務の違反がないとするかまたはそれを不問にする形で，過錯の不存在を導いたり，被害者救済という価値判断が先行したが故に，過錯の不存在が当然の前提とされたりする。このように，公平責任の要件——①実際に損害が生じていること，②被害者と行為者ともに，損害の発生について過錯が存しないこと，③実際の状況に基づいて損害分担を定めること，④被害者側に全部の損害を負わせることが，明らかに公平を失すること，⑤因果関係の存在——を，真に厳格に適用できるならば，いわゆる「公平責任への逃避」という結果が生じることはなく，その適用可能な事案も自ずと限られることになることが分かる。

以下，筆者が収集検討できた123件の裁判例の全体的概要を概観し（2），類型別の個別的検討を行った（3）うえで，存在する問題点を指摘し，今後の展望について触れることにする（4）。

2．全体的概要

123件の裁判例の出典は，①2015年11月19日現在，中国の法令・判例等検索システムである「Westlaw China」で収集した58件，②2016年8月11日現在，中国最高人民法院が2014年1月1日より正式に開設した「中国裁判文書ネット」で収集した65件となっている。そのうち，1審で結審したものが84件，2審以上で結審したものが39件となっている。また，地域別に見ると，全部で27の省・直轄市・自治区に及んでおり，その内訳は，河南省22件，上海市16件，湖南省10件，広西チワン族自治区9件，遼寧省7件，北京市と湖北省6件，重慶市・陝西省・山東省・広東省・安徽省各5件，江蘇省4件，四川省・福建省・天津市・河北省各2件，新疆ウイグル自治区・吉林省・浙江省・貴州省・内モンゴル自治区・江西省・寧夏回族自治区・甘粛省・山西省・雲南省各1件となっている。

1審で結審した裁判例84件のうち，①裁判官と同等の職権を有するとされる人民参審員が参加したのは44件（いずれも，3名からなる合議廷であり，そのうち，人民参審員2名参加のものが12件，人民参審員1名参加のものが32件で

ある)，②簡易手続を適用し，裁判官1人による単独裁判を行ったのは，30件であるのに対し，③通常の合議廷は9件しかない[8]。また，①のうち，公平責任を適用して原告の請求を一部認容したものは，実に42件もあり，このことは，人民参審員参加の裁判が，公平責任認容の方向にあることを意味している。そして，1審手続に人民参審員が参加する割合（参審率）は，1審裁判官の人事考課項目の1つとなっており[9]，上記の結果は，裁判官の負担を減らするために，人民参審員の裁判手続への参加を積極的に推進する最近の動向[10]と軌を一にするものでもある。

公平責任における損害は，直接の損害に限られるとするのが通説であるが，精神的損害賠償を請求した78件のうち，明確に認容したのは22件ある。このように，学説と裁判実務の乖離現象が見られる。また，公平責任を過失責任または無過失責任以外の第三の帰責原理と考えるのであれ，それとも，単なる損害分担ルールと考えるのであれ，各損害項目の積算方式により得られた通常の損害総額を，公平責任における損害総額と同視することには違和感を覚える[11]。これは直接には，公平責任をめぐる裁判例の多くにおいて，原告が通常の過失責任に基づく損害賠償請求を行うことと関係している。しかし，公平責任における「損害の分担」という責任は畢竟，賠償責任ではなく「補償責任」であり，このような区別を踏まえると，公平責任における損

---

8) このほかに，裁判官2名によるものが1件（河南省扶溝県人民法院（2010）扶民初字第1032号民事判決）ある。これは，合議廷の人数が奇数でなければならないとされる民事訴訟法の規定（同法39条，40条参照）に反するものである。
9) 北京市第三中級人民法院の亓培氷民事一廷廷長（当時。以下，同じ）の教示による。
10) 近年の人民参審員制度改革の試験活動に関しては，例えば，「一部の地域において，人民参審員制度改革試験活動を展開させることを授権することに関する全国人民代表大会常務委員会の決定」（2015年4月24日公布施行），「人民参審員制度改革試験活動実施弁法」（最高人民法院・司法部，2015年5月20日公布施行）などを参照。なお，2018年4月27日第13期全人代常務委員会第2回会議で「人民参審員法」が採択され，同日に公布施行された。
11) 公平責任における「損害」は，通常の不法行為における「損害」とは異なることを明確に指摘するものとして，遼寧省撫順県人民法院（2014）撫県民一初字第00375号民事判決（個人間の労務関係における自身の体質による労務提供者の突然死事案），広東省広州市中級人民法院（2011）穂中法民一終字第773号民事判決（精神分裂病に罹患していたAが，入院先のY病院で首吊り自殺した事案）がある。

害概念の再構築が必要であるように思われる。さらにいえば，公平責任における死傷という損害結果に着目した場合，その本人または親族に精神的苦痛を与えている点では，程度の差こそあれ，通常の不法行為における損害結果と何ら変わるところはない。そのため，「精神的損害」を一律に排斥するのではなく——その用語は別として——，むしろ，精神的苦痛に対する慰謝ないし補償として，公平責任における「損害」を捉えたほうがより適切であると考えられる。

　損害類型としては，人身損害116件，財産的損害が7件となっており，公平責任における損害の主たる対象は，人身損害であることが見て取れる。そのうち，被害者または被告側に過錯の存することを明確に認定するも，公平責任を適用した裁判例は15件ある（共同飲酒者責任関連事案が多い）。当事者に過錯のないことという，公平責任の要件自体を満たしていない点からいえば，これは，公平責任の誤用または濫用と言わなければならない。また，公平責任を適用した裁判例のうち，主文において，「賠償」という用語を使用した裁判例は，14件（判旨において，「補償」という用語を使用したものを含む）存在しており，基層人民法院を中心に，「賠償」と「補償」の区別が明確にされていない。「賠償」であれ，それとも「補償」であれ，何らかの金銭の出損を伴うという点では，両者は共通しているものの，後者は，過失責任または無過失責任を負わないことを前提に公平責任に基づいて行われるものであり，その性質は本質的に異なる。しかし，上記14件の裁判例をみると，公平責任を適用したその他の裁判例と比べ，その「賠償」額は高額となっている。そして，大多数の裁判例に共通して見られるのは，過錯有無の認定が厳格でないということである。このことは，公平責任適用の可否に直結する深刻な問題であり，被害者救済という価値判断が先行したが故に，性急に過錯がないと認定するかまたは過錯の存しないことがアプリオリに当然に前提されていることが目立っている。これでは，公平責任を正しく適用することはできず，「公平責任への逃避」という誹りを免れることはできないだろう。しかし，問題は，法院が何故過錯についてこのような処理を行うかである。それには，過錯なしと宣言する代わりに，被告に対して一定の譲歩を迫り，被告から公平責任に基づく補償を引き出そうとする法院の思惑が存在するよ

うに思われる。結局のところ，公平責任を適用した裁判例は，判決の形式を採っているものの，その実質は法院主導による調停であるといえよう。

公平責任の要件として，因果関係の存在が必要かどうかおよびその程度をめぐっては，理論上必ずしも統一されていない。この点，実際の裁判例において，因果関係の存在が必須であることを指摘するものは見当たらず，求められている因果関係存否の程度も，一概ではない。その中には，明確な事実的因果関係の存在を必要とするもの，一定の因果的関連で足りるとするもの，因果関係存否の判断自体を行わないもの（これには，因果関係存否の判断が難しい場合も含まれる），因果関係の存在を不要とするもの（労務従事中における持病による死亡事案などが典型的である）など，多岐にわたっている。ただ，共通して見られるのは，法的因果関係は不要とする点である。なお，123件のうち，多くの裁判例では検死が行われておらず，それによって因果関係の存否の判断を難しくしている面もある[12]。いずれにせよ，公平責任は，中国不法行為法に規定されている法定責任である以上，因果関係が存在して初めて，行為者と被害者を結び付けることができるため，事実的因果関係の存在は，必要不可欠な要件であるといわなければならない。ただし，労務提供者の被害事案に見られるように，行為者の行為が存在しておらず，被害者が損害を受けたことと行為者が利益を得ていることしか存在しないような場合には，その他の要件を充足すれば足り，因果関係は不要である[13]。

また，実際の裁判例において，公平責任を適用する際の「実際の状況」として重視されているのは，被害者の損害の重大さ（死傷のような人身損害），当事者とりわけ被告の財産状況（被告の財産状況とその補償額は正比例関係にある），被害者が得られ得るその他の救済手段（例えば，保険給付，被告による金銭給付・医療費の立て替えなど）の有無である。もっとも，全体としては，容易く当事者に過錯がないと認定し，それを強調する傾向にあり，「実

---

12) 検死を行わないことの理由は定かではないが，それは，訴訟をより有利に進めようとする原告側の訴訟戦術であると考えられなくもない。また，それは，当事者の経済状況，文化水準，死体を重んじる中国人の伝統的観念とも関係すると考えられる（王利霞ほか「意外死亡屍検率下降原因分析」中国法医学雑誌2008年2期142-144頁参照）。
13) 前掲注（2）論文412頁および本書49頁における亓培氷裁判官の回答参照。

際の状況」としての具体的考慮要素について詳細に述べる裁判例は多くない。

損害発生の実態および法院の事実認定に着目してみると，公平責任をめぐる123件の裁判例は大きく，以下の10種類に分けることができる。すなわち，①労務提供者の被害26件，②スポーツ事故（学校事故を含む）21件，③偶発事故23件，④共同飲酒者責任15件，⑤遊戯または遊泳中の被害9件，⑥安全保障義務関連8件，⑦交通事故8件，⑧利他行為関連6件，⑨医療過誤関連3件，⑩その他13件となっている。なお，各類型の件数には，同時に同じ類型に属する事案もあるため，一部の重複がある。

3．類型別検討
3.1 労務提供者の被害

これには，以下の裁判例がある。①重慶市第五中級人民法院（2013）渝五中法民終字第04871号民事判決（Y会社に再雇用された元従業員Aが，業務を終えた後，会社に戻る施工車両の中で突然気絶しその後病院で死亡。認定損害額の35％＝93,000元余りの補償），②江蘇省南京市秦淮区人民法院（2013）秦民初字第518号民事判決（Y会社の従業員Aが，砂利の下ろし作業の待機中に突然倒れ，その後病院で脳外傷により死亡。認定損害額の50％＝30.8万元余りの給付），③湖南省辰渓県人民法院（2012）辰民一初字第558号民事判決（廃棄タイヤの売買契約に伴う同タイヤの積込み作業中の売主の負傷，認定損害額の39％＝3万元の賠償），④陝西省略陽県人民法院（2011）略民初字第00486号民事判決（Y会社に日雇いで雇用されていた退職者Xが，溶鉱炉の煙突内で耐火煉瓦の積み上げ作業に従事中に，ガス栓の締め忘れに起因する火災により負傷＝障害等級2級の大火傷。35万元余りの賠償），⑤河南省鞏義市人民法院（2011）鞏民初字第2681号民事判決（弁護士であったAが，Y会社と委任契約を締結し，モザンビークで作業中に死亡したYの従業員の善後策を講じるため，同従業員の家族に同行してモザンビークに渡航したところ，マラリアに感染し，帰国してから1か月弱で死亡。15万元の補償），⑥湖南省邵陽市中級人民法院（2012）邵中民一終字第74号民事判決（Aが，Y_1会社に臨時に雇用され，Y_1会社とY_3間で締結された請負契約関連業務＝三輪車での巡回広告に従事中に突然発病し死亡。Y_1とY_3

それぞれ，3万元と1万元の補償），⑦河南省方城県人民法院（2011）方城民初字第463号民事判決（開業前のホテルのコックとして雇用されたAが，同ホテルのトイレ内で突然死。認定損害額の30％＝12万元余りの支払い，精神的損害9,000元認容），⑧湖南省新蔡県人民法院（2012）新民初字第710号民事判決（Y_1の被用者Aが，Y_1Y_2間で締結されたY_2の住宅建築に関する請負契約に基づく塗装工事に従事中に持病（高血圧，冠状動脈硬化による心臓病，脳血管疾病，脳梗塞）が悪化して死亡。Y_1による15,000元の補償）），⑨重慶市第三中級人民法院（2011）渝三中法民終字第00629号民事判決（Y会社の元被用者XのYに対する後続損害についての賠償請求，認定損害額の30％＝14,000元余りの負担），⑩重慶市永川区人民法院（2011）永民初字第03441号民事判決（Yの被用者Aが，就業場所で休憩中に自発性くも膜下出血を発病し，入院治療を受けた後に退院し死亡。2万元の分担），⑪湖南省耒陽市人民法院（2011）耒巡民一初字第230号民事判決（Aが村民同士のよしみで，Y_1Y_2の父親の棺桶を担いでいたときに突然転倒し死亡，1万元の補償），⑫河南省洛陽市老城区人民法院（2011）老民初字第555号民事判決（XY間では，Xが自ら道具を持参してリフォームを終えたY宅の地面清掃を行い，清掃終了後にYが230元を支払うことを内容とする契約が締結された。Xが上記契約に基づいて，Y宅の2階で清掃作業に従事中に2階の手すりから転落し負傷＝障害等級9級。認定損害額の約32％＝27,000元余りの補償），⑬河南省鞏義市人民法院（2011）鞏民初字第2034号民事判決（Y会社の被用者A＝退職者が，勤務先で自殺，経済補償金3万元の給付），⑭広西チワン族自治区宜州市人民法院（2010）宜民初字第820号民事判決（Xが，自己所有の電動加工機で同じ村の村民であるYのために鋸を磨いていたところ，砥石片が暴発してXが顔面および左眼球を負傷＝障害等級7級。認定損害額の20％＝8,500元余りの賠償），⑮広東省広州市中級人民法院（2015）穂中法民一終字第2408号民事判決（パートタイマーであったAが，Yのために家事手伝い業務に従事中に突然死，5万元の補償），⑯広西チワン族自治区桂林市中級人民法院（2014）桂市民一終字第312号民事判決（Y_1が，Y_2から賃借している家具工場の屋根瓦の撤去作業を$Y_3Y_4Y_5$Aに依頼したところ，Aが上記作業に従事中に転落し，当日病院に搬送され，特別重症型頭蓋骨損傷およびそれに伴う脳ヘルニアにより死亡。Y_1による13万元余りの賠償，精神的損害28,000元認容，認定損害額の80％），⑰湖

北省黄石市中級人民法院（2014）鄂黄石中民一終字第00015号民事判決（Aが，Y_1Y_2夫婦の電動シャッターを修理中に突然倒れ，その後死亡。立替費用3万元を除く2万元の給付），⑱安徽省阜陽市中級人民法院（2015）阜民一終字第01647号民事判決（太陽光湯沸かし器を経営する個人工商業者Yの被用者Aが，Yの指示に従い顧客のために湯沸かし器を設置した後，Yの店舗内で業務の派遣を待っていたところ，突然心臓疾患を発症し病院で死亡。5万元の経済的補償），⑲湖北省宜昌市中級人民法院（2016）鄂05民終1246号民事判決（撮影サービス，民間楽器演奏サービス等を行う個人工商業者Aが，Y_1芸術団に雇われ，Y_2＝Y_1の団長が司会を務めていたある結婚披露宴の席上で，歌を歌っていたときに突然倒れ，その後病院で死亡。Y_1Y_2による11万元の補償），⑳河北省唐山市豊南区人民法院（2016）冀0207民初1165号民事判決（Yの日雇い労働者Xが，Yの畑で布の回収積み込み作業中に布を踏んで転倒し右足を捻挫＝障害等級10級。認定損害額の50％＝32,535元の分担，精神的損害5,000元認容），㉑江蘇省連雲港市贛楡区人民法院（2015）贛民初字第2946号民事判決（Yの被用者Xが，Yの施工現場で鉄筋補充業務に従事中に突然脳梗塞を発症し，入院治療費を支出。認定損害額の50％＝6,767元の補償），㉒遼寧省本渓市渓湖区人民法院（2015）渓民初字第00338号民事判決（Y_2は，Y_1建築会社の下請け人＝自然人であり，Aの使用者である。Aが，休憩時間内に工事現場にあったトイレで倒れ，その後病院で特別重傷型閉塞性頭蓋骨損傷，脳ヘルニア，外傷性くも膜下出血等により死亡。Y_2による認定損害額の20％＝46,723元の給付），㉓遼寧省遼河人民法院（2013）遼河基民初字第971号民事判決（Aは，Y_1の被用者であり，本件甲車両の運転手である。Y_1は，甲車両の所有者であり，Y_1とY_3建築会社との間では，甲車両をY_2建築資材会社の名義下に置くことを条件に，甲車両に関する運転手付きの賃貸借契約が締結され，Aは甲車両を運転してY_3会社の従業員の送り迎え業務に従事していた。その後，Aが出勤前にY_3の従業員宿舎で洗濯物をしていたときに突然死。Y_1による認定損害額の20％＝97,000元余りの補償，Y_2による連帯給付），㉔陝西省紫陽県人民法院（2015）紫民初字第00546号民事判決（Y_1Y_2が共同経営する甲病院の清掃員Xが，勤務中に突然倒れ脳出血を発症＝障害等級3級。Y_1Y_2による医療費損害25,000元ずつの補償），㉕遼寧省撫順県人民法院（2014）撫県民一初字第00375号民事判決（Aが，Y_1Y_2夫婦に雇われ，トラクターでトウモロコシ倉

［玉米倉］を運搬中に原因不明により突然死。Y_1Y_2による認定損害額の20％＝46,723元の賠償），㉖河南省霊宝市人民法院（2016）豫1282民初1107号民事判決（Y_2の被用者Ａが，Y_2がY_1から請け負った工事に従事中に持病により突然死。Y_1による2万元の補償，Y_2による認定損害額の20％＝47,679元の給付）。

このように，公平責任関連裁判例123件のうち，労務提供者の被害事案が最も多く，権利侵害責任法施行後における新しい事案類型をなしている。この事案類型をめぐっては，（ⅰ）個人間の「労務関係」を規律する法35条（過失責任）と，（ⅱ）労災保険に加入していない「狭義の雇用関係」を規律する[14]人身損害解釈11条1項（無過失責任），および（ⅲ）人身損害解釈14条（無過失責任と公平責任）の関係およびその適用が問題になる。つまり，（ⅰ）において，労務の提供中に労務提供者自身が損害を受けた場合は，その雇用主（労務を受ける者）と労務提供者の過錯の度合いに基づいて各自相応の責任を負うことになっており，雇用主に過錯がなければ権利侵害責任を負うことはないものの，公平責任を適用して一定の補償を与える余地は残されている。これに対し，（ⅱ）は，被用者が雇用活動の従事中に人身損害を受けた場合に，使用者（個人であるか，それとも組織であるかは問わない）が被用者の労災について無過失責任を負うことになる。また，（ⅲ）は，無償労務関係（基本的に個人間）において，無償労務提供者＝手伝い人が人身損害を被った場合，原則として，労務を受ける者＝被手伝い人が，無過失責任を負うほか，①被手伝い人が手伝うことを明確に拒んだとき，②第三者の不法行為によって手伝い人が人身損害を被り，その第三者を確定できないかまたはその者に賠償資力がないときは，被手伝い人が補償責任を負うことになる。このように，労務関係における労務提供者の被害（とりわけ個人間の労務関係）をめぐり，権利侵害責任法は，人身損害解釈と異なる法規範を創設したことが分かる[15]。

---

14) 最高人民法院民事審判第一庭編著『最高人民法院人身損害賠償司法解釈的理解与適用』（人民法院出版社，2004年）173頁〔胡仕道執筆部分〕参照。
15) （ⅰ）と（ⅱ）（ⅲ）の関係については，見解が分かれているが，（ⅱ）（ⅲ）が（ⅰ）によって取って代わられたとするのが一般的である。なお，（ⅰ）はその文言上，（ⅲ）の無償労務関係について明確に言及していない。

文理解釈によると，（ⅰ）は，個人間の労務関係にのみ適用されるべきであるのに対し，個人と組織間の「労務関係」に法35条を適用した裁判例は10件（これには，退職者の再雇用・雇用，臨時雇用事案6件が含まれる）存在する。他方，（ⅱ）は，個人間だけでなく，個人と組織間の「雇用関係」（臨時雇用を含む）にも適用されるが，人身損害解釈11条1項を適用した裁判例は，⑨事件の1件しかなく，（ⅲ）に関する事案3件（③⑪⑭）のうち，人身損害解釈14条を適用した裁判例は同じく，⑭事件の1件しかない[16]。組織に関わる定年退職者の再雇用・雇用事案を「労務関係」として処理することは，従来の裁判実務慣行に沿うものである[17]が，臨時雇用関係に関しては，人身損害解釈11条1項を適用してきた従来の裁判実務とは異なる。もっとも，上記26件のうちの20件は，労災認定ができない（労務関連性がないかまたは極めて希薄である）事案であり，その20件に共通して見られるのは，雇用主または労務を受ける者が，現に受益していることを理由に，一定の補償責任を負わせているということである。また，個人雇用主に比べ，組織の場合がその補償額が高額になっていること，雇用主の資力の多寡・被害の重大さと補償額は正比例関係にある。

この事案類型は，（1）有償労務関係23件，無償労務関係3件，（2）個人間の労務関係16件，個人と組織間の労務関係10件からなっており，さらに，（3）被害者の体質・持病または自殺などの被害者自身の原因による被害17件（①②⑥⑦⑧⑩⑪⑬⑮⑱⑲㉑～㉖。以下，類型Ⅰという），業務遂行に伴う業務関連性を有する被害6件（④⑨⑫⑭⑯⑳。以下，類型Ⅱという），売買契約などの特定契約の履行に伴う被害3件（③⑤⑰。以下，類型Ⅲという）に分けることができる。

類型Ⅰは，労務提供者の被害と労務との関連性は認められず，また，使用

[16) なお，これらの事案は本来ならば，いずれも，人身損害解釈14条の無過失責任によって処理できるものであり，公平責任が適用される2つの場面に当てはまるものではない。

17) 例えば，「最高人民法院の労働争議事件の審理において法律を適用する若干の問題に関する解釈（三）」（法釈［2010］12号）7条は，すでに法により養老保険待遇を享受している者または退職金を受領している者の雇用に関する紛争は，労務関係として処理すると定める。

者には過錯（安全保障義務違反）がないとされ，因果関係も存在しないことになる。これに対し，類型Ⅱは，⑭を除き，使用者の過錯を認定できるため，公平責任ではなく通常の過錯責任で対処すべきである。類型Ⅲは，当事者間に特定の契約関係が存在する場面であり，買主・委任者・注文者などに過錯がなければ，これらの者に一定の補償を与えることは可能であると考えられる。その際の根拠条文としては，他人の利益または共同の利益のための活動中に受けた損害に関する民通意見157条が考えられる。

3.2 スポーツ事故（学校事故を含む）

これには，以下の裁判例がある。①上海市閘北区人民法院（2014）閘少民初字第6号民事判決（中学生の体育授業・平行棒運動中の負傷，1万元の補償），②上海市第一中級人民法院（2013）滬一中民一（民）終字第200号民事判決（中学生の体育授業・跳び箱練習中の負傷＝障害等級10級，認定損害額の40％＝5万元余りの補償），③上海市長寧区人民法院（2012）長少民初字第12号民事判決（中学生の体育授業・走り高跳びテスト中の負傷＝障害等級9級，認定損害額の35％＝7万元余りの給付），④河南省鄭州市高新技術産業開発区人民法院（2011）発民初字第3370号民事判決（棄却。中学生の体育授業・砲丸投げにおける負傷，YがすでにXの医療費12,000元を立て替えていた），⑤広西チワン族自治区梧州市蝶山区人民法院（2011）蝶民初字第73号民事判決（大学のエアロビクスチームに所属していた大学生が組体操の練習中に転落し負傷＝障害等級10級，認定損害額の70％＝4万元余りの賠償・精神的損害3,500元認容），⑥山東省泰安市中級人民法院（2016）魯09民終561号民事判決（小学生が小学校主催のバスケットボールの練習に参加中に負傷，認定損害額の70％＝1万元余りの賠償），⑦上海市長寧区人民法院（2012）長少民初字第40号民事判決（Y_4小学校の体育授業で行われたハンドボールの練習試合において，その生徒Y_1が，同級生Xの解けた靴紐を踏んでしまい，Xが転倒し負傷。Y_1およびその両親$Y_2 Y_3$による認定損害額の33％＝35,000元余りの給付，Y_4による同34％＝36,000元余りの賠償），⑧山東省浜州市中級人民法院（2014）浜中少民終字第37号民事判決（XとY_4は，Y_1小学校のバスケットボール特技クラスのクラスメートであったが，Y_4が練習中に不注意でXの踵を踏んだため，Xが転倒し負傷＝障害等級9級。Y_1に

よる認定損害額の40％＝54,000元余りの補償，Y_4の両親Y_2Y_3による同30％＝4万元余りの補償），⑨湖北省武漢市洪山区人民法院（2014）鄂洪山民三初字第00253号民事判決（Y_1大学運動訓練学部の学生XY_2が，Y_1のサッカー場でサッカー試合をしていて，Xがボールをチームメイトに向けてパスしたところ，Y_2が走ってきて転ぶボールをカットしようとしたが，ボールがY_2の足に当たった後に跳ね返ってXの左目に当たり，Xが左目を負傷＝障害等級9級。Y_2による認定損害額の40％＝35,000元弱の補償），⑩湖北省棗陽市人民法院（2013）鄂棗陽民一初字第00121号民事判決（Y_2中学校の生徒XY_1が，放課後にY_2のバスケットボール場でバスケットボール試合を行っていた。Y_1が，ボールを持って攻撃してきたとき，ボールが手から滑り落ち，その反動でXの目に当たり，Xが目を負傷＝障害等級8級。Y_1Y_2による8,000元と15,000元の補償），⑪安徽省宣城市宣州区人民法院（2015）宣民一初字第02282号民事判決（XY_2は，Y_1高校の生徒であり，Y_1の体育授業中に，XY_2ら生徒が自発的に組織したサッカー試合において，XがY_2に蹴られ負傷＝外傷性脾臓破裂・障害等級8級。Y_1による認定損害額の40％＝7万元弱の賠償，Y_2およびその父親Y_3による同35％＝6万元余りの賠償，精神的損害11,250元認容＝75％），⑫上海市宝山区人民法院（2011）宝少民初字第113号民事判決（中学生同士のバスケットボールの練習試合中の接触による負傷，加害者の母親による7,000元の補償），⑬河南省南陽市中級人民法院（2011）南民二終字第540号民事判決（未成年者同士のバスケットボール競技中の負傷＝障害等級9級。接触児童の監護人による認定損害額の30％＝19,000元余りの賠償，ボールの奪い合いに間接的に加わった児童2名の監護人らによる同20％＝12,000元余りずつの賠償），⑭上海市徐匯区人民法院（2012）徐民一（民）初字第6304号民事判決（バスケットボール試合中の身体衝突による負傷，25,000元の支払い），⑮上海市閘北区人民法院（2012）閘民一（民）初字第2036号民事判決（サッカー試合における接触衝突による負傷，認定損害額の20％＝13,000元余りの賠償），⑯河南省舞陽県人民法院（2009）舞民初字第670号民事判決（バスケットボールの練習試合でXYが跳躍してボールを奪い合い中に，Yの肘がXの頭部に当たり，Xが負傷＝障害等級3級。認定損害額の15％＝67,000元弱の補償，精神的損害4,500元認容＝15％），⑰河南省信陽市中級人民法院（2014）信中法民終字第225号民事判決（バドミントンのダブルス試合中に，YのラケットがXの右目に

当たり，Xが右目を負傷＝障害等級8級。認定損害額の50％＝4万元余りの補償），⑱遼寧省瀋陽市中級人民法院（2016）遼01民終4875号民事判決（バドミントンのダブルス試合中に，YのラケットがXの口に当たり，Xが歯を負傷。3,000元の補償），⑲北京市海淀区人民法院（2013）海民初字第5212号民事判決（サッカー試合における身体接触による負傷，認定損害額の約40％＝52,600元弱の補償），⑳湖南省永州市冷水灘区人民法院（2016）湘1103民初430号民事判決（バスケットボール試合中の身体接触による転倒負傷，認定損害額の40％＝2万元弱の分担），㉑北京市西城区人民法院（2014）西民初字第14405号民事判決（バドミントンのダブルス練習試合において，ラケットが目に当たり負傷＝障害等級9級。8万元の補償）。

この事案類型は，（ⅰ）学校の体育授業中の負傷事案＝学校事故11件（①〜⑪）と，（ⅱ）学校事故以外の自発的に行われたスポーツ活動における負傷事案10件（⑫〜㉑）からなる。前者は，学校の安全保障義務とも関連する（いずれも，同義務の違反はないとされた）ものであり，そのうち，学校のみが被告となっているものが6件（①〜⑥），学校と加害生徒・学生（その監護人を含む）が共同被告となっているものが5件（⑦〜⑪）存在する。他方，後者は，未成年者同士によるものが2件（⑫⑬），成人同士によるものが8件（⑭〜㉑）となっている。

（ⅰ）の学校事故に関しては，在学生が加入する団体学生傷害保険と学校側に過錯が存する場合の責任保険（傷害保険）が広く普及している。しかし，前者に関しては，当該損害が保険項目の対象外の被害であること等を理由に，保険給付を拒否されたり，保険給付を受けることが難しいなどの問題が存在している。また，後者に関しては，近年，スポーツ事故を含む学校事故が急増し，保護者側が学校側に対し理不尽な要求を突き付ける［校閙］も多発しており，大きな社会問題になっていることもあり，学校側が自身の責任を認めると，行政処罰も受けることになるため，自身の利害得失を考えて責任保険を使いたがらないという状況も存在する[18]。他方，学校側が無過失の場合の傷害保険の普及度はあまり高くなく，同保険によってカバーされる

18）劉博智ほか「双保険為什麼不那麼保険」中国教育報2013年12月17日3面，柴葳ほか「学校何時卸下"無限責任"枷鎖」中国教育報2015年3月10日1面など参照。

学校事故は未だ少数に止まっており[19]，その普及拡充が大きな課題となっている。（ⅱ）は，（ⅰ）以外のスポーツ活動における負傷事案であり，その殆どが，素人の成人同士によるものである。なお，この事案類型21件のうち，一定の保険金が支払われたのは，①⑩⑭の3件しかなく，これらはいずれも，被害者自身の任意傷害保険によるものである。

スポーツ事故においては，過錯とりわけ過失の判断基準が何より問題になる。これには，（ⅰ）における学校側の安全保障義務（安全配慮義務）違反の有無[20]と，（ⅱ）におけるプレーヤーの過失の有無という，2種類の過失有無の判断が含まれる。多くのスポーツにはそれ自体，身体的活動や他人・物との接触を伴うため，不可避的に事故発生の危険性を内包しており，スポーツ事故における過失を判断するには，その多様性に応じて，①競技の内容（他者との接触の有無・程度，動作の激しさ等），②プレーヤーの属性（年齢，性別，技量，習熟度，体調等），③事故の状況（天候，場所等），④事故の態様（行為自体の危険性，ルール・規則違反の有無・程度，過去の類似事故発生の有無等），⑤当事者の種類（プレーヤー，指導者，競技主催者，施設管理者等）等の要素を個別具体的に検討する必要がある[21]。

この点，21件の裁判例についてみると，これらの裁判例はいずれも，スポーツ活動に存する潜在的危険性およびそれについての当事者の認識可能性を認めており，上記の諸要素は多かれ少なかれ考慮されているが，とりわけ①②④が重視される傾向にある。具体的にみると，（ⅰ）のうち，学校のみが被告となっている裁判例6件（①～⑥）において，学校側が安全上の防護措置を講じ，教育管理上の職責を尽くしたとしてその過錯が否定され，生

---

[19] 「校方責任険不够，校園足球呼喚更多保険」中国保険報2015年8月13日1面，方磊「足球入校園，須沐保険東風」中国保険報2016年7月13日7面，鄭璜「校方責任保険取消分档投保設置」福建日報2016年11月8日2面など参照。

[20] この点，学校事故において，学校側の安全保障義務違反を理由に，学校側に対して損害賠償請求する場合は，債務不履行責任構成と不法行為責任構成が考えられるが，日本とは異なり，中国の場合，安全保障義務は基本的に不法行為法上の義務として処理される（人身損害解釈6条，7条，法37条～40条参照）ため，不法行為責任を追及することになる。

[21] 白石紘一「スポーツ事故における法的責任追及の視点」市民と法96号85-86頁（2015年）参照。

徒・学生は，学校が組織した正常な体育教学活動に参加中に負傷したとして，その過錯が否定されるのに対し，学校と加害生徒・学生が共同被告となっている裁判例5件（⑦〜⑪）においては，後者につきそれぞれ，a) 当該損害の発生についての予見可能性がなかったこと（⑦⑨⑪），b) 回避可能性がなかったこと（⑧），c) 故意または過失が存しないこと（⑩⑪[22]）を理由に，その過錯が否定された。また，(ⅱ) においては，被害者が成人の場合と未成年者の場合を区別し，前者の場合は，いずれもいわゆる「危険の引き受け」があったと認定するものの，過錯が否定される理由としては，a) 当該損害の発生自体を予見できなかったこと（⑯㉑），b) 損害の発生は予見できたものの，それを回避することはできなかったこと（⑭），c) 予見可能性はあるものの，悪意によるファウルまたは故意・重過失がなかったこと（⑮⑰⑱⑲⑳）など，その理由は区々である。他方，未成年者の場合はいずれも，「危険の引き受け」の存在を認めておらず，合理的な範囲内の身体接触による負傷には過錯が存しないこと（⑫），法的意義における認知能力を具備していないこと（⑬）を理由に，その過錯が否定された。

　スポーツ事故における被害の多くは，「許された危険」により起因するものであり，スポーツ事故における過錯の判断は，慎重に行わなければならない。また，当該事故による被害の多くは，決して稀に生じるものでもなく，これらの被害については，公平責任ではなく，各種傷害保険または補償基金によってカバーすべきである。この点，当事者間の過錯の存しないスポーツ事故に公平責任を適用すべきことを明確に指摘するもの（例えば，⑩事件）もあるが，そのような処理方法は，あくまでやむを得ない次善の策としか考えられず，それは，正常なスポーツ活動を不能ならしめ，さらには不法行為法の帰責体系自体を脅かしかねないものでもある。

---

22) ⑪事件において，法院は，原告が被告に故意または過失の存することを証明できていないと指摘する。しかし，原告が被告に蹴られて外傷性脾臓破裂という傷害を受けていることからすると，悪質なファウル行為があったと推定できると考えられるため，法院の判断には疑問が残る。

3.3 偶発事故

これには，以下の裁判例がある。①上海市松江区人民法院（2013）松民一（民）初字第5774号民事判決（不法行為と因果関係の不存在を理由に棄却，自動車教習所の学生が休憩中に持病により死亡），②上海市第二中級人民法院（2013）滬二中民一（民）終字第2062号民事判決（Aが，家政婦をしている妻の雇い主Yの家で，天井扇風機の分解取外し作業中に持病が原因で突然倒れ，入院先の病院で死亡。4万元の給付），③上海市松江区人民法院（2012）松民一（民）初字第7395号民事判決（X_1X_2夫婦が雇ったベビーシッターY_1が，自宅でXらの生後5か月未満の娘Aにミルクを飲ませベッドに寝かせた後，Aに異変が生じ，その後病院で窒息死。10万元の支払い），④山東省青島市中級人民法院（2011）青民再終字第189号民事判決（Xが2階の自宅前の廊下で布団を干す際に，老朽化した手すりが崩落し，Xが転落し負傷。本件公有住宅の管理者Yによる認定損害額の70％＝76,000元弱の給付），⑤上海市第一中級人民法院（2012）滬一中民一（民）終字第899号民事判決（タクシー運転手Xが，Y空港でタクシーから降りる際に，左足で駐車分離帯にある石の塊を踏んだところ，それが回転し，その弾みでXが排水溝に転落し負傷。認定損害額の50％＝7万元弱の賠償，精神的損害2,500元認容），⑥湖南省株洲市中級人民法院（2011）株中法民一終字第192号民事判決（バイクで走行中のAが，豪雨による崖崩れによって落ちてきた山石に当たり死亡。なお，AY_1には過失あり，ただし，Y_1が警告標識を設置しなかったこととAの死亡との間には直接の因果関係なしと認定。本件道路の現管理者Y_1による認定損害額の30％＝94,406元の補償），⑦河南省三門峡市中級人民法院（2011）三民四終字第344号民事判決（過失責任適用。Yが，Aにリヤカーを返却する際に，A宅の前にあった木と接触し，後ろでリヤカーを押していたAが，その木の上に生息していた蜂の群に刺され死亡。認定損害額の55％＝4万元余りと精神的損害5,000元の賠償），⑧上海市浦東新区人民法院（2011）浦民一（民）初字第37253号民事判決（Xが運転所有する乗用車のフロントガラスとボンネットが，その前を走っていたY_1運転の大型バスの後部車輪に跳ね飛ばされた石塊によって損傷。Y_1の使用者Y_2による1,600元弱＝修理代金の半分の賠償），⑨河南省舞陽県人民法院（2011）舞民初字第28号民事判決（Aが，被告4名と一緒に飲酒した後，休憩先のホテルの客室で突然死。$Y_1Y_2Y_3$各自2万元の

補償，Y_3の息子Y_4による5000元の補償），⑩四川省高級人民法院（2014）川民申字第955号民事裁定（自動車修理店を営んでいた Y が，パンクした X のタイヤを交換中にタイヤのリムが爆発し，XY がそれぞれ，障害等級3級と障害等級4級の障害を負った。Y による35,798元＝XY の障害賠償金の差額の補償），⑪湖南省永州市中級人民法院（2016）湘11民終865号民事判決（未成年者同士の遊泳中の溺死・共同遊泳者責任，Y_1の両親Y_2Y_3による8,000元の経済的補償），⑫福建省福州市中級人民法院（2015）榕民終字第582号民事判決（Y_1Y_2夫婦の家屋建築をめぐり，A が Y らと口論になり，その後自宅で突然死。4万元の補償），⑬四川省眉山市中級人民法院（2016）川14民終32号民事判決（X 運転の車が，本件道路区間を通るとき，Y_1が請け負う林地から巨石が滑落して同車両に当たり，X 負傷。なお，Y_1Y_2間では，Y_1が請け負う林地上のY_1所有の林木に関する売買契約が締結され，Y_2は本件事故の1週間前に既に伐採作業を終えていた。Y_2による5万元の給付），⑭広東省東莞市中級人民法院（2013）東中法民一終字第1118号民事判決（棄却。X がカラオケ店で不注意で倒れ，同僚 Y が助け起こしたところ，X と Y がぶつかり，X が目を負傷＝障害等級4級。なお，X は本訴前に，会社で加入した団体傷害保険より12,000元の給付を受けたほか，X が以後 Y の責任を追及しないことを約定した和解契約より Y から3,500元の医療費を受領していた），⑮遼寧省新民市人民法院（2015）新民民三初字第06363号民事判決（Y_1Y_2と一緒に飲酒した A が，釣り中にダムに転落し溺死。Y_1Y_2による14,000元ずつの補償），⑯広西チワン族自治区岑渓市人民法院（2014）岑民初字第11号民事判決（同僚Y_2の宿舎でドラマを見ていた X の左目が，突然自爆したワイン瓶の飛び散ったガラスの破片に刺され，X 負傷＝障害等級8級。認定損害額に対し，X：Y_1（XY_2の使用者）：Y_2＝3：5：2の割合による分担。すなわち，Y_1Y_2それぞれが84,060元と33,624元を分担），⑰湖南省桑植県人民法院（2014）桑法民一重初字第381号民事判決（売買契約の履行に伴う機械の解体作業中における売主の死亡，買主による認定損害額の半分＝21万元余りの補償），⑱湖北省武漢市洪山区人民法院（2015）鄂洪山未民初字第00009号民事判決（未成年者XY_1が，順番に自転車に乗る遊びをしていたが，X が右手だけでハンドルを握っていたところ，Y_1が自転車を押し続けたため，自転車がバランスを失って転倒しX負傷。なお，当時，事故現場付近には X の父親がいた。Y_1の両親Y_2Y_3による認定損害額

の半分＝34,000元余りの賠償）および前出「スポーツ事故」における⑤⑥⑦⑧⑯事件。

　この類型は，〔意外事件・事故〕・〔意外受傷・死亡〕・〔意外情況〕などと称されるものであり，不慮の事故・予想外の事故という意味では，その他の事案類型にも通ずる部分があり，「スポーツ事故」，「共同飲酒者責任」などの事案の中にも偶発事故と認定されたものがある。当事者についていうと，全く予想も付かない損害が生じた場合を偶発事故と認定することは決して不当とはいえない。しかし，偶発事故と認定されたからといって，それらすべてに公平責任を適用できるというわけではない。そもそも，偶発事故の認定自体が厳格でなく，一定の恣意性が見られる。例えば，③④⑥⑪⑮⑰⑱および「スポーツ事故」における⑤⑥⑦⑧⑯事件を偶発事故と認定できるかは疑問である。

　上記23件のうち，公平責任を適用した20件について具体的にみると，②⑰は，民通意見157条または人身損害解釈14条で処理可能であり，③において，生後5か月未満の娘を他人の家に預けたXらに過錯がなかったと認定したことは不当であり，④は，事実関係が明確でない事案であり，修繕義務を負う管理主体を特定できれば，その者に過錯責任を追及できた事案である。⑤は，営造物の瑕疵によるものであり，人身損害解釈16条1項1号・民通126条（過失推定責任）で処理可能であり，⑥は，自然原因と道路管理者の不作為の競合事案であって，過錯責任を適用できた事案である。⑨は，共同飲酒者責任関連事案であり，その判旨をみると，一方において，Aの過度飲酒・Yらの注意義務違反（相応の勧告と導きを行わず，Aの飲酒を制止しておらず，Y_1はさらに安全上の注意義務を尽くさなかったことにより速やかに救急治療を行う時期を逸したと認定）は，Aの突然死の一原因をなすとしながら，他方では，検死が行われなかったため，その因果関係は不明としており，論理矛盾に陥っている。⑪は，被害児童が自ら水深の深いところで遊泳中に溺死した事案であり，その死亡と被告児童との間には因果関係が存在しない。⑮において，法院の認定によると，本件ダムでは，釣り，遊泳などが禁止されていること，Aは，経験豊かな釣り愛好家であり，釣りを行う水環境の危険度について正しい判断を行い得たことからすると，少なくとも，Aに

は過失があったといえよう。⑱は，被害児童の父親が事故現場付近に居合わせていたことに鑑みると，偶発事故と認定したことは疑問であるが，判決結果は公平責任から著しく逸脱するものではないと考える。なお，「スポーツ事故」の⑤⑥⑦⑧⑯事件に関しては，関連箇所を参照されたい。

このように見てくると，公平責任本来の適用として妥当な事案は，⑧⑩⑫⑬⑯であり，そのうち，⑧は，偶発事故の典型例だといえよう。結局のところ，偶発事故と認定できるか否かは，予見義務の範囲設定と関わっており，上記の裁判例のように，予見義務の範囲を狭く捉えれば，偶発事故と認定され得る事案が自ずと増え，公平責任の適否へとつながることになるのに対し，一般的不法行為と同様の予見義務を措定するのであれば，偶発事故と認定できる事案も少なくなるのである。

3.4 共同飲酒者責任

これには，以下の裁判例がある。①河南省扶溝県人民法院（2010）扶民初字第1032号民事判決（小学校教師 A が，Y_1の弟の結婚披露宴で同僚 Y_1～Y_6と共同飲酒後に病院で心筋梗塞により死亡。なお，お酒の勧めはなく，A はあまり飲まなかった。Y_1による3,000元の経済的補償，Y_2～Y_6による1,000元ずつの経済的補償），②山東省東阿県人民法院（2015）東民初字第711号民事判決（X が，Y_1予約のレストランでY_2～Y_5と飲酒した後，階段を降りる際に転倒。Y_2らが，X を連れて Y_1宅で休ませた後，自宅まで送り届けたが，その翌日，X が病院で長時間昏睡を伴う頭蓋内損傷と診断され，その後転院治療を受け，障害等級2級の障害と認定された。Y_2～Y_5による5,000元ずつの分担），③遼寧省朝陽県人民法院（2015）朝県民羊初字第2486号民事判決（A が，Y_1～Y_6と飲酒した後，乗用車を運転し，B 所有の停車中のトレーラーと衝突し即死。Y らによる5,000元ずつの補償），④河南省洛陽市瀍江回族区人民法院（2014）瀍民初字第644号民事判決（A が，Y_2宅で Y_1Y_2と一緒にお酒を飲んだ後に出勤し，勤務先で倒れ病院で死亡。Y_1Y_2による5,000元ずつの補償），⑤広東省恵州市恵城区人民法院（2015）恵城法仲初字第417号民事判決（A が，友人 Y_1～Y_4と一緒にお酒を飲んだ翌日にアルコール中毒により死亡。Y_1～Y_4による補償金2万元ずつの支払い），⑥甘粛省天水市中級人民法院（2016）甘05民終107号民事判決（AY_1Y_2は友人同士

であり，Aが，Y_1と2回にわたり飲酒した後，独りでY_2経営のレストランに入店し，約15分後にY_2によってタクシーに乗せられてAの住む団地の前まで送り届けられたが，その後，自宅で死亡。Y_1による認定損害額の10％＝4万元余りの補償），⑦陝西省商南県人民法院（2015）商南民初字第00133号民事判決（Aが，$Y_1Y_2Y_3$と一緒に飲酒した後，Y_1のバイクを無免許運転して帰宅する途中に自損事故を起こし死亡。Y_1による認定損害額の15％＝3万元余りの賠償，Y_2Y_3による公平責任に基づく1万元ずつの補償），⑧遼寧省開原市人民法院（2014）開民一初字第00246号民事判決（$Y_2Y_3Y_4Y_5$Bと2回にわたり飲酒していたAが，Y_2を探しに来たその夫Y_1によって頬を2回殴られ，心臓の具合が悪いことを訴え，お店の店員が救心丸を飲ませた後，救急車で病院に搬送されたが，病院で死亡。Y_1による認定損害額の20％＝10万元余りの賠償，Y_2〜Y_5による同2％＝1万元余りの賠償，精神的損害11,200元認容，Bによる和解契約に基づく7,000元の賠償），⑨山西省定襄県人民法院（2015）定民初字第139号民事判決（Y_1Y_2と飲酒したAが，バイク運転中に自損事故を起こし死亡。Y_1Y_2による2,500元ずつの補償），⑩雲南省臨滄市臨翔区人民法院（2015）臨民初字第145号民事判決（Y_1〜Y_5と飲酒したAが，Yらの制止を振り切ってバイクを運転中に自損事故を起こし，その後病院で死亡。$Y_1Y_3Y_4Y_6$による3,750元ずつの補償，本件宴会の組織者Y_5による8,000元の補償，途中で合流し殆ど飲まなかったY_2は責任なし），⑪河南省柘城県人民法院（2015）柘民初字第1565号民事判決（Aが，車両購入の際に斡旋してくれたYを招待するための宴会を開き，食事後に徒歩で自宅に戻った後，突然発病して病院に緊急搬送され，心臓・呼吸の突然停止により死亡。15,000元の補償），⑫山東省沂南県人民法院（2012）沂南民初字第960号民事判決（Xが，AYと飲酒後に無免許運転して交通事故を起こし負傷。Yによる1万元の補償，Aは自発的に16,000元を給付），⑬安徽省桐城市人民法院（2015）桐民一初字第00936号民事判決（$Y_1Y_2Y_3$を招待して飲酒したAが，飲酒運転して自損事故を起こし死亡。共同飲酒者Y_1Y_2による12,000元ずつの補償，飲酒せずに先に離席したY_3による6,000元の補償），および前出「偶発事故」における⑨⑮事件。

　この類型には，死亡事案が多く，損害結果の発生原因としては，持病によるもの，飲酒後の車両運転に伴う自損事故によるものなどが挙げられる。また，15件のうち，被害者または共同飲酒者側に過錯があると明確に認定する

も，公平責任を適用したものは6件（③⑥⑦⑩⑫⑬）ある。従来，裁判実務において共同飲酒者責任をめぐっては，過錯の不存在を理由に原告の請求を棄却するもの，被害者と共同飲酒者各自の過錯の程度に基づく分割責任を負わせるもの，共同飲酒者に連帯責任を負わせるもの，公平責任を適用するものとに分かれていた。近年，飲酒による死亡事案は後を絶たず，新聞ニュースなどでも数多く報道されており，その中には，報酬を得て宴会の主催者等に代わって飲酒することを副業ないし生業とするものもある。これは，中国社会の飲酒文化とも深く関わっているといえようが，関係者による自発的な補償ならともかく，あくまで自己責任と過失責任で処理されるべきであり，これらの事案に公平責任を持ち込むことは妥当でないと考える。

　従って，共同飲酒者責任については，不法行為の原点である過失責任で処理すべきであり，過失がなければ免責されることになる。その際には，共同飲酒者の注意義務の射程がどこまで及び得るかという問題が存する。飲酒に伴う死亡事案が多発している中，飲酒者は，飲酒によって生じ得る損害結果について予見すべきであったといえよう。また，飲酒者同士では，共同飲酒という先行行為により，互いに飲み仲間が飲みすぎないように配慮すること，無理やり酒を勧めないこと，飲酒後の車両運転などの危険な行為を制止すること，異変が生じた場合は，速やかに救護措置を講じ，病院で治療を受けさせることなどの注意義務を負っていると考えられる。これらの作為・不作為義務を尽くしたならば，免責されるべきであり，当該義務を尽くさな

---

23) この点，④は判旨において，「本件において，Aは，飲酒後に死亡しており，且つ，死因は，嘔吐物による窒息に伴う呼吸循環器不全であるため，その死亡結果と飲酒との間には因果的関連が存在する。Aは成人として，飲酒が身体に与える損害を認識すべきであったにもかかわらず，依然として酒の量を制御できなかったため，死亡結果の発生について全部の責任を負わなければならない」と指摘し，⑤は，「Aは成人として，自身の酒量について十分に認識すべきであり，自身の飲酒行為による結果を予見しかつそれを制御できたのである。〔中略〕$Y_1Y_2Y_3Y_4$には，お酒を勧める行為がなかったとはいえ，Yらは，Aが過度に飲酒した後，賃借している部屋にAを独りのままにさせておき，援助〔幇助〕・介護〔照顧〕の義務を尽くしておらず，よって，Aの死亡という結果をもたらし，XらとYら間の利益のバランスが崩れることになった」と述べる。これらの記述からは，被害者または共同飲酒者に過失があったと考えられるが，それにもかかわらず，公平責任を適用したことは不当である。

かったならば，その態様に応じて，各自の過失に基づく分割責任または連帯責任（共同不法行為）を負わせるべきであろう。そのため，何より過錯の認定を厳格にすべきであり[23]，過錯が存在するのであれば，過錯責任を適用してその過錯の中身（注意義務違反の具体的内容）を明確に指摘すべきである。そうすることにより，飲酒者の予見可能性を高め，法的責任の所在を明確にすることができ，泥沼と化した公平責任の適用問題から抜け出すことができる。飲酒者同士に過錯がない場合に公平責任を持ち込んでしまうと，責任の所在が曖昧になり，陋習ともいうべき飲酒「文化」を断ち切るどころか，それを助長しかねないのである。

3.5 遊戯または遊泳中の被害

これには，以下の裁判例がある。①上海市浦東新区人民法院（2013）浦民一（民）初字第22398号民事判決（某専門学校の同級生XYが戯れ中に，YがXを背負うことになったが，Xの体重を支えきれずにXYともに転倒し，Xの前歯が2本折れ，義歯の製作費等の費用を支出。損害の50％＝18,000元弱の賠償），②河南省平頂山市中級人民法院（2014）平民三終字第187号民事判決（Aが，沙河で洗い物をしていたところ，足を滑らせて川に転落し溺死。本件河川の管理者Y_3による2万元の補償），③内蒙古自治区通遼市中級人民法院（2014）通民終字第309号民事判決（共同遊泳者に対する請求棄却。Aが，友人$Y_2Y_3Y_4$と一緒にY_1経営の池で入浴遊泳中に溺れ，$Y_2Y_3Y_4$が速やかに救助措置を行ったが，Aを助け出すことができずA溺死。Y_1による損害の25％＝62,267元の賠償），④湖南省常徳市鼎城区人民法院（2013）常鼎民初字第1563号民事判決（未成年者AY_1Y_2が，一緒にダムで遊泳中にAが水深の深いところに落ちて溺死。Y_1Y_2の監護人による2万元ずつの分担），⑤陝西省靖辺県人民法院（2015）靖民初字第02733号民事判決（小学生XY_1が戯れている中で，Xが転倒し鎖骨を骨折＝障害等級10級。なお，X転倒負傷の原因は不明。Y_1およびその両親Y_2Y_3による認定損害額の30％＝16,926元の賠償，5,000元の精神的損害賠償請求を全額認容），⑥江西省贛県人民法院（2015）贛民一初字第57号民事判決（Aが，$Y_1Y_2Y_3$と一緒に川で遊泳中に溺死。$Y_1Y_2Y_3$による認定損害額（精神的損害3万元を含む）の10％＝54115.1元ずつの支払い），⑦福建省光澤県人民法院（2015）光民初字第927号

民事判決（棄却。未成年者 AY_1Y_2 が，竹の筏で川を下っていたところ，筏が川岸の石と接触して転覆。その間，A は，ある石の上に登り，Y_1Y_2 は，筏に掴まったまま川の下流で救出されたが，A は，2 日後にさらに下流のあるところで，遺体として発見された），⑧寧夏回族自治区呉忠市利通区人民法院（2014）呉利民初字第19号民事判決（未成年者 AB$Y_1Y_2Y_3$ が黄河の近辺で水遊び中に，双子 AB が溺死。10万元の賠償請求に対し，$Y_1Y_2Y_3$ それぞれ，32,000元，28,000元，15,000元の補償）および⑨前出「偶発事故」における⑪事件。

　この類型は，成人同士に関する裁判例3件（①②③）と，未成年者同士に関する裁判例6件（④～⑨）からなっている。そのうち，①は，XY ともに，体重を支えきれないことによる転倒負傷を予見できた事案であり，過失相殺による処理が可能である。②において，本件河川の近くで62年も生活してきた A が，当該河川の川岸で洗い物をしていたとき，安全な場所を選択しなかったことにより，足を滑らせて川に転落したのであり，A には明らかに過錯が存すると認定する一方，Y_3 は，本件河川について管理上の職責を負っているものの，A の死亡については過錯がないとされた。③において，A は，自身の溺死という損害結果について予見可能性と結果回避可能性があったとして過錯があるとされ，共同遊泳者 $Y_2Y_3Y_4$ は，必要な救助義務を履行したとして過錯がないとされた一方，警告標識の不設置という Y_1 の過錯行為と A の死亡との間には一定の法的因果関係があるとして，Y_1 のみに過失責任を適用した。④は，Y_1Y_2 は，その年齢および知力と合致する選択を行っていない（助けを呼ぶかまたは電話で通報するなどして，最も有利な救助時間を勝ち取ることができておらず，よって，A の命を取り戻す最後の機会を逃してしまった）と指摘するも，Y らには過錯なしと認定した。⑤は，因果関係と過錯の存否が不明な事案において，過錯なしと認定し公平責任を適用したものである。⑥は，死亡前に2年間働いていた15歳未満の A が，成人である Y らと泳いでいるときに溺死した事案であり，Y らが A と一緒に泳いだことと，A の溺死との間には因果関係がなく，Y らは救助義務を尽くしており，A の死亡について，A および Y らはいずれも過錯がないとされた。⑦は，権利侵害責任法に定める類型以外には公平責任を適用できないとして，原告の請求を棄却した。⑧の具体的事案としては，率先して下流の

深いところで泳ぎ始め，冗談めかして自分が水に溺れると称して他の者に救助を求めたY_2を救助しようとしたBが，水に溺れ，さらにBを救助しようとしたAが水に溺れてABが溺死し，その間，Y_1は何ら救助措置を行わず，Y_2Y_3は積極的に相応の救助措置を行ったというものである。なお，Xらの賠償請求に対し，Yらの監護人らは，その答弁において異議なしと述べており，原告と被告間では既に一定の合意に達していることが分かる。

　この類型は，共同飲酒者責任とも一定の類似性を有しており，原則として，自己責任と過失責任が適用されるべきである。また，未成年者の場合は，具体的事案と行為の態様（救助措置を含めてその年齢に相応しい行動を採っていたか否かなど）を考慮し，その程度に応じて監護人責任の有無および賠償額を決めることが妥当だと考える。

3.6　安全保障義務関連

　これには，以下の裁判例がある。①重慶市石柱土家族自治県人民法院（2012）石法民初字第00105号民事判決（Y小学校の生徒Aが，給食時に配布した4袋の牛乳を飲み，翌日の転院中に死亡。なお，検死によって死因は，胃穿孔，急性腹膜炎とされた。2万元の補償），②広東省広州市中級人民法院（2011）穂中法民一終字第773号民事判決（精神分裂病に罹患していたAが，入院先のY病院で首吊り自殺。認定損害額の10％＝42,000元弱の賠償），③上海市浦東新区人民法院（2010）浦民一（民）初字第13776号民事判決（Xが，Y会社経営の店舗前で商品を購入する際に，転倒し負傷。なお，Xの転倒原因は不明。4万元の補償），④江蘇省南京市中級人民法院（2015）寧民終字第2216号民事判決（AとY_1が，Y_2経営の養魚池で釣りをしていたところ，Y_1の竿が切れ，Aがその竿を拾うために養魚池に入ったところ，溺死。1審の判決結果認容，ただし<u>過失責任適用</u>。Y_1Y_2による認定損害額の5％＝34,914元ずつの補償），⑤天津市南開区人民法院（2015）南民初字第5611号民事判決（Xが，Y_1経営のスキー場内に設置してあったベルトコンベアの搭乗口付近で転倒し負傷。Y_1による認定損害額の50％＝2810.6元の分担，輸送サービスしか行わなかったY_2は責任なし），⑥広東省珠海市香洲区人民法院（2013）珠香法湾民一初字第1000号民事判決（Xが，Y個人が経営する携帯販売店主催の販促キャンペーン活動に参加し，Yの

店員Aと腕相撲を行う中で左上腕骨を骨折。認定損害額の20％＝35,000元弱の補償），⑦北京市延慶県人民法院（2015）延民初字第07054号民事判決（Xが，Y火鍋料理店の個室で食事を終え，立ち上がろうとしたときに転倒し負傷。立替費用1,600元弱を除く2,000元の補償，両者合わせて認定損害額の51％），⑧広西チワン族自治区宜州市人民法院（2012）宜民初字第785号民事判決（個人工商業者Yの元従業員Aが，Yが呼び掛け組織した野外バーベキュー活動に参加し，自ら川で泳いでいたところ，溺死。1万元の補償）。

　この類型はそれぞれ，小学校，精神病院，食品販売会社，池の所有者，スキー場の経営者・旅行会社，携帯販売店，レストラン，野外活動の組織者の安全保障義務関連の事案であり，そのうち，安全保障義務違反が認められたのは④の1件しかなく，それ以外はすべて，公平責任を適用して被告に対し一定の補償を命じている。そのうち，①②⑧は，因果関係の不存在を明確に指摘し，③⑦は，被害原因を確定できないとしたのに対し，⑤⑥は，因果関係の存否に言及していない。また，過錯の存否をめぐり，⑤は，XY$_1$ともに，相手方に過錯の存することを証明できていないとしつつ，XY$_1$には過錯がないという処理を行っており，⑧は，Aには重大な過錯があると認定するも，野外活動の組織者Y$_2$に補償責任を負わせている。

3.7　交通事故

　これには，以下の裁判例がある。①新疆ウイグル自治区新疆生産建設兵団農一師中級人民法院（2013）農一民終字第76号民事判決（車両衝突による車両運転者の死亡事案，保険契約成否の判断基準としての法24条），②湖北省武漢市武漢東湖新技術開発区人民法院（2012）鄂武東開民一初字第00022号民事判決（車両衝突による車両運転手の負傷事案），③広西チワン族自治区貴港市港北区人民法院（2011）港北民初字第1195号民事判決（Xが，Y所有運転する乗用車に好意同乗中，Yが交通事故を起こし，Xが障害等級1級の重傷を負った事案，認定損害額の70％＝62万元弱の賠償。なお，Yの上訴を受け，その上訴審で1審に差し戻されたが，その後の結果は不明である），④河南省鄭州市二七区人民法院（2011）二七民一初字第308号民事判決（Xが乗っていた自転車とY運転の電動車が衝突しX負傷，認定損害額の50％＝15,000元余りの支払い），⑤貴州

省遵義市中級人民法院（2014）遵市法民一終字第1104号民事判決（自損事故，その場に居合わせていただけの者に対する請求棄却，1審は医療費の20％＝1.2万元余りの補償），⑥江蘇省南京市鼓楼区人民法院（2014）鼓民初字第666号民事判決（Xが運転しその後部座席にAを乗せた電動自転車と，Yが運転するガス動力車が接触し，AXYが転倒し，X負傷。Yによる5,000元の給付），⑦北京市海淀区人民法院（2015）海民初字第5301号民事判決（公安機関による車両の差し押さえの原因を作った者に対する休業損害の賠償請求，1,000元の賠償＝認定損害額の50％）および前出「偶発事故」における⑧事件。

車両同士による交通事故の場合は，過失責任が適用され（道路交通安全法76条，法48条参照），通常，公平責任を適用する余地はない。この点，上記の裁判例について見ると，①は，保険契約の成否をめぐる契約の解釈問題であって，公平責任とは無関係であり，②も，通常の交通事故であり，公平責任とは無縁である。③は，好意同乗者の負傷事案であり，公平責任は，損害賠償額の減額調整事由として用いられており，公平責任本来の適用ではない[24]。④は，XYの過錯存否が不明な事案に公平責任を適用したものであり，⑤は，Yは行為者でなく，Xには過錯があるとして請求棄却したものである。⑥⑦はそれぞれ，Xに明確な過錯が存し，Yの過錯が証明されない事案と，Yに起因する車両の差押えにつき，公安機関とYには過錯なしとし，公平責任を適用したものである。

3.8 利他行為関連

これには，以下の裁判例がある。①広西チワン族自治区梧州市長洲区人民法院（2012）長民重字第3号民事判決（Xが，Yの唆しに従って訴外Aに硫酸を掛けて傷害を与えた後，逃走する際に転倒し負傷。5,000元の補償），②河南省太康県人民法院（2011）太民初字第023号民事判決（Y_2が，隣人の幼児Xを預かって自宅で自分の子供Y_1と一緒に遊ばせていたところ，Xが左目を負傷し左眦白膜貫通傷と診断され，その後失明。なお，XY_1は事故当時いずれも3歳であり，

---

[24] なお，Yの上訴に対し，広西チワン族自治区貴港市中級人民法院（2012）貴民三終字第38号民事裁定は，③判決を取り消し，貴港市港北区人民法院へ差し戻したが，その後の結果は不明である。

Xの負傷の原因は不明とされた。損害額の50％＝36,000元余りの補償)、③上海市奉賢区人民法院（2013）奉民一（民）初字第88号民事判決（Y所有家屋の火災を消し止める際に、X所有家屋が水浸しとなり、Xが財産的損害を被った事案。5,000元の賠償)、④重慶市第四中級人民法院（2011）渝四中法民終字第00181号民事判決（Y_1Y_2夫婦と$AY_3Y_4Y_5$との間で、Y_1Y_2宅の内外壁塗装に関する請負契約が締結され、Aら間ではその代金を均分するという個人組合関係が成立していたという本件において、AらがY_1Y_2宅の外壁塗装を行っていたところ、上記4名が踏み板の同じ方向に立っていたため、踏み板が跳ね上がり、Aらが踏み板から転落。A即死、Y_3Y_5負傷。Y_1Y_2：認定損害額の40％＝58463.8元の賠償責任、$Y_3Y_4Y_5$：同15％＝21923.93元ずつの賠償、過失責任)、⑤安徽省亳州市中級人民法院（2015）亳民一終字第00828号民事判決（XYは婚約者であったが、Xが結婚式の前日に車を運転してYの姉のところに結婚祝い物を受け取りに行く途中、突然脳溢血を発症し50万元余りの医療費を支出。5万元の補償)、⑥河南省郏県人民法院（2015）郏民初字第01746号民事判決（Xらの親族Aが、車にBを乗せて共同の友人であるYに、結婚のお祝い物を送り届けた後、Yが、ABに現地のホテルを用意し、翌日朝に自身の結婚式を手伝うよう頼んでいた。ところが、当日の深夜にAがBを乗せて車を運転中に自損事故を起こし、AB即死。なお、Aが何故当日の夜に車を運転したかは不明。5,000元の補償)。

　この類型は、（ⅰ）他人の利益または共同の利益に関わる活動などにより、被害を受ける場合（①②③④⑤)、（ⅱ）他人の利益または共同の利益に関わる活動を契機として、それとは無関係の損害が生じる場合（⑥）に分け

---

25) そのうち、②は、典型的な隣人訴訟であり、Xが左眦白膜貫通傷と診断されたこと等の状況証拠からは、Y_1によってXが負傷したと推認できた事案と考えられるが、法院は、それについては触れずにY_1Y_2ともに過錯がないとして公平責任を適用したが、その額は、通常の監護人責任を負わせた場合と変わらない額となっている。また、④のような組合員被害に関しては、無過失のその他の組合員が適切な経済的補償を与えるべきことを述べた最高人民法院の関連司法解釈（「個人組合員が経営活動の従事中に不注意によって死亡した場合において、その他の組合員は民事責任を負うべきか否かという問題についての最高人民法院の回答」（〔1987〕民他字第57号、1987年10月10日））が存在しており、現在も有効である。当該回答は実質的に、公平責任の1つの具体的適用場面を明確にしたものである。もっとも、④では、注文者と請負人（個人組合員）に過錯があるため、過失責任が適用された。

ることができる。（ⅰ）のような場合に，公平責任を適用することは可能だと思われる[25]が，（ⅱ）のような事案に公平責任を適用することは疑問である。

3.9 医療過誤関連

これには，以下の裁判例がある。①河南省開封市鼓楼区人民法院（2010）鼓民初字第660号民事判決（Xは，1993年に2度にわたりY病院で輸血を受けていたが，2009年になって他の病院の検診で慢性C型肝炎に罹患していることが判明。そこで，Xは，Yの輸血上の瑕疵によって自身が慢性C型肝炎に罹患したとして，Yに対する損害賠償訴訟を提起し，その後の法院調停によりYから32,000元が支払われた。本件訴訟は，XがYに対して慢性C型肝炎の継続治療費と交通費の合計83,000元余りの賠償を求めるものである。4万元余りの支払い），②広西チワン族自治区都安瑶族自治県人民法院（2011）都民初字第342号民事判決（当時6歳であったXらの娘Aが，Y病院で急性上呼吸道感染および頭蓋内感染の疑いがある頭痛嘔吐と診断され，同病院で入院治療を受けることになったが，入院した翌日に危篤状態となり，上級病院へ転院中に死亡。認定損害額の40％＝37,500元の賠償），③陝西省延安市宝塔区人民法院（2015）宝民初字第00994号民事判決（Xは，A会社の臨時雇用者であり，同会社の車両を運転中に自損事故を起こし，肋骨骨折によりY病院で入院治療を受けた。その後，Y病院で固定物摘出手術を受けたところ，半身不随となり，障害等級2級の認定を受けた。なお，Xは，別訴のAとの労務提供者被害責任紛争において，Aから1694174.19元の賠償を受けた。また，Y病院との間では，Xが1年間自宅療養することに関する調停契約が締結され，Yが，毎月生活費4,000元と看護費6,000元を貸し出すことなどが合意され，本件係争中まで，実際に270,000元が支給された。その後，Xが，Y病院に対し，精神的損害68,574元を含む合計1678613.8元の賠償を求めて提訴。司法鑑定機関による認定損害額の40％＝40万元余り（支給済みの27万元を含む）の給付）。

上記事案3件のうち，①②は，過錯と因果関係の存否が不明な事案に公平責任を適用しており，③は，Yには医療過誤がなく，Yの手術行為とXの半身不随との間には因果関係が存在するとされ，因果関係の寄与度が不明確

であることを補完する手段として，公平責任が用いられている。

3.10　その他
　これには，以下の裁判例がある。①河北省廊坊市中級人民法院（2016）冀10民終705号民事判決（環境汚染責任紛争，Y_1Y_2工場の排水と豪雨による梨園経営者の経済損害，Y_1Y_2による5万元ずつの給付），②北京市豊台区人民法院（2014）豊民初字第16018号民事判決（飼育動物損害責任紛争，ブルドッグの飛び出しに驚き転倒負傷，犬の所有者Y_1と管理者Y_2による5万元の補償），③上海市崇明県人民法院（2012）崇民一（民）初字第4780号民事判決（Yが耕作地に農薬を散布した当日の夜に，小川を挟んで10m離れていたXの養殖場のエビが不良反応をし始めて数日後に全滅。認定損害額26万元に対し，16万元の賠償），④広西チワン族自治区防城港市中級人民法院（2012）防市中民一終字第80号民事判決（Aは，タイヤの販売を行っている個人工商業者であり，Yは，タイヤの修復等の業務を取り扱う個人工商業者である。Aが，Yが修復したタイヤを顧客の車輪にはめようとしたとき，タイヤが爆発しA死亡。1審は35.6万元余りの賠償，2審は8万元の支払い），⑤湖南省益陽市中級人民法院（2012）益法民一終字第44号民事判決（水道と暖房機材の販売設置等を行う個人工商業者Xが，Yのために給水パイプを設置中にY提供の梯子から転落し負傷＝障害等級2級の重傷。認定損害額15％すなわち154888.5元の賠償，精神的損害5,000元認容，<u>過失責任</u>），⑥吉林省松原市中級人民法院2011年11月30日民事判決（Yの工場内にある簡易住宅に住んでいた季節労働者Xが，原因不明の火災により焼死。認定損害額10％＝18,000元弱の補償），⑦河南省安陽市中級人民法院（2011）安民一終字第481号民事判決（Y工場の西側塀と隣接していたXの地下養鶏場が，豪雨によって崩落。Y工場は，南塀側に排水溝を掘って排水しており，同排水は同工場の西側に流れていった。3万元の補償），⑧浙江省寧波海事法院（2011）甬海法温事初字第3号民事判決（Aが，Yと共同で漁船を購入し，カニの共同捕獲作業に従事中に不慮の事故により海に転落し死亡。7万元の補償），⑨河南省獲嘉県人民法院（2011）獲民初字第157号民事判決（Xの息子Aの原因によって，AYがけんかとなり，AY間で身体の接触があった後，Aが突然倒れ病院で死亡。なお，公安局の捜査によると，Aには明確な外傷がなく，他殺の痕跡はない

とされたほか，XはAの検死に同意しなかった。死亡賠償金と被扶養者の生活費の合計額の10％＝約12,000元の補償），⑩天津海事法院（2013）津海法事初字第16号民事判決（Y_1が，Y_2から賃借中の漁船を運転してABと一緒に漁に出たが，Aが海に潜って漁をしていた途中に溺死，Y_1AB間の関係不明。なお，Xらは本訴前に，Y_1Bから1万元ずつの給付を受けた。Y_1による5万元の給付），⑪北京市房山区人民法院（2015）房少民初字第14032号民事判決（当時13歳と19歳のXYが，Yの下宿先で性関係に及んだ後，Xが妊娠し，双方の両親の間で話し合いが行われるも不調に終わる。その後，Xが妊娠中絶を行い，強姦を理由にYを刑事告訴したが，証拠不十分として不受理処分が下された。そこで，Xが，Yに対して精神的損害賠償8万元を含む合計93584.2元の賠償を求めて提訴。医療費3208.9元，栄養費600元，看護費800元の合計4608.9元の給付），⑫安徽省亳州市譙城区人民法院（2013）譙民一初字第01963号民事判決（XABは未成年者であり，Xの弟AとYの甥Bが遊んでいるときに，Bが腕を負傷したため，Yが，X宅を訪ねて事情を説明した。当時，XAの両親は不在であり，Yが帰った後にXがヒステリーを起こし，精神異常を来して入院治療を受けることになった。認定損害額2275.62元の50％すなわち1137.81元の補償），⑬河南省開封市人民法院（2013）汴民初字第979号民事判決（原因不明の火災により建物にあった財産が滅失した事案における，同建物の貸主Xの賃借人Yに対する損害賠償請求。なお，Yは入居後に電気工事を行い，一部の照明器具の取り換えと修理を行っていた。財産的損害の50％＝7.5万元の賠償）。

　これらの事案は，多岐にわたっている。そのうち，①は，本件豪雨は不可抗力であると肯定しつつ，Xの10万元の連帯賠償請求に対し，Y_1Y_2に5万元ずつの分割責任を負わせており，不可解な結果となっている。②は，飼育動物損害に関する法78条・79条で処理可能であり，公平責任を持ち出すまでもない。⑤は，XY間では給水パイプの設置に関する請負契約が成立したと認定し，XYにはそれぞれ過失がある（過失割合は17：3）として，公平責任を適用した1審判決を取り消した。

　また，公平責任を適用したその他の裁判例における判断基準ないし考慮要素は，次の通りである。すなわち，Yの農薬散布行為とXの損害との間には因果関係が存在すること，XYともに過錯がないこと，損害の程度

(③)，本件タイヤの爆発原因を特定できないこと，Yのタイヤ修復行為が，Aの死亡結果について過錯を有する行為であることを証明できる証拠がないものの，両者間に因果関係が存し得る可能性を排除できないこと，本件タイヤの品質問題の所在を特定できないこと（④），Xらが，Yに過錯があることを証明できていないこと，Yが，15,000元の補償を与えることに同意していること，Y工場の休業期間中，AY間には雇用関係が存しないこと（⑥），Xの地下養鶏場の崩落と，Y工場内の排水との間には一定の因果関係が存すること，Y工場の排水施設の設置が先であり，Xの地下養鶏場の建築が後であること，XYともに過錯がないこと，Yが，2万元の援助に同意していること，近隣同士における紛争の適切な解決（⑦），Aの死亡によってXらに生じた経済的損害，AYともに事故の発生について過錯がないこと，本件漁船が漁業相互保険に加入していることおよび漁船による収益状況等の要素（⑧，個人組合関係事案），Yの過錯が証明できていないこと，YA間の身体接触は，A死亡の誘因であり，YとAの死亡との間には一定の因果関係が存すること，YA間のけんかは，Aによって惹起されたものであること（⑨），Y_1が，Aの死亡について過錯が存することが証明できていないこと，共同作業者間では，相互に補助し保護すべきであること，双方当事者の経済状況，Xらが，既にY_1Bから2万元を受け取っていること（⑩），Yの行為は不当であるとはいえ，未だ法的評価における過錯の程度までには達していないこと，未成年者であるXが，心身に比較的大きい傷害を受けていること，Yの行為によってXの傷害結果が生じたこと（⑪），Xの損害について，XYに過錯が存することを証明できる証拠がないこと，Yの行為とXの損害結果との間には，ある種の事実的関連があること（⑫），Yの施工行為と本件火災との間には「一定の可能性」が存すること，Xの損害は比較的大きいこと，XYは，本件火災の発生についていずれも明確な過錯が存しないこと，Xに全部の責任を負わせることは，明らかに公平を失すること（⑬）である。

4．結びに

　これまで見てきたように，公平責任関連の事案類型は多岐にわたってお

り，公平責任に関する一般規定である民法通則132条と権利侵害責任法24条は，公平責任に関する現行法上の関連規定以外の事案にも適用されていることが分かる。このことは，公平責任を単なる損害分担ルールとして捉え，公平責任の具体的適用場面を実定法上の関連規定に限局しようとする主張とは相反する結果となっている。

　これらの事案に公平責任を適用できるかどうかを考えるにあたっては，まずもって，当該事案に過失責任または無過失責任を適用できるか否かを見極める必要があり，両者を適用できない場合に初めて，公平責任の適用要件――①実際に損害が生じていること，②被害者と行為者ともに，損害の発生について過錯が存しないこと，③実際の状況に基づいて損害分担を定めること，④被害者側に全部の損害を負わせることが，明らかに公平を失すること，⑤因果関係の存在――を満たしているか否かを判断すべきである。このことは，その他の個別事案にも妥当すると考える。

　しかし，大多数の裁判例においては，被害者救済という価値判断が先行したが故に，性急に過錯がないと認定されるかまたは過錯の存しないことがアプリオリに当然に前提されている。このように，過錯有無の認定が厳格でなく，「公平責任への逃避」がみられる。もちろん，法院がこのような処理を行うことには理由がある。それには，過錯なしと宣言する代わりに，被告に対して一定の譲歩を迫り，被告から公平責任に基づく補償を引き出そうとする法院の思惑が存在するように思われる。結局のところ，公平責任を適用した裁判例は，判決の形式を採っているものの，その実質は法院主導による調停であるといえよう。このことはまた，中国の民事裁判には未だ職権主義が色濃く残っており，当事者主義へ完全に移行できていないことを意味する。

　また，公平責任の要件としての因果関係の存否については，全体として重視されない傾向にある。このことは，過錯存否の認定と同様，裁判実務において，公平責任が正しく適用されない一要因となっている。たとえ，公平責任にあっても，事実的因果関係の存在は必要であり，そうでなければ，公平責任の適用範囲が無限に広がる恐れがある。もっとも，労務提供者の被害事案に見られるように，行為者の行為が存在しておらず，被害者が損害を受けたことと行為者が利益を得ていることしか存在しないような場合には，その

他の要件を充足すれば足り，因果関係は不要であると考えるべきであろう。そして，あらゆる証明手段を尽くしても，過錯または因果関係の存否が真偽不明の状態にあり，且つ，被害者にはその他の救済手段が全く存在しないような事案にも，公平責任を適用できると考えられる。

　今後，中国において，各種保険と社会保障制度の完備により，公平責任の適用範囲は縮小されることが予想される。しかし，それらによって公平責任自体が完全になくなるとは考えにくい。何故なら，これまで公平責任によって処理されてきた損害のすべてを，保険や社会保障によって全部カバーすることはできないからである。また，社会的効果と法的効果の統一という結果の具体的妥当性を重視してきた人民法院の裁判実務慣行，紛争解決・社会の調和安定の維持という司法の役割，中国社会に存する社会連帯の思想および汎道徳主義[26]などにより，公平責任の重要性が減殺されることはない[27]と，考える。

　現在，中国においては，第5度目の民法典編纂作業が再開され，2020年までの制定が目指されている。そうした中，将来の民法典において公平責任の規定が引き続き存置されるか，それとも，削除されるかを含め，今後の動向に注目したい[28]。

---

26) これらは，本章で取り上げた多くの裁判例においても確認できる。例えば，「YにXの損害の一部を分担させることは，わが国の社会主義によって認められている公平正義，誠実信用，互助友愛，扶貧済困の伝統的美徳と合致し，調和が取れて安定した社会関係の構築に有利である」（労務提供者被害⑭），「当事者間の利益の均衡を図り，法律上の公平正義を体現し，人道主義的精神を発揚し，社会の調和安定を促進するため」（スポーツ事故⑩），「傷害があれば責任の負担主体があるという基本的な道理に基づき」（スポーツ事故⑯），「Yがその遺族に対して適切な補償を与え労わることは，合法的で情に適い合理的である。悲劇は既に起きてしまい，亡くなった者が生き返ることはできず，衝突が再び起きるならば，徒に生きた者の平穏を損なうこととなり，何の役にも立たないだけでなく，親睦をも損ない，誠に取るに足りないのである。紛争を解決し訴訟を抑え，互いに理解し譲歩することこそ，理に適うものである」（その他⑧）などが，それである。

27) 田中信行編『入門中国法』（弘文堂，2013年）52頁〔文元春執筆部分〕参照。

28) その後，権利侵害責任法24条の規定は，若干の文言修正（「実際の状況に基づいて」⇒「法律の規定に従い」）を経て，「民法典各則編（草案）」（「第6編権利侵害責任・第2章責任の負担」）962条および「民法典権利侵害責任編（草案二次審議稿）」（「第2章損害賠償」）962条に存置されている。

第 2 部　補充責任

第1章　関連規定

＊下線および強調は，文によるもの。以下，同じ

1．関連草案の規定

1.1　「債権債務の通則第二次稿（別案）」（1957年1月9日）「第1部分　通則，第2部分　契約，第3部分　その他の原因によって生じる債権債務（1）<u>不法行為によって生じる債権債務（第69条～第81条）</u>，（2）事務管理によって生じる債権債務，（3）不当利得によって生じる債権債務」

73条　「①動物が他人に損害を与えた場合は，動物の管理者又は所有者が賠償責任を負う。②建築物及びその他の物の設備に瑕疵があるか又はその管理が不当であることによって他人に損害を与えた場合は，その物の所有者が賠償責任を負う。③前二項の規定に基づき，管理者又は所有者が賠償責任を負う場合において，損害が第三者の過錯によって生じたときは，管理者又は所有者は，当該第三者に対し賠償責任の負担を求めることができる。」

〔別案〕「動物が他人に損害を与えた場合又は建築物及びその他の物の設備の瑕疵，不当な管理によって他人に損害を与えた場合は，その物の所有者が賠償責任を負う。所有者は賠償した後，責任を負うべき管理者又は第三者に対してその償還を求めることができる。」

〔注1〕第1項と第2項を1つの項に統合し，動物，建築物とその他の物に分けてはならず，単に「物」と総称すべきであり，責任を負う者についても概括的に記述すべきである。

〔注2〕建築物，動物とその他の物が損害を生じさせた場合は，まずもって<u>直接の責任を負う者が責任を負い，その者が責任を負えないかまたは責任を負うことが難しいときにはじめて，所有者が責任を負うべきである</u>[1]。

1.2 「損害賠償（または，不法行為によって生じる債権債務に改める）〔第三次草稿〕」（1957年2月10日）

5条「①行為無能力者が他人に損害を与えた場合は，その者の法定代理人が賠償責任を負う。②制限的行為能力者が他人に損害を与えた場合は，その者自身が賠償責任を負う。（その者が）賠償できないか又は賠償が足りないときは，その者の法定代理人が賠償責任を負う。」

〔注〕一部の者は，ほかに「故意又は過失によって自身を一時的に意思能力のない状態に置かせしめることにより他人に損害を与えた者は，賠償責任を負わなければならない」という1つの項を増設すべきことを主張した[2]。

1.3 「権利侵害責任法草案」

1.3.1 「中華人民共和国民法（草案）権利侵害責任法編」（2002年12月17日第9期全国人民代表大会常務委員会第31回会議）「第10章 権利侵害責任主体に関する特別規定」

65条「①旅館，銀行の顧客および列車の乗客が，旅館，銀行または列車内において，他人による侵害を受けた場合，その権利侵害者は，権利侵害責任を負わなければならない。②権利侵害者を確定できないかまたは権利侵害者に賠償責任を負う能力がない場合において，旅館，銀行，列車の所有者または経営者が保護義務を尽くしたときは，責任を負わない。保護義務を尽くさなかったときは，補充賠償責任を負わなければならない。」

1.3.2 「中華人民共和国権利侵害責任法（草案）（2次審議稿）」（2008年12月22日第11期全国人民代表大会常務委員会第6回会議）「第4章 責任主体に関する特別規定」

35条「①旅館，レストラン，商店，銀行，娯楽施設等の公共場所の管理人が，安全保障義務を尽くさず，他人に損害を生じさせた場合は，権利侵害責任を負わなければならない。②前項に定める公共場所において，第三者の行為によって他人に損害を生じさせた場合は，その第三者が権利侵害責任を負う。管理人が安全保障義務を尽くしたときは，権利侵害責任を負わない。安

---

1) 何勤華ほか編『新中国民法典草案総覧（上巻）』（法律出版社，2003年）226頁。
2) 同前243頁。

全保障義務を尽くさなかったときは，相応の権利侵害責任を負うものとする。」

38条　「民事行為無能力者または民事行為制限能力者が，幼稚園，学校またはその他の教育機関における学習・生活期間中において，幼稚園，学校またはその他の教育機関以外の者による人身損害を受けた場合は，権利侵害者が権利侵害責任を負う。幼稚園，学校またはその他の教育機関が，管理の職責を尽くさなかったときは，相応の賠償責任を負うものとする。」

1.3.3 「中華人民共和国権利侵害責任法（草案）（3次審議稿）」（2009年10月27日第11期全国人民代表大会常務委員会第11回会議）「第4章　責任主体に関する特別規定」

37条：権利侵害責任法37条と同文
40条：権利侵害責任法40条と同文

1.3.4 「中華人民共和国権利侵害責任法（草案）（4次審議稿）」（2009年12月22日第11期全国人民代表大会常務委員会第12回会議）「第4章　責任主体に関する特別規定」

37条：権利侵害責任法37条と同文
40条：権利侵害責任法40条と同文

2．学者建議稿

2.1 「中国民法典草案建議稿」（中国社会科学院法学研究所版）[3]

「第5編不法行為　第63章一般規定第3節因果関係と共同不法行為」

1618条（安全保障義務者の補充責任）　「①民事上の主体の人身又は財産が損害を被った場合は，その加害者が，賠償責任及びその他の関連責任を負う。②加害者を確定できないか又は加害者に賠償責任を負う資力がない場合は，被害者の人身又は財産に対して安全保障義務を負う者が，補充責任を負う。

---

[3] 梁慧星主編『中国民法典草案建議稿（第3版）』（法律出版社，2013年）333-334頁，梁慧星主編『中国民法典草案建議稿附理由：侵権行為編』（法律出版社，2013年）29頁（初出は，法学研究2002年2期135頁以下）。いずれも，張新宝教授の執筆によるものであり，その内容には変更がない。

ただし，その義務者が，自己に過錯のないことを証明できたときは除く。」

2.2 「中国民法典草案建議稿」(中国人民大学版)[4]

「第8編不法行為　第2章特殊の自己責任第1節安全保障義務違反の権利侵害責任」

1856条（安全保障義務の定義）「①宿泊，飲食，娯楽，金融，旅行等の経営活動およびその他の社会活動に従事する自然人，法人およびその他の組織は，合理的な限度範囲内において，その顧客または活動に参加する者の人身と財産上の安全に配慮し保護する義務を負う。②前項の義務を負う自然人，法人およびその他の組織を安全保障義務者という。」

1857条（安全保障義務の判断基準）「安全保障義務における合理的な限度の範囲については，以下の基準に基づいてこれを確定しなければならない。（1）義務者が利益を得ているかどうか。（2）危険または損害行為の出所。（3）危険または損害の予防・制御のコスト。（4）社会通念。」

1858条（安全保障義務者の損害賠償責任）「安全保障義務者は，安全保障義務を尽くさなかったことによって，顧客または活動に参加する者の人身または財産上の権利と利益を直接侵害した場合は，損害賠償責任を負わなければならない。」

1859条（安全保障義務者の連帯賠償責任）「安全保障義務者が安全保障義務を尽くさなかったことによって，顧客または活動に参加する者の人身または財産が，第三者による侵害を被った場合は，<u>不法行為を行った第三者と安全保障義務者が連帯賠償責任を負う</u>。安全保障義務者が，その範囲を超えて責任を負った場合は，第三者に対して求償することができる。」

2.3 「中華人民共和国権利侵害責任法草案建議稿」(楊立新版)[5]

「第3章過失が推定される不法行為　第4節安全保障義務違反の不法行為」

89条（安全保障義務者の権利侵害責任）「①宿泊，飲食，娯楽，金融，旅行等

---

4) 王利明主編『中国民法典草案建議稿及説明』（中国法制出版社，2004年）240-241頁。
5) 楊立新主編『中華人民共和国侵権責任法草案建議稿及説明』（法律出版社，2007年）22-23頁。

の経営活動およびその他の社会活動に従事する自然人，法人およびその他の組織は，合理的な限度範囲内において，その顧客または活動に参加する者の人身と財産上の安全に配慮し保護する安全保障義務を負う。②安全保障義務者が合理的な限度範囲内における安全保障義務を尽くさなかったことによって，顧客または参加者の人身または財産が損害を被った場合は，権利侵害責任を負わなければならない。」

90条（安全保障義務の判断基準）「安全保障義務における合理的な限度の範囲については，以下の基準に基づいてこれを確定しなければならない。（1）安全保障義務者が利益を得ているかどうか。（2）危険または損害行為の出所およびその強度。（3）安全保障義務者の危険または損害を制御・防止する能力。（4）被害者が経営活動または社会活動に参加する具体的状況。」

91条（安全保障義務者の補充責任）「①安全保障義務者が安全保障義務を尽くさなかったことによって，顧客または参加者の人身または財産が，第三者による侵害を被った場合は，不法行為を行った第三者が直接責任を負う。<u>安全保障義務者は，損害を防止しまたは制止できた範囲内において補充責任を負う</u>。②<u>安全保障義務者は，補充責任を負った後，第三者に求償することができる</u>。」

3．虚偽の資産検査証明によって会計士事務所が負う補充責任

3.1 「会計士事務所が企業のために虚偽の資産検査証明を交付した場合に如何に処理すべきか，ということに関する最高人民法院の回答」（法函［1996］56号，1996年4月4日公布施行。この文書は，2013年1月14日公布の「1980年1月1日〜1997年6月30日までの期間中に公布した一部の司法解釈及び司法解釈的性質を有する文書を廃止すること（第9陣）に関する最高人民法院の決定」により，廃止された）

「四川省高級人民法院へ

　貴院の（1994）川高法経請字第11号請訓を拝見した。研究を経て，以下の通り回答する。

　徳陽市会計士事務所は，徳陽市東方企業貿易会社のために虚偽の資産検査

証明を交付し，且つ，その証明の中で，「以上の貨幣資金および固定資産は，すでに項目ごとの検証を経て事実であることが判明しており，もし，虚偽が存するならば，わが組織が責任をもって証明金額範囲内の賠償責任を負う」と，明確に承諾している。徳陽市東方企業貿易会社は登記の際に，事実上資金と財産がなかったため，徳陽市会計士事務所は，その承諾に基づいて徳陽市東方企業貿易会社の全債務に対し，その証明金額の範囲内で賠償責任を負わなければならない。山西太原南郊化学工場が徳陽市東方企業貿易会社を訴えた購入販売代金紛争事件において，山西太原南郊化学工場が，徳陽市会計士事務所を訴訟当事者として追加するよう申し立て，且つ，徳陽市会計士事務所に対し賠償責任を負うよう求めたことは，法律の規定に合致する。審理を経て，次のように判決する。すなわち，徳陽市東方企業貿易会社が債務を負担した後，債務弁済額の足りない部分については，徳陽市会計士事務所がその証明金額の範囲内で賠償責任を負わなければならない。

　また，たとえ，会計士事務所が交付した虚偽の資産検査証明には特別に明記しなかったとしても，委任者，その他の利害関係者に損害を与えた場合もまた，『中華人民共和国登録会計士法』第42条の規定に基づき，法により賠償責任を負わなければならない。

右ご返事まで」

3.2 「会計士事務所が企業のために虚偽の資産検査証明を交付した場合に如何に処理すべきか，という問題に関する最高人民法院の批復」（法釈［1998］13号，1998年6月19日最高人民法院裁判委員会第995回会議採択，1998年6月26日公布・同年7月1日施行）

「山東省高級人民法院へ

　貴院の（1997）魯法経第78号請訓を拝見した。研究を経て，以下の通り回答する。

　一，会計士事務所は，国が認可し法により独立して登録会計士業務を執り行う事業組織である。会計士事務所が企業のために資産検査証明を交付することは，委任契約に基づいて実施する民事行為に属する。『中華人民共和国民法通則』第106条第2項の規定に基づき，会計士事務所が1994年1月1日

第1章 関連規定　129

以前に企業のために虚偽の資産検査証明を交付し，委任者，その他の利害関係者に損害を与えた場合は，相応の民事賠償責任を負わなければならない．

　二，<u>会計士事務所は，事件における契約当事者と直接の法律関係を有しないとはいえ，会計士事務所が虚偽の資産検査証明を交付した行為が，当事者の合法的な権利利益に損害を与えたことに鑑みると，民事責任の負担においては，まず，債務者が責任をもって弁済し，足りない部分については，さらに会計士事務所がその証明金額の範囲内で賠償責任を負わなければならない</u>．

右ご返事まで」

3.3 「会計士事務所に関わる会計検査［審計］業務活動における民事上の権利侵害賠償事件の審理に関する最高人民法院の若干の規定」（法釈［2007］12号，2007年6月11日公布・同年6月15日施行）

5条「①会計検査業務活動において，登録会計士に以下に掲げる事由の1つが存在し，事実と異なる報告を交付して利害関係人に損害を与えた場合は，会計士事務所と会計検査を受ける組織［被審計単位］は，連帯責任を負うと認定しなければならない．（1）会計検査を受ける組織と悪意で通謀した場合．（2）会計検査を受ける組織の重要事項に対する財務会計処理が，国家の関連規定に抵触することを明らかに知りながら，これを指摘しなかった場合．（3）会計検査を受ける組織の財務会計処理が，直接利害関係人の利益を損なうであろうことを明らかに知りながら，これを隠匿または事実と異なる報告を行った場合．（4）会計検査を受ける組織の財務会計処理によって，利害関係人に重大な誤解が生じるであろうことを明らかに知りながら，これを指摘しなかった場合．（5）会計検査を受ける組織の会計報告表における重要事項に事実と異なる内容があることを明らかに知りながら，これを指摘しなかった場合．（6）会計検査を受ける組織が，事実と異なる報告を行うよう示唆したのに対し，これを拒否しなかった場合．②会計検査を受ける組織に存する前項第2号～第5号に列挙する行為について，登録会計士が執務準則・規則に従い，これを知ることができた場合，人民法院は，登録会計士が明らかに知っていたと認定しなければならない．」

6条　「①会計士事務所が，会計検査業務活動において過失によって実際と異なる報告を交付し，且つ，利害関係人に損害を与えた場合，人民法院は，その過失の大小に基づいてその賠償責任を確定しなければならない。②登録会計士が，会計検査の中で必要な職業上の慎重さを保たず，以下に掲げる事由の1つが存在し，且つ，報告が実際とは異なることになった場合，人民法院は，会計士事務所に過失が存すると認定しなければならない。（1）登録会計士法第20条第2号，第3号の規定に違反した場合。（2）会計検査を担当する登録会計士が，業界における一般的構成員が具備すべき専門的水準より低い水準で業務を行った場合。（3）作成した会計検査計画に明確な手落ちが存在する場合。（4）業務遂行準則・規則に基づいて必要な会計検査手続を執行しなかった場合。（5）誤り又は不正行為が存し得る形跡を発見したとき，必要な会計検査手続を追加してそれを実証するかまたは排除できなかった場合。（6）業務遂行の準則と規則に求められる重要性原則（Materiality）を合理的に運用できなかった場合。（7）会計検査のニーズに基づいて必要な調査方法を採用し，十分な会計検査データを獲得できなかった場合。（8）全体的結論に対して重大な影響を有する特定の会計検査対象について判断能力に欠けていることを明らかに知りつつ，専門家の意見を求めずして直接会計検査結論に達した場合。（9）会計検査証拠を誤って判断し評価した場合。（10）その他業務遂行の準則と規則により確定された業務手続に反する行為。」

10条　「人民法院は，本規定第6条に基づいて会計士事務所が負うその過失の程度と相応の賠償責任を確定するときは，以下に掲げる事情に照らして処理しなければならない。（1）まず，会計検査を受ける組織が，利害関係人の損害を賠償しなければならない。会計検査を受ける組織の出資者が，出資を偽り，実際とは異なる出資を行うか又は出資を引き揚げ，その後不足額を補っておらず，且つ，法により会計検査を受ける組織の財産について強制執行を行うも，依然として損害を賠償するに足りないときは，出資者は，出資を偽り，実際とは異なる出資を行うか又は出資を引き揚げた金額の範囲内で，利害関係人に対して<u>補充賠償責任</u>を負わなければならない。（2）法により会計検査を受ける組織，出資者の財産に対して強制執行を行った後，依

然として損害を賠償するに足りないときは，会計士事務所が，実際と異なる会計検査を行った金額の範囲内で相応の賠償責任を負わなければならない。
（3）会計士事務所が1人又は複数の利害関係人に対して負う賠償責任は，実際と異なる会計検査を行った金額をその限度とする。」

4．金融機関が負う補充責任

4.1 「金融機関が，行政機関がその開設を認可した会社のために提供した登録資本金の資産検査報告が事実と異なる場合に責任を負わなければならないかという問題に関する最高人民法院の批復」（法復［1996］3号，1996年3月27日公布施行）

「四川省高級人民法院へ

　貴院の川高法［1995］194号『金融機関が，行政機関がその開設を認可した会社のために提供した登録資本金の資産検査報告が事実と異なる場合，その会社が債務超過に陥ったときの弁済責任を負うべきか否かという問題に関する請訓』を拝見した。研究を経て，以下の通り回答する。

　金融機関が，行政機関が交付した登録資本金証明に基づき，当該行政機関がその開設を認可した会社のために事実と異なる資産検査報告を交付した場合において，その会社が債務超過に陥ったために債務を弁済する能力がなくなり，債権者に損害を与えたとき，金融機関は，受け取った資産検査手数料を返却するほか，さらに当該登録資本金の範囲内で自身の過錯と相応する民事責任を負わなければならない。金融機関が，資産検査手続に従い審査確認を行ったのに対し，その会社が登記後に資金を引き揚げたときは，金融機関は，資産検査手数料の返却と損害賠償の責任を負わない。」

4.2 「最高人民法院の預金証書紛争事件の審理に関する若干の規定」（法釈［1997］8号，1997年11月25日最高人民法院裁判委員会第946回会議採択，1997年11月25日公布・同年12月13日施行。以下，「預金証書紛争規定」という）

6条　「預金証書を表現形態とする金銭消費貸借紛争事件の認定と処理。

(一) 認定。出資者（貸主）が，直接金員を資金使用者（借主）に引き渡して使用させるかまたは金融機関を通じて金員を資金使用者に引き渡して使用させ，金融機関が，出資者に預金証書若しくは入金証書，貸借対照表を交付するかまたは出資者と預金契約を締結し，出資者が，資金使用者または金融機関から高額の利鞘を取得するかまたはその取得を約定する行為において，生じた預金証書紛争事件は，預金証書を表現形態とする金銭消費貸借紛争事件である。ただし，本規定第7条に掲げる委託融資と信託融資は除く。(二) 処理。預金証書をその表現形態とする金銭消費貸借は，違法な金銭消費貸借であり，出資者が受け取る高額の利鞘は元金に充当しなければならず，出資者，金融機関と資金使用者はいずれも，違法な金銭消費貸借に参加しているため，相応の民事責任を負わなければならない。以下の幾つかの状況に分けて処理することができる。1略2．<u>出資者が資金を金融機関に引き渡さず，金融機関の指定するところに従い，資金を直接資金使用者に振り替えた後，金融機関が，出資者に預金証書若しくは入金証書，貸借対照表を交付するかまたは出資者と預金契約を締結した場合は，まず，資金使用者が出資者の元金と利息を返済し，金融機関は，資金使用者が出資者の元金と利息を返済できない部分について補充賠償責任を負う。</u>利息は，人民銀行の同期預金利率に従い給付日まで計算する。3，4略」

4.3 「金融機関が，企業のために不実又は虚偽の資産検査報告，資金証明を交付した場合に如何に民事責任を負うべきか，という問題に関する最高人民法院の通知」（法釈 [2002] 21号，2002年2月9日公布施行）

「各省，自治区，直轄市高級人民法院，新疆ウイグル自治区高級人民法院生産建設兵団分院へ

近年，わが法院は立て続けに，資産検査組織が民事責任を負うことに関する一部の司法解釈を公布しており，このことは，各級人民法院が民法通則，登録会計士法を正しく理解し適用すること，資産検査組織が不実または虚偽の資産検査によって民事責任を負うことに関する関連事件を速やかに審理することに対して，積極的な役割を果たした。しかし，一部の法院には，関連司法解釈の理解をめぐる食い違いも存在している。わが法院の司法解釈を正

しく執行させ，金融機関による不実または虚偽の資産検査事件の審理と執行を規範化させるため，ここに関連問題について，以下の通り通知する。

一，出資者が，出資しなかったかまたは満額出資しなかったにもかかわらず，金融機関が企業のために不実，虚偽の資産検査報告または資金証明を提供し，関連当事者が，当該報告または証明を使用して当該企業と経済取引を行うことにより，損害を受けた場合は，当該企業が民事責任を負わなければならない。当該企業の財産によっては，債務を弁済するに足りないときは，出資者が，不実出資または虚偽の資金額の範囲内で責任を負わなければならない。

二，前号の場合において，法により企業，出資者の財産について強制執行を行うも，依然として債務を弁済できないときは，金融機関が，事実と異なる資産検査部分または虚偽の資金証明金額の範囲内で，その過錯の大小に基づいて責任を負わなければならない。この種の民事責任は，担保責任に属するものではない。

三，審理を経なければ，金融機関を被執行人に追加してはならない。

四，出資者が，企業の登記時に満額出資しなかったものの，その後不足額を補ったか，または債権者が賠償請求の拠り所としている契約が無効である場合は，資産検査を行った金融機関の賠償責任を免除する。

五，登録会計士事務所による不実または虚偽の資産検査をめぐる民事責任事件の審理と執行において，類似する問題が現れた場合は，本通知を参照して処理するものとする。」

4.4 「信用協同組合［信用社］が所定の手続きに反して他人に電信為替を払い戻したことにより損害を生じさせたことについて民事責任を負わなければならない，という問題に関する最高人民法院の批復」（法（経）復［1988］45号，1988年10月18日公布，有効）

「湖北省高級人民法院へ

貴院の鄂法（1988）経字第25号請訓を拝見した。信用協同組合が「中国人民銀行決済弁法」に反して電信為替を払い戻して損害を生じさせた場合，訴訟主体として訴訟に参加し，且つ，民事責任を負うべきか否か，という問題

に関し，研究を経て以下の通り回答する。

　1985年12月12日，湖北省農牧工商聯合公司は，湖北省建始県高店子鎮買付センターにその商品代金92,000元を電信為替で送金した。その後，同買付センターに提供できる商品がなかったため，両当事者は1986年1月3日に花園郷信用協同組合で為替送金手続きを行った。その際に，信用協同組合は送金手数料を受領し，全商品代金の利息を決済し，信用協同組合の公印およびその責任者の私印が押捺された「買付センターは，湖北省農牧工商聯合公司に商品の代金92036.70元を払い戻した」という，為替送金証明を作成し，当該証明（書）は聯合公司が武漢に持ち帰った。同年1月4日，買付センターが単独で花園郷信用協同組合に赴き，上記送金の取り消しを求めたところ，信用協同組合の責任者が元の為替送金証明（書）を回収せずに上記送金を取り消し，買付センターが直ちに同代金を引き出したため，聯合公司に経済的損害を与えた。

　花園郷信用協同組合は，「中国人民銀行決済弁法」第10条第7号に定める「為替送金組織が既に振り出した金額の返還を求めるときは，正式な書簡を用意し，元の送金証明の受取証書を持参して為替振出銀行にその返還を申し立てなければならない。」という規定に反して，商品の代金を速やかに受取人に送金するどころか，自身が発行した送金証明を回収できておらず，申請人（買付センターを指す──文補）の手続きが不完全である状況において返金手続きを行うことによって，受取人である聯合公司に経済的損害を与えた。「中華人民共和国民法通則」第106条第1項および第2項の規定に基づき，信用協同組合を訴訟当事者として（訴訟に参加させ），法により民事責任を負わせることができる。

右ご返事まで」

4.5 「銀行要員［工作人員］が規定に従って預金者の紛失届を受理せずして預金者に損害を生じさせた場合，銀行は民事責任を負うべきか否かという問題に関する最高人民法院の批復」（法（民）復［1990］13号，1990年9月11日公布，有効）

「河北省高級人民法院へ

貴院の冀法民（1990）73号銀行要員が規定に従って預金者の紛失届を受理せずして損害を生じさせた場合、銀行は民事責任を負うべきか否かという問題に関する請訓報告を拝見した。

関係部門の意見を求め、且つ、研究を経て次のように考える。個人工商業者である周福軍は、自ら所有する7,800元の記名式預金通帳を紛失したことに気付き、直ちに自身が預金している徐水県工商銀行金融服務所に電話を入れて（当該通帳を）紛失した旨を伝えた。これに対し、同金融服務所の要員は上記紛失届の電話を受けた後、上記預金が確かに同金融服務所にあることを確認できたにもかかわらず、規定に従って一時的支払い停止の登記手続を行わずして、当該預金の紛失届が出された後に他人によって横領されることとなった。中国人民銀行の預金証書（通帳）の紛失届に関する関連規定および<u>「民法通則」第75条、第106条の規定に基づき、徐水県工商銀行金融服務所は、これによって生じた経済的損害について法により民事責任を負わなければならない。</u>」

5．保証人の補充責任

5.1　担保法（1995年6月30日第8期全国人民代表大会常務委員会第14回会議採択，1995年10月1日施行）

17条（一般保証および検索の抗弁権［先訴抗辯権］）「①当事者が、保証契約において債務者が債務を履行できないときに、保証人が保証責任を負うことを約定したものは、一般保証である。②<u>一般保証における保証人は、主たる契約の紛争が裁判又は仲裁を経ておらず、且つ、債務者の財産について法により強制執行を行うも、依然として債務を履行できないときまで、債権者に対して保証責任を負うことを拒絶することができる。</u>③以下に掲げる事由の1つが存する場合、保証人は、前項に定める権利を行使してはならない。（1）債務者の住所が変更したことにより、債権者が債務者に対し債務の履行を求めることに重大な困難が生じた場合。（2）人民法院が、債務者の破産事件を受理し、執行手続を中止した場合。（3）保証人が、書面形式によって前項に定める権利を放棄した場合。」

5.2 「最高人民法院の『中華人民共和国担保法』を適用する若干の問題に関する解釈」(法釈［2000］44号，2000年9月29日最高人民法院裁判委員会第1133回会議採択，2000年12月8日公布・同年12月13日施行)

7条 「主たる契約が有効で担保契約が無効であり，債権者に過錯がない場合は，担保提供者［担保人］と債務者は，主たる契約の債権者の経済的損害について連帯賠償責任を負う。<u>債権者，担保提供者に過錯があるとき，担保提供者が負う民事責任の部分は，債務者が弁済できない部分の2分1を超えてはならない。</u>」

8条 「主たる契約が無効であることにより担保契約が無効となり，担保提供者に過錯がない場合，担保提供者は民事責任を負わない。<u>担保提供者に過錯がある場合，担保提供者が負う民事責任の部分は，債務者が弁済できない部分の3分1を超えてはならない。</u>」

5.3 物権法(2007年3月16日第10期全国人民代表大会第5回会議採択，2007年10月1日施行)

176条(物的担保と人的担保の関係) 「被担保債権に物的担保のみならず，人的担保もある場合において，債務者が履行期到来の債務を履行しないか又は当事者が約定した担保物権を実行する事由が生じたときは，債権者は，約定に従って債権を実現させなければならない。約定がないか又は約定が不明確である場合において，債務者が自ら物的担保を提供したときは，債権者は，まず物的担保により債権を実現させなければならない。第三者が物的担保を提供した場合，債権者は，物的担保により債権を実現させることができ，保証人に対し保証責任を負うよう求めることもできる。担保を提供した第三者は，担保責任を負った後，債務者に対し求償することができる。」

5.4 手形法(1995年5月10日第8期全国人民代表大会常務委員会第13回会議採択，1996年1月1日施行，2004年8月28日改正施行)

37条(裏書人の義務) 「<u>裏書人が，裏書によって為替手形を譲渡した場合は，直ちにその後の被裏書人が所持する為替手形の引受と支払いを担保する責任を負う。</u>裏書人は，為替手形が引き受けられず支払われなかったとき，

その所持人に対し本法第70条，第71条に定める金額と費用を弁済しなければならない。」

*70条（**遡及金額と費用**）「①所持人が，遡及権を行使した場合は，遡及を受ける者に対し以下に掲げる金額と費用を請求することができる。（1）支払いを拒絶された為替手形の金額。（2）為替手形の金額につき，満期日又は支払催促日から弁済の日まで，中国人民銀行規定の利率に従い計算する利息。（3）関連の拒絶証明を取得するに要した費用と通知の費用。②遡及を受ける者が，債務を弁済したとき，所持人は，為替手形と関連の拒絶証明を提出し，且つ，利息と費用を受け取った領収書を交付しなければならない。」

*71条（**再遡及および再遡及金額**）「①遡及を受ける者は，前条の規定に従い弁済した後，その他の為替手形の債務者に対し再遡及権を行使し，その他の為替手形の債務者が以下に掲げる金額と費用を支払うよう請求することができる。（1）既に弁済した総金額。（2）前号の金額につき，弁済日から再遡及弁済日まで，中国人民銀行規定の利率に従い計算する利息。（3）通知の費用。②再遡及権を行使した遡及を受ける者が，弁済を受けたときは，為替手形と関連の拒絶証明を提出し，且つ，利息と費用を受け取った領収書を交付しなければならない。」

6．安全保障義務者が負う補充責任

6.1 「最高人民法院の人身損害賠償事件の審理において法律を適用する若干の問題に関する解釈」（法釈［2003］20号，2003年12月4日最高人民法院裁判委員会第1299回会議採択，2003年12月26日公布・2004年5月1日施行。以下，「**人身損害解釈**」という）

6条（**安全保障義務と第三者による不法行為**）「①宿泊，飲食，娯楽等の経営活動またはその他の社会活動に従事する自然人，法人，その他の組織が，合理的な限度範囲内における安全保障義務を尽くさずして他人が人身損害を被り，賠償権利者がその者に相応の賠償責任を負うよう求めた場合は，人民法院はこれを支持しなければならない。②第三者の不法行為によって損害結果が生じた場合は，不法行為を行った第三者が賠償責任を負う。安全保障義務

者に過錯がある場合は，自身が損害を防止しまたは制止できた範囲内において相応の補充賠償責任を負わなければならない。安全保障義務者は賠償した後，第三者に求償することができる。賠償権利者が安全保障義務者を訴えた場合は，第三者を共同被告としなければならない。但し，第三者を確定できないときはこの限りでない。」

7条（教育機関が負う過錯責任と第三者による不法行為）「①法により未成年者に対して教育・管理・保護義務を負う学校，幼稚園またはその他の教育機関が，職責範囲内における関連義務を尽くさずして未成年者に人身損害が生じたか，または，未成年者が他人に損害を与えた場合は，その過錯に相応する賠償責任を負わなければならない。②第三者が権利を侵害して未成年者に人身損害が生じた場合は，賠償責任を負わなければならない。学校，幼稚園等の教育機関に過錯があるときは，相応の補充賠償責任を負わなければならない。」

6.2　権利侵害責任法（2009年12月26日公布，2010年7月1日施行）

37条（安全保障義務違反の権利侵害責任）「①ホテル，百貨店，銀行，駅，娯楽施設等の公共の場所の管理人または大衆的活動の組織者が，安全保障義務を尽くさず，他人に損害を生じさせた場合は，権利侵害責任を負わなければならない。②第三者の行為によって他人に損害を生じさせた場合は，第三者が権利侵害責任を負う。管理人または組織者が安全保障義務を尽くさなかったときは，相応の補充責任を負うものとする。」

40条（民事行為無能力者または民事行為制限能力者が幼稚園，学校またはその他の教育機関以外の者によって人身損害を受けた場合の責任負担）「民事行為無能力者または民事行為制限能力者が，幼稚園，学校またはその他の教育機関における学習・生活期間中において，幼稚園，学校またはその他の教育機関以外の者による人身損害を受けた場合は，権利侵害者が権利侵害責任を負う。幼稚園，学校またはその他の教育機関が，管理の職責を尽くさなかったときは，相応の補充責任を負うものとする。」

6.3 「最高人民法院の旅行紛争事件の審理において法律を適用する若干の問題に関する規定」（法釈［2010］13号，2010年9月13日最高人民法院裁判委員会第1496回会議採択，2010年10月26日公布・2010年11月1日施行）

7条（旅行経営者，旅行サービスの履行補助者が負う安全保障義務と第三者による権利侵害）「①旅行経営者，旅行サービスの履行補助者が安全保障義務を尽くさずして旅行者に人身損害，財産的損害を生じさせ，旅行者が旅行経営者，旅行サービスの履行補助者に責任を負うよう求めた場合は，人民法院はこれを支持しなければならない。②第三者の行為によって旅行者に人身損害，財産的損害を生じさせた場合は，第三者が責任を負う。旅行経営者，旅行サービスの履行補助者が安全保障義務を尽くさず，旅行者が両者に相応の補充責任を負うよう求めたときは，人民法院はこれを支持しなければならない。」

19条（旅行経営者が自ら活動を手配した旅行者に対して負う安全保障義務）「①旅行者が，自ら（旅行）活動を手配した期間中に人身損害，財産的損害を被り，旅行経営者が必要な注意喚起義務，救助義務を尽くさなかった場合において，旅行者が，旅行経営者に相応の責任の負担を求めたときは，人民法院はこれを支持しなければならない。②前項に定める自ら（旅行）活動を手配する期間には，旅行経営者が手配する旅行行程における独立した自由活動期間，旅行者が旅行行程における活動に参加しなかった期間及び旅行者がガイド又は引率者の同意を得て一時的に旅行団から離れた個人活動期間等が含まれる。」

＊1条（定義）「①本規定にいう旅行紛争とは，旅行者と旅行経営者，旅行サービスの履行補助者［旅遊輔助服務者］との間において，旅行によって生じた契約紛争または権利侵害紛争をいう。②『旅行経営者』とは，自己の名義で旅行業務を経営し，公衆に向けて旅行サービスを提供する者をいう。③『旅行サービスの履行補助者』とは，旅行経営者との間に契約関係が存在し，旅行経営者に協力して旅行契約における義務を履行し，交通，遊覧，宿泊，飲食，娯楽等の旅行サービスを実際に提供する者をいう。④個人旅行における旅行者と観光スポットの経営者との間に旅行により生じた紛争に関し

ては，本規定を参照して適用するものとする。」

＊2条（適用範囲）「組織，家庭等の集団的形式をもって旅行経営者と旅行契約を締結し，履行過程において紛争が生じた場合は，集団が契約の一方当事者の名義をもって提訴するほか，旅行者個人が旅行契約紛争の訴えを提起したときは，人民法院はこれを受理しなければならない。」

6.4 「最高人民法院の道路交通事故損害賠償事件の審理において法律を適用する若干の問題に関する解釈」（法釈［2012］19号，2012年9月17日最高人民法院裁判委員会第1556回会議採択，2012年11月27日公布・2012年12月21日施行）

10条（道路上の堆積物，投棄物損害における責任主体）「道路上における物品の堆積，投棄［傾倒］，散乱［遺撒］等の通行妨害行為によって，交通事故をもたらし損害が生じた場合において，当事者が行為者に賠償責任を負うよう求めたときは，人民法院はこれを支持しなければならない。道路管理者が既に法律，法規，規則［規章］，国家基準，業界基準または地方性基準に従って整理［清理］，防護，警告等の義務を尽くしたことを証明できないときは，相応の賠償責任を負わなければならない。」

6.5 「最高人民法院の鉄道輸送中の人身損害賠償紛争事件の審理において法律を適用する若干の問題に関する解釈」（法釈［2010］5号，2010年1月4日最高人民法院裁判委員会第1482回会議採択，2010年3月3日公布・2010年3月16日施行）

13条「①鉄道旅客運送期間中に，第三者の不法行為によって旅客に人身損害を与えた場合は，不法行為を行った第三者が賠償責任を負う。鉄道輸送企業に過錯がある場合は，損害を防止し又は制止できた範囲内で相応の補充賠償責任を負わなければならない。鉄道輸送企業は，賠償責任を負った後，第三者に求償することができる。②車外にいる第三者が，小石を投げるなど列車を打ち付けることにより車内にいる旅客に人身損害を与えた場合において，賠償権利者が，鉄道輸送企業が先に賠償するよう求めたときは，人民法院はこれを支持しなければならない。鉄道輸送企業は賠償した後，第三者に

求償することができる。」

7．労務派遣組織が負う補充責任
権利侵害責任法（2009年12月26日公布，2010年7月1日施行）
34条（雇用組織，労務派遣組織および労務引受組織が負う責任）「①雇用組織［用人単位］の従業員［工作人員］が業務の執行によって他人に損害を生じさせた場合は，雇用組織が権利侵害責任を負う。②労務派遣期間中，派遣された従業員が業務の執行によって他人に損害を生じさせた場合は，労務派遣を引き受けた雇用組織が権利侵害責任を負う。労務派遣組織に過錯があるときは，相応の補充責任を負う。」

8．公証機関が負う補充責任
「最高人民法院の公証活動に関わる関連民事事件を審理することに関する若干の規定」（法釈［2014］6号，2014年4月28日最高人民法院裁判委員会第1614回会議採択，2014年5月16日公布・2014年6月6日施行）
5条「当事者が，虚偽の証明資料を提供して公証を申請したことにより，公証書に誤りが生じ他人に損害を与えた場合，当事者は，賠償責任を負わなければならない。公証機関が，法により審査・確認義務を尽くした場合は，賠償責任を負わない。法により審査・確認義務を尽くさなかった場合は，その過錯相応の補充賠償責任を負わなければならない。公証に供された証明資料が虚偽であることを明らかに知っていたか又は当事者と悪意で通謀した場合は，連帯賠償責任を負う。」

　＊公証法（2005年8月28日第10期全国人民代表大会常務委員会第17回会議採択，2006年3月1日施行，2015年4月24日一部改正施行，2017年9月1日一部改正，2018年1月1日施行）

43条「①公証機関及び公証人が，過錯によって当事者，公証事項における利害関係人に損害を与えた場合は，公証機関が相応の賠償責任を負う。公証機関は賠償した後，故意又は重過失のある公証人に求償することができる。②当事者，公証事項における利害関係人と公証機関との間で，賠償をめぐり紛争が生じた場合は，人民法院に民事訴訟を提起することができる。」

9. 事実と異なる認証，検査行為により生ずる補充責任

「最高人民法院の食品薬品紛争事件の審理において法律を適用する若干の問題に関する規定」（法釈［2013］28号，2013年12月9日最高人民法院裁判委員会第1599回会議採択，2013年12月23日公布，2014年3月15日施行）

12条 「①食品，薬品の検査機関が，故意に虚偽の検査報告を交付し，消費者に損害を与えた場合において，消費者が，検査機関に対し連帯責任を負うよう請求したときは，人民法院はこれを支持しなければならない。②食品，薬品の検査機関が，過失によって事実と異なる検査報告を交付し，消費者に損害を与えた場合において，消費者が，検査機関に対し相応の責任を負うよう請求したときは，人民法院はこれを支持しなければならない。」

13条 「①食品認証機関が，故意に虚偽の認証を交付し，消費者に損害を与えた場合において，消費者が，食品認証機関に対し連帯責任を負うよう請求したときは，人民法院はこれを支持しなければならない。②食品認証機関が，過失によって事実と異なる認証を交付し，消費者に損害を与えた場合において，消費者が，食品認証機関に対し相応の責任を負うよう請求したときは，人民法院はこれを支持しなければならない。」

10. 企業開設者が負う補充責任

10.1 「行政組織又は企業組織が開設した企業が倒産した後，誰がその債務を負担すべきか，という問題に関する最高人民法院の批復」（法（研）復［1987］33号，1987年8月29日公布施行。この文書は，2002年5月23日に最高人民法院が公布した「最高人民法院が廃止した2000年以前に公布した関連司法解釈目録（第6陣）」により廃止された）

「陝西省高級人民法院へ

　貴院の陝高研［1987］29号請訓を拝見した。行政組織又は企業組織が開設した企業が倒産した後，誰がその債務を負担すべきか，という問題につき，研究を経て，われわれは，基本的にあなた方の意見に同意する。すなわち，以下の通りである。

　一，中国共産党中央委員会，国務院の中発［1986］6号文書「党政機関と

党政幹部が商業を営み企業を開設することをさらに制止させることに関する規定」第6条は，「党政機関及びその編成系列下にある事業組織並びにその幹部が開設した企業が廃業した後は，直接認可を与えた業務主管部門が，責任をもって清算しなければならない。違法な経営により赤字を出して倒産し，債務超過に陥ったか，又はその他重大な結果を生じさせた場合は，直接認可を与えた業務主管部門と企業が共同で，経済的責任と法律責任を負わなければならない」と，定める。また，国務院による国発［1985］102号文書「各種会社をさらに清算し整理することに関する通知」第3条第1項においては，「報告組織と各級人民政府，各関連部門は，設立しようとする会社について真剣に審査しなければならず，不適切な審査によって重大な結果を生じさせた場合は，経済的責任，法律責任を負わなければならない」と，定める。従って，行政組織（党政機関及びその編成系列下にある事業組織並びにその幹部を含む）が開設した企業，会社が廃業した後，上記2つの文書の規定に合致するときは，直接認可を与えた業務主管部門が，責任をもって清算しなければならず，<u>企業，会社の負債については，まず，企業，会社の財産を以て弁済し，足りない部分については，企業の開設に直接認可を与えた業務主管部門又は開設会社の報告組織が，責任をもって弁済しなければならない。</u>

二，企業組織が開設した支社が倒産した後，当該支社が実際に独立した法人格を具備しているときは，その負債については，支社自身が責任をもって弁済しなければならない。独立した法人格を具備していないときは，当該支社を開設した組織が連帯責任を負わなければならない。企業が開設した支所が会社であるときは，独立した法人格を具備しているかどうかにかかわらず，国発［1985］102号通知に基づいて処理することができる。」

10.2　「最高人民法院の人民法院執行活動の若干の問題に関する規定（試行）」（法釈［1998］15号，1998年6月11日最高人民法院裁判委員会第992回会議採択，1998年7月8日公布・1998年7月18日施行。「司法解釈等の文書において，『中華人民共和国民事訴訟法』を引用する条文

番号を調整することに関する最高人民法院の決定」(法釈〔2008〕18号)により一部改正)

81条「被執行人が,取り消され,登記を抹消されたか又は休業した後,その上級主管部門又は開設組織が,無償で被執行人の財産を受け取ったことにより,債務を弁済する財産が残されなかったか又は残された財産によっては弁済するに足りないときは,上級主管部門又は開設組織が,受け取った財産の範囲内で責任を負うよう裁定を行うことができる。」

第2章　問題の所在

　近年中国において，補充責任に関する議論が盛んになっている。その直接のきっかけは，2001年1月17日に上海市中級人民法院が下した「王利毅，張麗霞と上海銀河ホテル間の賠償紛争事件」判決（最高人民法院公報2001年2期所収）とされ，その後の人身損害解釈6条（安全保障義務と第三者による不法行為）によって明文化されることとなった。

　補充責任とは通常，法律が同じ損害結果について2つ以上の賠償請求権を有する権利者に対し，先後の順序に従い賠償請求権を行使すべきことを求め，先順位にある賠償義務者による賠償がその損害を填補するのに足りないときに初めて，後順位にある賠償義務者に対して賠償請求できると定めるものとして，理解される[1]。このような補充責任を導入する理由としては，従来の連帯責任，不真正連帯責任，分割責任のほかに，新たな責任形態の創設によって被害者により多くの救済手段を与えることにあったと考えられる。しかし，このような補充責任とそれらの責任形態とりわけ，分割責任と明確に区別することができるかどうかなど，多くの問題が残されている。

　まず，その淵源をめぐっては，未だ見解の一致をみていない。また，「第1章　関連規定」で列記しているように，不法行為のみならず契約関係についても，上記のような理解すなわち，責任の補充性＝二次的責任という意味で「補充責任」に触れる規定が多く見られる。そのため，これらの規定については，果たして「補充責任」であるかどうか，整序する必要がある。もっとも，学者の議論は，不法行為における安全保障義務者が負う補充責任（第三者の作為不法行為と安全保障義務者の不作為不法行為介在型事案）に集中しているのが現状である。この点，とりわけ，王教授と瀬川教授が各類型についての詳細な分析を行っている（第3章）。

1）張新宝「我国侵権責任法中的補充責任」法学雑誌2010年6期2頁参照。

また，いわゆる補充責任が，連帯責任，分割責任と相並ぶ独立した責任形態であるかどうかをめぐっては大きく，肯定説と否定説に分かれており，肯定説が多数説となっている。この点，王成氏と張愛軍氏が肯定説を採るのに対し，亓培氷氏は，補充責任の類型についてはその責任の性質に従い，連帯責任，分割責任および不真正連帯責任のいずれかに解消し得るとして，否定説を採る（第4章）。

　補充責任の独立性を認める論者らは，補充責任と連帯責任，不真正連帯責任，分割責任との間には，責任の範囲，責任の順序，求償権の有無等において明確な区別が存在すると主張する。しかし，張愛軍氏は，実際の裁判において，責任順序における補充責任の「二次性」という要件は貫徹できないとし，亓培氷氏は，補充責任は，自己責任（過失責任）であり，「この過失は抽象的な軽過失であるにすぎず，それは，裁判官が責任者に責任を負わせようと思えば，通常，「発見」できる過失である。」として，上記のような区別に反対する（第5章）。

　そして，補充責任関連事案における直接の責任者と補充責任者の主観的態様をめぐって，現行法の関連規定は，①区別しない段階，②ある程度の区別をする段階，③再び区別しないことへ回帰した段階，④比較的細分化された区分をする段階という4つの段階を経てきたとされる。この点，王成氏は，補充責任者の主観的態様は過失（重過失を含む）であるとし，張愛軍氏は，両者の主観的態様としては故意・過失のいずれの場合もあり得るとし，亓培氷氏は，不法行為における補充責任の適用範囲を，「直接責任者＝故意＋補充責任者＝過失」の事案に限定すべきとするのが通説であるとする（第6章）。

　補充責任者（安全保障義務者）による直接の加害者への求償の可否およびその範囲をめぐっては，①全額の求償権を認めるもの，②限定的な求償権を認めるもの，③求償権を認めないものという3つの見解が存する。この点，王成氏は，求償権の有無は補充責任者の過錯の程度に関わっており，補充責任の中には求償権があるものとないものがあり，求償権の有無は補充責任の認定とは無関係であるとする。これに対し，張愛軍氏は，補充責任者は，直接責任者が故意である場合はその過錯に相応する求償権を有し，直接責任者

が過失である場合は求償権を有しないとし，亓培氷氏は，最終的な責任者が存在する場合のみ，補充責任者はその過錯に相応する求償権を有するとする（第7章）。

人身損害解釈6条2項は，「賠償権利者が安全保障義務者を訴えた場合は，第三者を共同被告としなければならない。但し，第三者を確定できないときはこの限りでない。」と規定する。他方，権利侵害責任法37条には同様の規定が存在しない。補充責任者にいわゆる検索の抗弁権を認めるべきかどうかをめぐっては，見解が分かれており，これを肯定する者もいる。しかし，この点，王成氏，張愛軍氏（明文のある場合は除く）および亓培氷氏のいずれも，これを否定する（第8章）。

第3章　補充責任の淵源問題

　「第2部補充責任　第1章関連規定」に列記した条文を見ると，補充責任と思われる規定は多岐にわたっていることが分かる。もっとも，補充責任に関する議論が活発になったのは，人身損害解釈制定前後における安全保障義務者の義務違反と第三者の不法行為介在型事案をめぐる理解であった。このように，中国において補充責任が意識され，議論されるようになったのは，最近のことである。ただ，「補充責任」的な意味合いをもつ規定は，その以前にも散見される。しかし，中国不法行為法における補充責任がどこに由来するかは，必ずしも明確ではない。また，上記の関連規定については，それらが果たして補充責任であるか否か，整序する必要がある。

　直接「補充責任」という用語は使用しなかったものの，初めて責任の補充性＝二次的責任という意味で「補充責任」に触れたのは，1950年代の民法典編纂作業における2つの草案であった。つまり，「債権債務の通則第二次稿（別案）」73条別案（注2）と，「損害賠償［第三次草案］」5条2項がそれである。前者は，土地工作物責任と動物損害責任における所有者の二次的責任，後者は，監護人責任における監護人の二次的責任を定める。そして，「補充責任」という用語を正式に採用したのは，1997年の「預金証書紛争規定」であると目される。

　その後，最高人民法院の関連規範性文書（批複，回答など）において，企業開設者，会計士事務所，金融機関などの補充責任が認められ，2003年の人身損害解釈において，安全保障義務者の補充責任が規定され，2009年の権利侵害責任法がそれを踏襲している。その類型は多岐にわたっているが，学者の議論は，第三者の作為不法行為と安全保障義務者の不作為不法行為介在型事案に集中しているように思われる。

　質問：中国法上の補充責任は，どこに由来するものであろうか。関連条文で列記した類型は，すべて補充責任に含まれると考えてよいか。

〔中国側回答〕
〈王成〉

　中国法における補充責任の淵源については，整理する必要がある。関連法律と司法解釈の規定からみると，1997年の「最高人民法院の預金証書紛争事件の審理に関する若干の規定」6条2項2号が，比較的早く「補充責任」という用語を使用したことが分かる[1]。

　補充責任が真に重視されるようになったのはやはり，最高人民法院が「人身損害解釈」を起草制定する前後である。1998年にある女性（以下，Aという）が，上海銀河ホテル（以下，Yという）に宿泊する期間中に第三者によって殺害され，犯人は死刑に処せられた。その女性の両親がホテルを訴えて賠償を求める裁判を起こした。1審法院は，民法通則85条，同法106条1項と111条に基づいて判決を下し[2]，最終的には銀河ホテルに対し8万元の賠償を命じた。

　他方，2審法院は，1999年12月29日に効力を生じた「最高人民法院の『中華人民共和国契約法』を適用する若干の問題に関する解釈（一）」に基づき，本件には契約法を適用できると指摘する。2審法院は，契約法60条の規定（「①当事者は，約定に照らして全面的に自己の義務を履行しなければならない。②当事者は，誠実信用の原則に従い，契約の性質，目的および取引慣行に基づいて通知，協力，秘密の遵守等の義務を履行しなければならない。」）に基づ

---

[1] 同規定6条2項2号「出資者が資金を金融機関に引き渡さず，金融機関の指定するところに従い，資金を直接資金使用者に振り替えた後，金融機関が，出資者に預金証書若しくは入金証書，貸借対照表を交付するかまたは出資者と預金契約を締結した場合は，まず，資金使用者が出資者の元金と利息を返済し，金融機関は，資金使用者が出資者の元金と利息を返済できない部分について補充賠償責任を負う。」

[2] 民法通則85条は，「契約とは，民事関係を創設，変更，終了させる当事者間の合意である。法によって成立した契約は，法律による保護を受ける」と，定める。Aは生前，Yのところに宿泊しており，AとYの間で樹立したのは契約上の法律関係であるため，契約に関する法律を適用して処理すべきであり，消費者権利利益保護法を適用することはできない。民法通則106条1項は，「市民，法人が契約に違反したかまたはその他の義務を履行しない場合は，民事責任を負わなければならない」と，定める。（同法）111条は，「当事者の一方が，契約上の義務を履行しないかまたは契約上の義務履行が約定した条件に合致しない場合，相手方は，履行を請求しまたは補完措置を採ることを請求する権利をもち，且つ，損害賠償を請求する権利をもつ」と，定める。

き，「宿泊契約の性質，目的および業界の慣習に基づき，旅客の人身，財産が侵害を受けることを防止することは，この種の契約における付随義務をなす」と，認定した。また，2審法院は，「ひとたび宿泊契約が成立すると，ホテル側が旅客に対し口頭または書面による安全の保証または承諾をしたか否かにかかわらず，契約の付随義務は，契約の成立に伴って生じかつ客観的に存在することになる。本件において，Yが旅客に対し『警備員が24時間巡視し，貴方の人身上の安全を確保します』と承諾することは，自由意思で契約の付随義務を契約の主たる義務へと高めるものであり，尚更その職責を忠実に尽くしてこのような義務を履行すべきであり」，Yは当該義務を尽くしていないため，違約責任を負わなければならないと指摘する[3]。

3) 2審法院は，次のように指摘する。「上訴人Yは4つ星ホテルとして，既にホテルのロビー等の公共活動区域と旅客の宿泊区域を隔離する条件を具備した。市場化のニーズに適応するため，ホテルは，ホテルのロビー等の公共活動区域に入ってくるすべての者に対して尋問，登録する必要がなく，また，そうすることもできない。しかし，宿泊客の人身，財産上の安全を期するため，ホテルは，宿泊区域に入ってくるすべての知らない者に対して十分に注意しかつそのような条件を具備しなければならず，親切に接待し，尋ねる中でこの種の人員の動向を把握することによって，その中の一部の者の犯罪の意図を速やかに発見しかつこれを制止し，旅客の安全を保護しなければならない。本件の事実が明らかにしているように，Yは決して専門のスタッフを配置してこの業務に当たらせておらず，よって，犯人BがA所在の宿泊区域を出入りするときに，いずれもYのスタッフに遭遇することがなく，注意を受け訊問されることは尚更なかった。そうであったからこそ，Bは，順調に客室に入って犯罪行為を行い，犯行後に落ち着いて逃走することができたのであり，Aの死体は翌日になってようやく発見された。Yが旅客の宿泊区域に接待の任に当たるスタッフを配置しなかったことは，その業務における1つの大きなミスであり，このようなミスは既に，旅客を極めて危険な立場に置かせしめており，このことは，BがYを犯罪の場所に選んだ根本的な原因でもある。Yは，宿泊区域の各フロアのエレベーターに監視カメラを設置したとはいえ，監視カメラによって，Bが犯罪の時期を待つために2時間足らずのうちに7回もエレベーターを乗り降りしていたことが既に判明したときに，Yのスタッフは，Bのこのような異常な挙動について密接な注意を払うことができなかった。本件の事実が明らかにしているように，エレベーター内を出入りする客の数が比較的多いため，この措置は，旅客の人身，財産上の安全を速やかに保護することについて決して功を奏さなかったことが分かる。Yは，全面的かつ真剣に契約上の義務を履行しておらず，当然違約責任を負わなければならない。」「上訴人Yの客室には，のぞき穴，自動ロック措置および防犯チェーン等の設備が装備されており，且つ，告示によって旅客に対し来客を確認してからドアを開けるよう注意喚起を促していた。4

それと同時に，2審法院は，次のように述べる。「契約法113条1項は，『当事者の一方が，契約義務を履行せずまたは契約義務の履行が約定に合致せず，相手方に損害を生じさせた場合，その損害賠償額は，違約によって生じた損害に相当しなければならず，それには，契約の履行後に得られる利益が含まれる。ただし，違約側が契約締結時に予見しまたは予見することができた違約によって生じ得る損害を超えてはならない。』と，定める。上訴人Yによる義務の履行は，契約の約定に合致しておらず，よって，旅客Aをして，危険な環境に陥らせしめており，違約責任を負わなければならない。しかし，指摘しなければならないのは，Yは，法に従い契約締結時に予見することができた違約によって生じ得る損害についてのみ賠償責任を負う。Aが殺害されかつその財産が強奪された損害については，Aを殺害した犯人Bが負わなければならない。さらに指摘しなければならないのは，Aは旅客として，常に自身の人身，財産上の安全を保護することに留意すべきであり，このことは，Aが宿泊契約を締結した後に履行すべき契約上の付随義務でもあった。Aは，Yが提供した安全設備について十分に把握しこれを利用できなかったことにより，Bの犯罪に条件を与えており，契約の付随義務を履行する中でも過失があった。従って，Yの違約による賠償額を適切に減額することができる[4]。」

　上記の王利毅，張麗霞が上海銀河ホテルを訴えた損害賠償紛争事件は，安全保障義務と補充責任の確立について重要な影響を与えた。この事件によ

つ星ホテルとして，これらの安全設備は比較的に完備されたといえよう。しかし，Yは，旅客は全国各地から来ており，その言語，文化水準，生活習慣，旅行における常識には，非常に大きい差異があることを知るべきである。このような状況の下において，ホテルは，客室に安全設備を装備し，且つ，文字で安全上の常識を提示すれば自己の義務を尽くしたと考えるべきでなく，さらに，どのような状況の下でこれらの設備を使用しかつ如何に使用するかを真剣かつ責任をもって，旅客に教え，ひいては，旅客がこれらの設備を使用する習慣を身に付けるようにしなければならない。そうでなければ，たとえいくら良い設備があったとしても，ないに等しい。Yがこの点において尽くした義務は足りておらず，『Aが提示された要求に従い来客を確認せずしてドアを開け，よって，Bが客室に入り犯行を行うことができた』ことを理由に，自身の違約を否認するその理由は，成立しない。」

4) 上海市長寧区人民法院（1998）長民初字第2455号民事判決書，上海市第一中級人民法院（2000）滬一中民終字第2390号民事判決書参照。

り，直接人身損害解釈6条の規定が生まれることになったため，多くの者が補充責任を議論するときはいずれも，安全保障義務をその前提としていた。それと同時に，銀河ホテル事件において，民法通則および契約法上の補充責任でない条文を適用して裁判を行ったことからも分かるように，当時の法律には補充責任の概念と規定がなかったのである。

関連規定の中で掲げている，「債権債務の通則第二次稿（別案）」における動物損害責任と土地工作物責任の規定および「損害賠償（または，不法行為によって生じる債権債務に改める）［第三次草稿］」における制限的行為能力者責任の規定についてみると，当時の人々には，補充責任の観念があったといえようが，いずれも，現在の補充責任規定に対して明確な影響を与えたとはいえない。その理由は，何人も，現行の権利侵害責任法における動物損害責任，土地工作物責任および制限的行為能力者の規定は補充責任であると考えないからである。

一，中国法における補充責任を議論するには，まずもって，何が中国法における補充責任であるかを確定する必要がある。

補充責任は，直接責任と相対するものであり，補充責任は，直接責任をその前提とする。補充責任があるときは，必ず直接責任がある。補充責任とは，直接責任者の行為によって被権利侵害者に損害が生じた場合において，補充責任者も当該損害の発生について一定の過錯を有するために負う相応の責任をいう。補充責任が存在する場合において，損害は直接責任者が生じさせているが，直接責任者の責任財産は往々にして，全部の責任を負担するに足りず，被権利侵害者により十分な救済を与えるために，損害の発生について一定の過錯を有する者にも一部の補充責任を負わせている。補充責任者は往々にして，一定の経済力を有する単位または組織である。注意しなければならないのは，補充責任者の過錯は，損害の発生のために一定の条件を与えた点に存するにすぎず，このような条件の提供は幇助に類似するものの，補充責任者には幇助の意思がないということである。また，両者間には意思の連絡がない。しかし，たとえ，このような条件があったとしても，直接責任者の行為がなければ，損害は通常生じない。そうでなければ，補充責任にお

ける責任はもはや補充責任でなくなる。

　既存の文献において論じられている補充責任は大まかに，3種類に分けることができる。第1は，法律の条文に「補充責任」という文言を明確に規定している補充責任であり，第2は，法律の条文に「補充責任」という文言を規定していないものの，補充責任として解釈できる補充責任である。第3は，法律の条文にその他の責任であることを明確に規定するか，またはその他の責任であることを明確に規定しないものの，補充責任として解釈することはできず，その運用メカニズムがほぼ補充責任の原理に合致する補充責任である。筆者は，前二者のみが補充責任に属し，第三種類は補充責任でないと考える。

　このような定義によると，補充責任には，以下の幾つかの特徴があることになる。

　1．従属性。従属性には，さらに次の内容が含まれる。(1) 成立上の従属性。補充責任は，直接責任の成立に依存しており，直接責任がなければ補充責任もない。(2) 責任範囲における従属性。補充責任は，その過錯に相応する責任を負うものであり，このような過錯と責任の相関関係については，直接責任という全体の背景においてのみ判断することができる。(3) 存続上の従属性。直接責任者が全部の賠償責任を負ったとするならば，補充責任もまた，消滅することになる。

　2．補充責任者に過錯があること。補充責任は通常，過錯責任にのみ適用される。補充責任者自身は，損害結果の発生についてある種の過錯を有している。この種の過錯は，補充責任者のある種の義務に対する違反に由来しているものの，この種の過錯は，損害の発生について積極的な原因力を有しない。補充責任者の過錯は往々にして，損害の発生のために条件を与えているにすぎず，直接責任者の行為がなければ，たとえ当該過錯が存在したとしても，被権利侵害者の損害を生じさせることはない。

　3．補充責任者は，直接責任者の次に責任を負うべきである。

　被権利侵害者の損害は，直接の権利侵害者が生じさせたため，まずもって，直接の権利侵害者が責任を負わなければならない。注意しなければならないのは，ここにいう補充責任者が直接責任者の次に責任を負うことは，一

般保証における保証人の検索の抗弁権とは異なる。補充責任者は畢竟，自己の過錯のために責任を負うため，この種の先後の順序はより観念的なものであり，終局的責任の意味におけるそれである。人身損害解釈6条2項後段は，「安全保障義務者に過錯がある場合は，自身が損害を防止しまたは制止できた範囲内において相応の補充賠償責任を負わなければならない。安全保障義務者は賠償した後，第三者に求償することができる。賠償権利者が安全保障義務者を訴えた場合は，第三者を共同被告としなければならない。但し，第三者を確定できないときはこの限りでない」と，定める。この規定によると，被権利侵害者が同時に，直接責任者と補充責任者に対し責任を負うよう請求した場合，法院はこれを許可しなければならない。被権利侵害者が先に補充責任者を訴えたときは，直接責任者を共同被告に加えなければならない。ただし，直接責任者を確定できないならば，被権利侵害者が単独で補充責任者を訴えることを許可すべきである。

4．補充責任者は，その過錯に相応する責任のみを負う。

補充責任者の過錯は，直接損害の発生をもたらしておらず，損害の発生に条件を与えたにすぎず，直接責任者の行為がなければ，損害は通常発生しない。そのため，補充責任者は，その過錯に相応する責任のみを負うのであって，全部の補充責任を負わない。補充責任者は中間責任者として，一部のみについての中間責任者であり，このことは，補充責任が不真正連帯責任と異なるところである。

5．通常の場合，補充責任者は責任を負った後，直接の責任者に求償できる。

補充責任者の直接責任者への求償の問題に関し，権利侵害責任法の立法過程において，立法者はこれについて説明を行ったことがある。権利侵害責任法は，各種の求償関係について明確に規定しなかった。その理由は，立法部門が，求償関係は比較的複雑であると考えていたからである。すなわち，「異なる業界，職種および労働条件に基づき，その求償関係はある程度異なるはずである。そのうち，どれは過錯によって，どれは故意または重過失によって求償できるかについて，同法は，一般規定を行うことが難しい。雇用組織とその従業員間および個人間の労務によって，求償問題について紛争が

生じた場合は，人民法院が裁判実務において具体的状況に基づいて処理することが望ましい[5]。」

　通常の場合，補充責任者は終局的責任を負わない。直接責任者の行為がなければ，損害結果が発生することはない。この意味からいうと，補充責任者もまた，直接責任者の行為による被害者であり，他人に代わって咎めを受ける者に属する。そのため，補充責任者は中間責任者であり，直接責任者は終局的責任者である。そうであるからこそ，このような責任方式は，補充責任と呼ばれるのである。この点において，補充責任は不真正連帯責任と同様であるのに対し，連帯責任とは異なる。

　筆者は，補充責任者が直接責任者に求償できるか否かは，補充責任者の過錯の程度にかかっていると考える。もし，補充責任者の過錯が非常に小さく，直接責任者の被害者に対する侵害のために条件または幇助を与えたにすぎず，補充責任の帰責可能性がそれほど高くなく，他人に代わって咎めを受けることに属するとするならば，補充責任者は，直接責任者に求償を求めることができる。例えば，権利侵害責任法37条に定める安全保障義務者の補充賠償責任において，安全保障義務者が安全保障義務を尽くさなかったという手落ちが，直接責任者に利用されており，このとき，安全保障義務者は責任を負った後，直接責任者に求償できる。これに対し，補充責任者の過錯自体が非常に大きく，その過錯が，被害者が蒙る損害に対して比較的大きい影響を与えたならば，直接責任者に対して求償する権利を補充責任者に付与すべきでない。補充責任者の過錯が一定の程度に達したならば，直接責任者に変わる可能性があり，このときは，不法行為を行った者とともに分割責任を負うことになる。他方，その過錯が故意であるならば，不法行為を行った者とともに連帯責任を負わなければならない。例えば，「会計士事務所に関わる会計検査業務活動における民事上の権利侵害賠償事件の審理に関する最高人民法院の若干の規定」（法釈［2007］12号）5条1項1号は，登録会計士が会計検査業務活動において，会計検査を受ける組織と悪意で通謀し，事実と異なる報告を交付して利害関係人に損害を与えた場合は，会計士事務所と会計

---

5)「全国人民代表大会法律委員会の『中華人民共和国権利侵害責任法（草案）』の審議結果に関する報告」（2009年12月22日第11期全人代常務委員会第12回会議）参照。

検査を受ける組織は，連帯責任を負うと認定しなければならないと規定する。同規定6条1項は，「会計士事務所が，会計検査業務活動において過失によって実際と異なる報告を交付し，且つ，利害関係人に損害を与えた場合，人民法院は，その過失の大小に基づいてその賠償責任を確定しなければならない」と，規定する。また，同規定10条1号は，「人民法院は，本規定第6条に基づいて会計士事務所が負うその過失の程度と相応の賠償責任を確定するときは，以下に掲げる事情に照らして処理しなければならない。（1）まず，会計検査を受ける組織が，利害関係人の損害を賠償しなければならない。会計検査を受ける組織の出資者が，出資を偽り，実際とは異なる出資を行うか又は出資を引き揚げ，その後不足額を補っておらず，且つ，法により会計検査を受ける組織の財産について強制執行を行うも，依然として損害を賠償するに足りないときは，出資者は，出資を偽り，実際とは異なる出資を行うか又は出資を引き揚げた金額の範囲内で，利害関係人に対して補充賠償責任を負わなければならない」と，規定する。この場合，出資者は補充賠償責任を負った後，もはや直接責任者としての会計検査を受ける組織に対して求償する権利を有しなくなる。

「最高人民法院の食品薬品紛争事件の審理において法律を適用する若干の問題に関する規定」（法釈［2013］28号）12条は，次のように定める。すなわち，「①食品・薬品の検査機関が故意に虚偽の検査報告を交付し，消費者に損害を与えた場合において，消費者がその検査機関に対し連帯責任を負うよう求めたときは，人民法院はこれを支持しなければならない。②食品・薬品の検査機関が過失によって真実と異なる検査報告を交付し，消費者に損害を与えた場合において，消費者がその検査機関に対し相応の責任を負うよう求めたときは，人民法院はこれを支持しなければならない。」食品・薬品の検査機関が故意に虚偽の検査報告を交付した場合は，連帯責任を負わなければならず，食品・薬品の検査機関が過失によって真実と異なる検査報告を交付した場合は，相応の責任を負わなければならない。最高人民法院の解釈によると，ここにいう相応の責任は，補充責任ではなく分割責任である。ここで補充責任ではなく分割責任にしたのは，その過失の重大さの程度と直接関係すると，筆者は考える。

以上を総括すると，直接責任者以外の第三者が負う責任形態は，その過錯の重大さの程度と密接な関連を有することになる。過錯の重大さの程度と責任形態の変化との間の関係は，大まかにいうと次の通りである。①故意——連帯責任，②重大な過失——連帯責任，③比較的重大ではない過失——求償できない補充責任，④重大でない過失——求償できる補充責任，⑤比較的軽い過失——分割責任。

もちろん，過失と責任形態との間には，大まかな対応関係があるにすぎず，同時にその他の要素の影響を受ける可能性もある。

上記の対応関係は，「最高人民法院の預金証書紛争事件の審理に関する若干の規定」（法釈［1997］8号）6条から証明され得る。すなわち，預金証書をその表現形態とする金銭消費貸借は，違法な金銭消費貸借であり，出資者が受け取る高額の利鞘は元金に充当しなければならず，出資者，金融機関と資金使用者はいずれも，違法な金銭消費貸借に参加しているため，相応の民事責任を負わなければならない。以下の幾つかの状況に分けて処理することができる。

（1）出資者が金員または手形（以下，資金と総称する）を金融機関に引き渡した後，金融機関が，出資者に預金証書若しくは入金証書，貸借対照表を交付するかまたは出資者と預金契約を締結し，且つ，資金を自ら資金使用者に振り替えた場合，金融機関と資金使用者は，出資者の元金および利息の返済について連帯責任を負う。利息は，人民銀行の同期預金利率に従い給付日まで計算する。

（2）出資者が資金を金融機関に引き渡さず，金融機関の指定するところに従い，資金を直接資金使用者に振り替えた後，金融機関が，出資者に預金証書若しくは入金証書，貸借対照表を交付するかまたは出資者と預金契約を締結した場合は，まず，資金使用者が出資者の元金と利息を返済し，金融機関は，資金使用者が出資者の元金と利息を返済できない部分について補充賠償責任を負う。利息は，人民銀行の同期預金利率に従い給付日まで計算する。

（3）出資者が資金を金融機関に引き渡した後，金融機関が，出資者に預金証書若しくは入金証書，貸借対照表を交付するかまたは出資者と預金契約

を締結した後,出資者がさらに金融機関に指定して資金を資金使用者に振り替えさせた場合は,まず,資金使用者が出資者の元金と利息を返済する。利息は,人民銀行の同期預金利率に従い給付日まで計算する。金融機関は,違法な金銭消費貸借を幇助したその過錯のために,資金使用者が出資者の元金を返済できない部分について賠償責任を負わなければならない。ただし,(その賠償額は)元金を返済できない部分の40％を超えないものとする。

（4）出資者が資金を金融機関に引き渡さず,自ら資金を直接資金使用者に振り替え,金融機関が,出資者に預金証書若しくは入金証書,貸借対照表を交付するかまたは出資者と預金契約を締結した場合は,まず,資金使用者が出資者の元金と利息を返済する。利息は,人民銀行の同期預金利率に従い給付日まで計算する。金融機関は,違法な金銭消費貸借を幇助したその過錯のために,資金使用者が出資者の元金を返済できない部分について賠償責任を負わなければならない。ただし,(その賠償額は)元金を返済できない部分の20％を超えないものとする。

上記4つのケースにおいて,過錯の程度は次第に小さくなり,責任形態もまた,次第に変化していくことが分かる。すなわち,連帯責任から補充責任さらに分割責任へ,高い割合の分割責任から低い割合の分割責任へ,元金および利息の返済から元金の一定割合の返済へと変化していく。

このことからも,1つの結論を導くことができる。すなわち,異なる責任形態間では,ある種の要素（例えば過錯）を基準にして,ある種の連続性が存在し,相互に連関している可能性がある。各責任の核心的部分において,その責任形態は明白であるが,責任と責任のボーダーライン上では,その責任形態は明白でなくなる可能性があり,少なくとも,人々の認識においては相違が生じることになる。

6．補充責任の適用には,法律による特別の規定が必要である。

補充責任においては,補充責任者に対し直接責任者のために部分的責任を負うことが求められるのであって,それは自己責任の例外であるため,法律による特別の規定を必要とする。

以下では,上記の補充責任に関する位置づけおよび特徴に基づいて,関連規定について検討することにしたい。

第3章 補充責任の淵源問題

二，権利侵害責任法は，3種類の典型的な補充責任の類型を規定した。

1．安全保障義務者が負う補充責任

権利侵害責任法37条は，「①ホテル，百貨店，銀行，駅，娯楽施設等の公共の場所の管理人または大衆的活動の組織者が，安全保障義務を尽くさず，他人に損害を生じさせた場合は，権利侵害責任を負わなければならない。②第三者の行為によって他人に損害を生じさせた場合は，第三者が権利侵害責任を負う。管理人または組織者が安全保障義務を尽くさなかったときは，相応の補充責任を負うものとする。」と，定める。

本条は，人身損害解釈6条の規定に対する立法化である。

2．幼稚園，学校またはその他の教育機関が未成年者に対して負う補充責任

権利侵害責任法40条は，「民事行為無能力者または民事行為制限能力者が，幼稚園，学校またはその他の教育機関における学習・生活期間中において，幼稚園，学校またはその他の教育機関以外の者による人身損害を受けた場合は，権利侵害者が権利侵害責任を負う。幼稚園，学校またはその他の教育機関が，管理の職責を尽くさなかったときは，相応の補充責任を負うものとする。」と，定める。

本条は，人身損害解釈7条の規定に対する立法化である。

3．労務派遣組織が負う補充責任

これは，権利侵害責任法が新たに規定した1種の補充責任である。権利侵害責任法34条2項は，「労務派遣期間中，派遣された従業員が業務の執行によって他人に損害を生じさせた場合は，労務派遣を引き受けた雇用組織が権利侵害責任を負う。労務派遣組織に過錯があるときは，相応の補充責任を負う。」と，定める。

三，司法解釈に定める補充責任類型

上記の権利侵害責任法によって立法化された人身損害解釈6条と7条のほかにも，関連司法解釈では，さらに以下の補充責任が定められた。

(一) 旅行経営者，旅行サービスの履行補助者が負う補充責任

1．「最高人民法院の旅行紛争事件の審理において法律を適用する若干の問題に関する規定」（法釈［2010］13号）7条は，次のように定める。すなわち，「①旅行経営者，旅行サービスの履行補助者が安全保障義務を尽くさずして旅行者に人身損害，財産的損害を生じさせ，旅行者が旅行経営者，旅行サービスの履行補助者に責任を負うよう求めた場合は，人民法院はこれを支持しなければならない。②第三者の行為によって旅行者に人身損害，財産的損害を生じさせた場合は，第三者が責任を負う。旅行経営者，旅行サービスの履行補助者が安全保障義務を尽くさず，旅行者が両者に相応の補充責任を負うよう求めたときは，人民法院はこれを支持しなければならない。」

2．「最高人民法院の旅行紛争事件の審理において法律を適用する若干の問題に関する規定」（法釈［2010］13号）19条は，次のように定める。すなわち，「①旅行者が，自ら（旅行）活動を手配した期間中に人身損害，財産的損害を被り，旅行経営者が必要な注意喚起義務，救助義務を尽くさなかった場合において，旅行者が，旅行経営者に相応の責任の負担を求めたときは，人民法院はこれを支持しなければならない。②前項に定める自ら（旅行）活動を手配する期間には，旅行経営者が手配する旅行行程における独立した自由活動期間，旅行者が旅行行程における活動に参加しなかった期間及び旅行者がガイド又は引率者の同意を得て一時的に旅行団から離れた個人活動期間等が含まれる。」

(二) 道路管理者が負う補充責任

「最高人民法院の道路交通事故損害賠償事件の審理において法律を適用する若干の問題に関する解釈」（法釈［2012］19号）10条は，次のように定める。すなわち，「道路上における物品の堆積，投棄［傾倒］，散乱［遺撒］等の通行妨害行為によって，交通事故をもたらし損害が生じた場合において，当事者が行為者に賠償責任を負うよう求めたときは，人民法院はこれを支持しなければならない。道路管理者が既に法律，法規，規則［規章］，国家基準，業界基準または地方性基準に従って整理［清理］，防護，警告等の義務を尽くしたことを証明できないときは，相応の賠償責任を負わなければなら

(三) 鉄道輸送企業が負う補充責任

「最高人民法院の鉄道輸送中の人身損害賠償紛争事件の審理において法律を適用する若干の問題に関する解釈」（法釈［2010］5号）13条1項は次のように定める。すなわち、「鉄道旅客運送期間中に、第三者の不法行為によって旅客に人身損害を与えた場合は、不法行為を行った第三者が賠償責任を負う。鉄道輸送企業に過錯がある場合は、損害を防止し又は制止できた範囲内で相応の補充賠償責任を負わなければならない。鉄道輸送企業は、賠償責任を負った後、第三者に求償することができる。」

(四) 公証機関が負う補充責任

「最高人民法院の公証活動に関わる関連民事事件を審理することに関する若干の規定」（法釈［2014］6号）5条は次のように定める。すなわち、「当事者が、虚偽の証明資料を提供して公証を申請したことにより、公証書に誤りが生じ他人に損害を与えた場合、当事者は、賠償責任を負わなければならない。公証機関が、法により審査・確認義務を尽くした場合は、賠償責任を負わない。法により審査・確認義務を尽くさなかった場合は、その過錯相応の補充賠償責任を負わなければならない。公証に供された証明資料が虚偽であることを明らかに知っていたか又は当事者と悪意で通謀した場合は、連帯賠償責任を負う。」

(五) 瑕疵ある出資者が負う補充責任

「会計士事務所に関わる会計検査業務活動における民事上の権利侵害賠償事件の審理に関する最高人民法院の若干の規定」（法釈［2007］12号）10条は、次のように定める。すなわち、「人民法院は、本規定第6条に基づいて会計士事務所が負うその過失の程度と相応の賠償責任を確定するときは、以下に掲げる事情に照らして処理しなければならない。（1）まず、会計検査を受ける組織が、利害関係人の損害を賠償しなければならない。会計検査を受ける組織の出資者が、出資を偽り、実際とは異なる出資を行う又は出資

を引き揚げ，その後不足額を補っておらず，且つ，法により会計検査を受ける組織の財産について強制執行を行うも，依然として損害を賠償するに足りないときは，出資者は，出資を偽り，実際とは異なる出資を行うか又は出資を引き揚げた金額の範囲内で，利害関係人に対して補充賠償責任を負わなければならない。（2）法により会計検査を受ける組織，出資者の財産に対して強制執行を行った後，依然として損害を賠償するに足りないときは，会計士事務所が，実際と異なる会計検査を行った金額の範囲内で相応の賠償責任を負わなければならない。（3）会計士事務所が1人又は複数の利害関係人に対して負う賠償責任は，実際と異なる会計検査を行った金額をその限度とする。」

　本条1号に定める瑕疵ある出資者が負うのは，まさしく補充責任である。これに対し，2号について如何に解釈すべきかは，さらに考慮を要する問題である。体系的解釈の視角からみると，1号が明確に規定したのは補充責任であるのに対し，2号は補充責任という用語を使用していないため，それを補充責任であると解すべきでない。ここでの出資者が負う補充賠償責任が妥当かどうかについても，再考を要する。

(六) 金融機関が預金証書をその表現形態とする違法な金銭消費貸借に従事したことにより負う補充責任

　「最高人民法院の預金証書紛争事件の審理に関する若干の規定」（法釈［1997］8号）6条2項2号は，預金証書をその表現形態とする金銭消費貸借紛争事件の認定と処理につき，次のように定める。すなわち，出資者が資金を金融機関に引き渡さず，金融機関の指定するところに従い，資金を直接資金使用者に振り替えた後，金融機関が，出資者に預金証書若しくは入金証書，貸借対照表を交付するかまたは出資者と預金契約を締結した場合は，まず，資金使用者が出資者の元金と利息を返済し，金融機関は，資金使用者が出資者の元金と利息を返済できない部分について補充賠償責任を負う。利息は，人民銀行の同期預金利率に従い給付日まで計算する。

（七）金融機関が，虚偽の預金証書を交付して質入れさせた場合に負う補充責任

「最高人民法院の預金証書紛争事件の審理に関する若干の規定」（法釈［1997］8号）8条2項は，次のように定める。すなわち，「預金証書の所持者が，金融機関が交付した，実際の預金がないかまたは実際の預金に合致しない預金証書をもって質入れを行うことにより，他人の財産を騙取または占有した場合，当該質入れ関係は無効である。預金証書による質入れを引き受けた者が訴えを提起した場合は，当該預金証書の所持者と預金証書を交付した金融機関が，共同被告となる。預金証書を利用して他人の財産を騙取または占有した預金証書の所持者は，他人の財産権を侵害したことに対して賠償責任を負い，預金証書を交付した金融機関が，その過錯によって他人の財産権に損害を与えた場合は，その生じさせた損害について連帯賠償責任を負う。預金証書による質入れを引き受けた者が，預金証書の真実性を審査するうえで重大な過失があった場合は，預金証書を交付した金融機関は，その生じさせた損害についてのみ補充賠償責任を負う。預金証書が虚偽であることを明らかに知りつつ，その預金証書による質入れを引き受けた場合は，預金証書を交付した金融機関は，民事賠償責任を負わない。」

上記の規定において，虚偽の預金証書を交付した金融機関の責任は，預金証書による質入れを引き受けた者の過錯の程度によって異なる。預金証書による質入れを引き受けた者がその主観上，過錯がない場合は，当該金融機関と預金証書を利用して他人の財産を騙取した者は，連帯責任を負う。預金証書による質入れを引き受けた者がその主観上，重大な過失がある場合は，当該金融機関は，補充責任のみを負う。預金証書が虚偽であることを明らかに知りつつ，その預金証書による質入れを引き受けた場合は，当該金融機関は民事賠償責任を負わない。

このような責任の配置は，過失相殺に類似するが，その合理性はどこにあるかについては，再考の余地があるといえよう。

(八) 企業がその他の企業を開設し，事実と異なる出資を行った場合に負う補充責任

「企業が開設したその他の企業が取り消されまたは廃業した後における民事責任の負担問題に関する最高人民法院の批復」（法復［1994］4号，1994年3月30日公布施行）1条2号は，次のように定める。すなわち，「企業が開設したその他の企業が，既に企業法人営業許可書を取得し，実際に投資された自己資本金が登録資本金と合致しないものの，『中華人民共和国企業法人登記管理条例実施細則』第15条第7号またはその他の関連法規に定める金額に達しており，且つ，企業法人のその他の要件を具備した場合は，同企業は法人資格を具備したと認定しなければならず，その財産をもって独立して民事責任を負うものとする。ただし，当該企業が取り消されまたは廃業した後，その財産によっては債務を弁済するに足りないときは，開設企業は，当該企業に実際に投資した自己資本金と登録資本金の差額の範囲内において民事責任を負わなければならない。」

企業がその他の企業を開設し，事実と異なる出資を行ったものの，後者が企業法人の要件を具備したならば，（同企業は）企業法人資格を具備することになる。このとき，その他の企業が取り消されまたは廃業した後，その財産によっては債務を弁済するに足りないときは，開設企業は，実際に投資した資金と登録資本金の差額の範囲内において民事責任を負わなければならない。このような責任がその形態からみて，補充責任に属するか否かについては，考慮を要する。

まず，補充責任は，権利侵害責任少なくとも，権利侵害責任と違約責任が競合する場合に限定されるか，それとも，純粋な違約責任に適用され得るか。もし，本稿の最初に述べた補充責任の位置づけと特徴に照らしてみるならば，補充責任には，純粋な違約責任が含まれないというべきである。しかし，第二順位かつ補充という意義からすると，純粋な違約責任にも，補充責任はあり得る。しかし，このような補充責任は，前述の補充責任とは比較的に大きい違いが存する。

次に，後者の意義における補充責任者は，決して直接責任者の権利侵害または違約のために条件を創り出したかまたは幇助を与えたのではなく，その

行為自体は，責任の発生とは無関係であり，その行為によって，直接責任者の財産によってはその者が負うべき責任を負うには足りないという状況を惹起し得るにすぎない。ここで，そのような可能性があるというのは，出資者による出資が全くの所真実である場合においても，企業には，その財産によっては責任を負うに足りない状況が生じ得るからである。ただ，出資者による出資が事実と異なることには，「原罪（original sin——文補）」があるため，実際の出資と登録資本金の差額の範囲内において，出資者に責任を負わせることは，出資者に対してもともと払い込むべき出資額の不足分を後納させるにすぎないのである。もし，出資者による出資がもともと真実である場合は，これらの資金が経営の中で使い果たされることもあり，そうすると，債権者の債権は必ずしも，弁済されるとはかぎらない。このような意味からいうと，出資者に事実と異なる出資という状況が存在する場合は，逆に最後の債権者にとっては，有利に働く可能性もある。

　最後に，出資者の過錯の重大さに鑑みると，事実と異なる出資を行った出資者は，補充責任ではなく連帯責任を負うべきであると，筆者は考える。

（九）破産管財人または関連人員が負う補充賠償責任

　「最高人民法院の『中華人民共和国企業破産法』を適用する若干の問題に関する規定（二）」（法釈［2013］22号，2013年7月29日最高人民法院裁判委員会第1586回会議採択，2013年9月5日公布・同年9月16日施行）33条は，次のように定める。「①破産管財人または関連人員が職務の執行中に，故意または重大な過失によって，他人の財産を不当に譲渡したかまたは他人の財産を毀損，滅失させた場合は，他人に損害をもたらしたことにより生じた債務は共益債務として，債務者の財産の中から随時に足りない損害填補部分を弁済するものとし，権利者が，破産管財人または関連人員に対して補充賠償責任を負うよう主張したときは，人民法院はこれを支持しなければならない。②上記の債務が共益債務として，債務者の財産によって随時に弁済された後，債権者が，破産管財人または関連人員の職務執行が不当であったことにより，債務者の財産を減少させ自身に損害を生じさせたことを理由に訴訟を提起し，破産管財人または関連人員に対して相応の賠償責任を負うよう主張した

ときは，人民法院はこれを支持しなければならない」。

本条において，破産管財人または関連人員が，職務の執行中に故意または重大な過失によって他人に財産的損害を生じさせた場合は，当然連帯責任を負うべきである。ここで補充責任として規定したものの，補充責任の限度額を規定しておらず，客観的には連帯責任と同様の効果を果たすことができる。それと同時に，破産管財人または関連人員は，自身の故意または重大な過失のために責任を負うのであって，債務者に求償することはできない。

(十) 全面的に出資義務を履行しなかった株主が負う補充責任

「最高人民法院の『中華人民共和国会社法』を適用する若干の問題に関する規定（三）」（法釈［2011］3号，2010年12月6日最高人民法院裁判委員会第1504回会議採択，2011年1月27日公布・同年2月16日施行。2014年2月17日最高人民法院裁判委員会第1607回会議の「『中華人民共和国会社法』を適用する若干の問題に関する規定を改正することについての決定」により改正，法釈［2014］2号，2014年2月20日公布・同年3月1日施行）13条2項は，次のように規定する。「会社の債権者が，出資義務を履行せずまたは全面的には履行しなかった株主に対し，出資しなかった元金と利息の範囲内において，会社の債務を弁済できない部分について補充賠償責任を負うよう請求した場合は，人民法院はこれを支持しなければならない。出資義務を履行せずまたは全面的には履行しなかった株主が既に，上記の責任を負った後，その他の債権者が同様の請求を提起したときは，人民法院はこれを支持しない。」

出資義務を履行せずまたは全面的には履行しなかった株主は，出資しなかった元金と利息の範囲内において，会社の債務に対して補充賠償責任を負い，この種の補充責任の前提の多くは違約責任である。株主が出資しなかったかまたは満額出資しなかった行為は，決して会社の債務のために幇助を提供したかまたは条件を創り出していないため，この種の補充責任は決して典型的な補充責任ではない。あるいは，補充責任の範囲は絶えず拡張してきているといえよう。

四，補充責任ではない規定

（一）公証機関およびその公証人が負う過錯責任

公証法（2015年改正法）43条1項は，次のように定める。すなわち，「公証機関及び公証人が，過錯によって当事者，公証事項における利害関係人に損害を与えた場合は，公証機関が相応の賠償責任を負う。公証機関は賠償した後，故意又は重過失のある公証人に求償することができる」。本条に定める公証機関およびその公証人が負う過錯責任はすなわち，一般的な職務上の不法行為に関する規定であって，補充責任ではない。

（二）食品・薬品の検査機関が，虚偽または事実と異なる検査報告を交付したことにより負う責任

「最高人民法院の食品薬品紛争事件の審理において法律を適用する若干の問題に関する規定」（法釈［2013］28号）12条は，次のように定める。すなわち，「①食品，薬品の検査機関が，故意に虚偽の検査報告を交付し，消費者に損害を与えた場合において，消費者が，検査機関に対し連帯責任を負うよう請求したときは，人民法院はこれを支持しなければならない。②食品，薬品の検査機関が，過失によって事実と異なる検査報告を交付し，消費者に損害を与えた場合において，消費者が，検査機関に対し相応の責任を負うよう請求したときは，人民法院はこれを支持しなければならない」。

本条2項規定における相応の責任は，最高法院の釈義書の解釈によると，当該相応の責任は，補充責任ではなく分割責任でなければならない。同書は，次のように指摘する。すなわち，いわゆる相応の責任とは過錯責任のことであり，その本質は分割責任である。つまり，食品の生産者，販売者が，消費者の損害について無過失責任を負うことを基礎にしたうえで，食品，薬品の検査機関もまた，その過失によって消費者の損害の発生について原因力を有するため，その過錯の程度に相応する分割責任を負わなければならない。責任割合の確定については通常，以下の2つの要素を考慮しなければならない。すなわち，（1）過錯の程度。同じ損害を生じさせた場合には，各行為者の過錯の大小を考慮し，過錯の割合原則に従い各行為者の損害賠償額

を確定しなければならない。(2)原因力の大小。損害の発生に対する原因力の大小を考慮することにより，各行為者の損害賠償額を確定する。食品の生産者と販売者が負うのは，無過失責任であり，消費者の損害について主観上の過錯を有するか否かは問わないため，原因力の割合について考慮することは，損害賠償責任の割合を確定する際の必要な要素となる。ここで注意しなければならないのは，食品の生産者と販売者が負うのは無過失責任であるため，これらの者は，法定の免責事由を除き，通常，消費者の損害について全額の権利侵害責任を負わなければならない。しかし，本条に定める場合においては，食品，薬品の検査機関がその過失によって既に分割責任を負ったならば，消費者の不当利得を防止するという観点から出発して，食品の生産者と販売者が負う権利侵害責任については，ある程度限定すべきであり，消費者が食品，薬品の検査機関に対する賠償請求を放棄しない限り，食品，薬品の検査機関が賠償できない範囲内に限定すべきである[6]。

(三) 食品認証機関が，虚偽または事実と異なる認証を交付したことにより負う責任

「最高人民法院の食品薬品紛争事件の審理において法律を適用する若干の問題に関する規定」(法釈[2013]28号)13条は，次のように定める。すなわち，「①食品認証機関が，故意に虚偽の認証を交付し，消費者に損害を与えた場合において，消費者が，食品認証機関に対し連帯責任を負うよう請求したときは，人民法院はこれを支持しなければならない。②食品認証機関が，過失によって事実と異なる認証を交付し，消費者に損害を与えた場合において，消費者が，食品認証機関に対し相応の責任を負うよう請求したときは，人民法院はこれを支持しなければならない。」

最高法院の釈義書の解釈によると，本条の規定は同解釈12条と同じく，食品認証機関が，過失によって事実と異なる認証を交付し，消費者に損害を与えた場合において，消費者が，食品認証機関に対して請求する相応の責任は，分割責任である[7]。

---

6) 最高人民法院民事審判第一庭編著『最高人民法院関於食品薬品糾紛司法解釈理解与適用』(人民法院出版社，2014年) 177頁参照。

（四）会計士事務所が過失によって事実と異なる会計検査を行ったことに対して負う責任

会計士事務所が負う責任に関しては，最高法院による3つの司法文書がある。

1．「会計士事務所が企業のために虚偽の資産検査証明を交付した場合に如何に処理すべきか，ということに関する最高人民法院の回答」（法函［1996］56号）

この文書は現在，既に廃止されたが，同回答に定める会計士事務所が負う責任形態については，なお議論することができる。同回答は，次のように定める。すなわち，「徳陽市会計士事務所は，徳陽市東方企業貿易会社のために虚偽の資産検査証明を交付し，且つ，その証明の中で，『以上の貨幣資金および固定資産は，すでに項目ごとの検証を経て事実であることが判明しており，もし，虚偽が存するならば，わが組織が責任をもって証明金額範囲内の賠償責任を負う』と，明確に承諾している。徳陽市東方企業貿易会社は登記の際に，事実上資金と財産がなかったため，徳陽市会計士事務所は，その承諾に基づいて徳陽市東方企業貿易会社の全債務に対し，その証明金額の範囲内で賠償責任を負わなければならない。山西太原南郊化学工場が徳陽市東方企業貿易会社を訴えた購入販売代金紛争事件において，山西太原南郊化学工場が，徳陽市会計士事務所を訴訟当事者として追加するよう申し立て，且つ，徳陽市会計士事務所に対し賠償責任を負うよう求めたことは，法律の規定に合致する。審理を経て，次のように判決する。すなわち，徳陽市東方企業貿易会社が債務を負担した後，債務弁済額の足りない部分については，徳陽市会計士事務所がその証明金額の範囲内で賠償責任を負わなければならない。」。

本件において，徳陽市会計士事務所は，故意に虚偽の資産検査証明を交付しており，その主観上の悪意は重大であるため，補充責任のみを負うべきではない。

2．「会計士事務所が企業のために虚偽の資産検査証明を交付した場合に如

---

7) 前掲注（6）186頁参照。

何に処理すべきか，という問題に関する最高人民法院の批復」（法釈［1998］13号）

同批復の第2項は，次のように述べる。すなわち，「会計士事務所は，事件における契約当事者と直接の法律関係を有しないとはいえ，会計士事務所が虚偽の資産検査証明を交付した行為が，当事者の合法的な権利利益に損害を与えたことに鑑みると，民事責任の負担においては，まず，債務者が責任をもって弁済し，足りない部分については，さらに会計士事務所がその証明金額の範囲内で賠償責任を負わなければならない。」。

この批復において，債務者と会計士事務所が負う責任の先後の順序を明確にしており，その意味では，会計士事務所が負うのは，補充責任であるというべきである。しかし，前述の通り，会計士事務所は虚偽の資産検査報告を交付しており，その主観上の悪意は非常に重大であるため，それに補充責任を負わせるべきでない。たとえ，補充責任を負うとしても，もはや求償する権利を持たせるべきではない。

3．「会計士事務所に関わる会計検査業務活動における民事上の権利侵害賠償事件の審理に関する最高人民法院の若干の規定」（法釈［2007］12号）

同規定10条は，次のように定める。すなわち，「人民法院は，本規定第6条に基づいて会計士事務所が負うその過失の程度と相応の賠償責任を確定するときは，以下に掲げる事情に照らして処理しなければならない。（1）まず，会計検査を受ける組織が，利害関係人の損害を賠償しなければならない。会計検査を受ける組織の出資者が，出資を偽り，実際とは異なる出資を行うか又は出資を引き揚げ，その後不足額を補っておらず，且つ，法により会計検査を受ける組織の財産について強制執行を行うも，依然として損害を賠償するに足りないときは，出資者は，出資を偽り，実際とは異なる出資を行うか又は出資を引き揚げた金額の範囲内で，利害関係人に対して補充賠償責任を負わなければならない。（2）法により会計検査を受ける組織，出資者の財産に対して強制執行を行った後，依然として損害を賠償するに足りないときは，会計士事務所が，実際と異なる会計検査を行った金額の範囲内で相応の賠償責任を負わなければならない。（3）会計士事務所が1人又は複数の利害関係人に対して負う賠償責任は，実際と異なる会計検査を行った金

額をその限度とする。」

体系的解釈の視角からみると，1号が明確に規定したのは補充責任であるのに対し，2号は，補充責任という用語を使用していないため，補充責任であると解すべきでない。もちろん，同条1号において，出資者に補充責任を負わせることが妥当かどうかは，再考に値する問題である。

（五）金融機関が，事実と異なる登録資本金証明を交付したことにより負う責任

「金融機関が，行政機関がその開設を認可した会社のために提供した登録資本金の資産検査報告が事実と異なる場合に責任を負わなければならないかという問題に関する最高人民法院の批復」（法復［1996］3号）

同批復は，次のように定める。すなわち，「金融機関が，行政機関が交付した登録資本金証明に基づき，当該行政機関がその開設を認可した会社のために事実と異なる資産検査報告を交付した場合において，その会社が債務超過に陥ったために債務を弁済する能力がなくなり，債権者に損害を与えたとき，金融機関は，受け取った資産検査手数料を返却するほか，さらに当該登録資本金の範囲内で自身の過錯と相応する民事責任を負わなければならない。金融機関が，資産検査手続に従い審査確認を行ったのに対し，その会社が登記後に資金を引き揚げたときは，金融機関は，資産検査手数料の返却と損害賠償の責任を負わない。」

本批復は，金融機関はその過錯と相応する民事責任を負わなければならないと規定する。金融機関は専門の機関として，行政機関のために登録資本金証明を交付したのであり，（その主観的態様は）故意であるというべく，その過錯は重大でないとはいえないのである。そのため，その過錯と相応する責任は連帯責任でなければならず，補充責任であるべきでない。

これと類似するのは，「金融機関が，企業のために不実又は虚偽の資産検査報告，資金証明を交付した場合に如何に民事責任を負うべきか，という問題に関する最高人民法院の通知」（法釈［2002］21号）である。同規定は，次のように定める。すなわち，「一，出資者が，出資しなかったかまたは満額出資しなかったにもかかわらず，金融機関が企業のために不実，虚偽の資産

検査報告または資金証明を提供し，関連当事者が，当該報告または証明を使用して当該企業と経済取引を行うことにより，損害を受けた場合は，当該企業が民事責任を負わなければならない。当該企業の財産によっては，債務を弁済するに足りないときは，出資者が，不実出資または虚偽の資金額の範囲内で責任を負わなければならない。二，前号の場合において，法により企業，出資者の財産について強制執行を行うも，依然として債務を弁済できないときは，金融機関が，事実と異なる資産検査部分または虚偽の資金証明金額の範囲内で，その過錯の大小に基づいて責任を負わなければならない。この種の民事責任は，担保責任に属するものではない。三，略。四，出資者が，企業の登記時に満額出資しなかったものの，その後不足額を補ったか，または債権者が賠償請求の拠り所としている契約が無効である場合は，資産検査を行った金融機関の賠償責任を免除する。五，略。」

　本通知は，企業，出資者および金融機関という，3つの責任者に関わるものである。そのうち，企業が負うのは直接の責任である。他方，出資者は，不実出資または虚偽の資金額の範囲内で責任を負い，金融機関は，事実と異なる資産検査部分または虚偽の資金証明金額の範囲内で，その過錯の大小に基づいて責任を負う。ところで，この種の責任の性質は，どのようなものであろうか。

　金融機関が負う責任に関し，同通知（2号）は，「前号の場合において，法により企業，出資者の財産について強制執行を行うも，依然として債務を弁済できないときは，金融機関が，事実と異なる資産検査部分または虚偽の資金証明金額の範囲内で，その過錯の大小に基づいて責任を負わなければならない。この種の民事責任は，担保責任に属するものではない。」と，定める。ここで，その責任は担保責任でないことを明確にしているものの，どのような責任であるかは，明確にしていない。この点に関し，筆者は次のように考える。すなわち，前述の通り，金融機関は専門の機関として，その信頼される度合いは高く，虚偽または不実の資産検査報告を交付したことは，社会の信頼を極めて大きく損なっているため，その主観的悪意は，大きくないとはえいないのである。従って，金融機関は，その損害について連帯責任を負わなければならない。連帯責任は，この種の不法行為を予防することにも

資する。他方，事実と異なる資産検査部分または虚偽の資金証明金額の範囲内という制限については，金融機関が連帯責任を負った後，出資者または企業に対して求償する際の根拠とすることができる。そして，「出資者が，企業の登記時に満額出資しなかったものの，その後不足額を補ったか，または債権者が賠償請求の拠り所としている契約が無効である場合は，資産検査を行った金融機関の賠償責任を免除する。」という，同通知4号の規定は尚更，公平とはいえない。

また，「会計士事務所に関わる会計検査業務活動における民事上の権利侵害賠償事件の審理に関する最高人民法院の若干の規定」（法釈［2007］12号）10条1号は，次のように定める。すなわち，会計検査を受ける組織の出資者が，出資を偽り，実際とは異なる出資を行うか又は出資を引き揚げた場合は，まず，会計検査を受ける組織が，利害関係人の損害を賠償しなければならない。会計検査を受ける組織の出資者が，出資を偽り，実際とは異なる出資を行うか又は出資を引き揚げ，その後不足額を補っておらず，且つ，法により会計検査を受ける組織の財産について強制執行を行うも，依然として損害を賠償するに足りないときは，出資者は，出資を偽り，実際とは異なる出資を行うか又は出資を引き揚げた金額の範囲内で，利害関係人に対して補充賠償責任を負わなければならない。

本条の規定は，出資者が負うのは補充賠償責任であることを明確にした。金融機関が虚偽または不実の資産検査報告を交付した場合，出資者が負う責任は同じく，補充責任であると解することができるだろうか。筆者は，否定的な立場を採る。何故なら，出資者は，主観的悪意が最も重大な者であるからである。つまり，会計検査を受ける組織は，出資者が立ち上げたものである。それでは，金融機関と会計士事務所は何故，虚偽若しくは不実の資産検査報告または会計検査報告を交付するだろうか。その最大の可能性としては，出資者と金融機関または会計士事務所との間に取引（関係）が存在することが考えられる。そのため，出資者の主観的悪意が最も重大であり，誰よりも最も大きい賠償責任を負うべきである。従って，出資者に補充責任を負わせてはならない。

（六）信用協同組合が，所定の手続きに反して他人に電信為替を払い戻したことにより損害を生じさせたことについて負う民事責任

「信用協同組合が所定の手続きに反して他人に電信為替を払い戻したことにより，損害を生じさせたことについて民事責任を負わなければならないか，という問題に関する最高人民法院の批復」（法（経）復［1988］45号）において言及されている，信用協同組合が，所定の手続きに反して他人に電信為替を払い戻したことにより損害を生じさせたことについて負う民事責任は，補充責任ではなく，一種の直接責任であるというべきである。

（七）銀行要員が規定に従って預金者の紛失届を受理しなかった場合に，銀行が負う責任

「銀行要員が規定に従って預金者の紛失届を受理せずして預金者に損害を生じさせた場合，銀行は民事責任を負うべきか否かという問題に関する最高人民法院の批復」（法（民）復［1990］13号）において言及されている，銀行要員が規定に従って預金者の紛失届を受理せずして預金者に損害を生じさせた場合に銀行が負う責任は，直接責任であって，補充責任ではない。

（八）以下の責任はいずれも，補充責任ではない。その理由は様々である。

1．「最高人民法院の人民法院執行活動の若干の問題に関する規定（試行）」（法釈［1998］15号）81条は，次のように定める。すなわち，「被執行人が，取り消され，登記を抹消されたか又は休業した後，その上級主管部門又は開設組織が，無償で被執行人の財産を受け取ったことにより，債務を弁済する財産が残されなかったか又は残された財産によっては弁済するに足りないときは，上級主管部門又は開設組織が，受け取った財産の範囲内で責任を負うよう裁定を行うことができる。」

ここでの責任は，補充責任ではない。何故なら，上級主管部門または開設組織には決して過錯があるわけではないからである。

2．担保法17条は，次のように定める。すなわち，「①当事者が，保証契約において債務者が債務を履行できないときに，保証人が保証責任を負うことを約定したものは，一般保証である。②一般保証における保証人は，主た

る契約の紛争が裁判又は仲裁を経ておらず，且つ，債務者の財産について法により強制執行を行うも，依然として債務を履行できないときまで，債権者に対して保証責任を負うことを拒絶することができる。③以下に掲げる事由の1つが存する場合，保証人は，前項に定める権利を行使してはならない。(1) 債務者の住所が変更したことにより，債権者が債務者に対し債務の履行を求めることに重大な困難が生じた場合。(2) 人民法院が，債務者の破産事件を受理し，執行手続を中止した場合。(3) 保証人が，書面形式によって前項に定める権利を放棄した場合。」

ここで保証人が検索抗弁権を行使することによって負うのは，後順位の責任であって，補充責任ではない。何故なら，保証人が負う保証責任は約定によるものであって，その過錯によるものではないからである。

3. 「最高人民法院の『中華人民共和国担保法』を適用する若干の問題に関する解釈」（法釈［2000］44号）

同解釈7条は，次のように定める。すなわち，「主たる契約が有効で担保契約が無効であり，債権者に過錯がない場合は，担保提供者と債務者は，主たる契約の債権者の経済的損害について連帯賠償責任を負う。債権者，担保提供者に過錯があるとき，担保提供者が負う民事責任の部分は，債務者が弁済できない部分の2分1を超えてはならない。」また，同解釈8条は，「主たる契約が無効であることにより担保契約が無効となり，担保提供者に過錯がない場合，担保提供者は民事責任を負わない。担保提供者に過錯がある場合，担保提供者が負う民事責任の部分は，債務者が弁済できない部分の3分1を超えてはならない。」と，定める。

この2か条の規定もまた，補充責任ではない。その責任のメカニズムは，補充責任と合致しない。

4. 物権法176条は，次のように定める。すなわち，「被担保債権に物的担保のみならず，人的担保もある場合において，債務者が履行期到来の債務を履行しないか又は当事者が約定した担保物権を実行する事由が生じたときは，債権者は，約定に従って債権を実現させなければならない。約定がないか又は約定が不明確である場合において，債務者が自ら物的担保を提供したときは，債権者は，まず物的担保により債権を実現させなければならない。

第三者が物的担保を提供した場合，債権者は，物的担保により債権を実現させることができ，保証人に対し保証責任を負うよう求めることもできる。担保を提供した第三者は，担保責任を負った後，債務者に対し求償することができる。」

　ここに規定する責任は，補充責任ではない。(物的)担保提供者と保証人が責任を負うのは，約定によるものであって，その過錯によるものではない。

　5．手形法37条は，次のように定める。すなわち，「裏書人が，裏書によって為替手形を譲渡した場合は，直ちにその後の被裏書人が所持する為替手形の引受と支払いを担保する責任を負う。裏書人は，為替手形が引き受けられず支払われなかったとき，その所持人に対し本法第70条，第71条に定める金額と費用を弁済しなければならない。」

　裏書人が負う責任は，補充責任ではない。その責任の基礎は，補充責任とは異なる。

〈張愛軍〉
　上記の関連草案において，補充責任が散見されるほか，1987年1月1日施行の民法通則にも既に，補充責任に関わる条項が存在している。そのうち，同法65条3項は，「委託書に記載された授権が不明である場合，被代理人は，第三者に対して民事責任を負わなければならず，その代理人は，連帯責任を負う。」と，定める。ここにいう「連帯責任」は，責任負担の主従の区別という点から見ると，実質的にはやはり一種の補充責任である。また，同法133条2項は，「財産を有する民事行為無能力者，制限的民事行為能力者が他人に損害を生じさせた場合は，本人の財産の中から賠償費用を支払うものとする。足りない部分については，その監護人が適切に賠償するものとするが，組織が監護人を担当する場合は除く。」と，規定する。上記条項における監護人が負う責任もまた，1種の補充責任である。

　そして，1990年代初めに入ると，一部の法学辞書類の著作において，「補充責任」について定義を行うようになった。つまり，中国政法大学出版社1991年版の『法学大辞典』における「補充責任」についての定義は，次の通

りである。「『主たる責任』に相対する呼称である。不法行為者（主たる責任者）が，全部の賠償責任を負うことができないとき，その者と特定の関連を有する当事者が法により，その者が償還できない部分について負う間接責任である[8]」。また，中国検察出版社1995年版の『中華法学大辞典・民法学巻』（佟柔主編）における「補充責任」についての定義は，以下の通りである。「責任者が，行為者自身によってはその行為によってもたらされた損害を賠償するに足りないときに，その足り部分について負う賠償責任である。補充責任を負う責任者が責任を負うには，主たる債務者が完全には責任を負うことができないことをその前提条件とする。もし，主たる債務者が責任を負うのに十分な財産を有するならば，補充責任が生じることはない[9]」。しかし，上記の法学辞書類の著作における補充責任についての定義は，単に被害者が全部の賠償を得ることを保証するという視角から行われたに過ぎない。

「第1章　関連規定」の中で列記した類型に関し，私は，保証人の責任を除き，その他の類型はいずれも，補充責任の範疇に属すると考える。何故なら，保証人が責任を負うのは，契約の約定によるのであって，その過錯によるのではないからである。また，上記の類型のほか，さらに一部の状況もまた，補充責任に関わっていると，私は考える。例えば，企業破産法において，「最高人民法院の『中華人民共和国企業破産法』を適用する若干の問題に関する規定（二）[10]」の関連規定が，それである。同規定33条は，次のように定める。「①<u>破産管財人または関連人員が職務の執行中に，故意または重大な過失によって，他人の財産を不当に譲渡したかまたは他人の財産を毀損，滅失させた場合は，他人に損害をもたらしたことにより生じた債務は共益債務として，債務者の財産の中から随時に足りない損害填補部分を弁済するものとし，権利者が，破産管財人または関連人員に対して補充賠償責任を負うよう主張したときは，人民法院はこれを支持しなければならない。</u>②上

---

8)〔文補〕雛瑜＝顧明総主編『法学大辞典』（中国政法大学出版社，1991年）824頁。
9)〔文補〕佟柔主編『中華法学大辞典・民法学巻』（中国検察出版社，1995年）33頁〔郭明瑞執筆部分〕。
10)〔文補〕法釈〔2013〕22号，2013年7月29日最高人民法院裁判委員会第1586回会議採択，2013年9月5日公布・同年9月16日施行。なお，以下の下線は，張愛軍氏によるものである。

記の債務が共益債務として，債務者の財産によって随時に弁済された後，債権者が，破産管財人または関連人員の職務執行が不当であったことにより，債務者の財産を減少させ自身に損害を生じさせたことを理由に訴訟を提起し，破産管財人または関連人員に対して相応の賠償責任を負うよう主張したときは，人民法院はこれを支持しなければならない」。

また，「最高人民法院の『中華人民共和国会社法』を適用する若干の問題に関する規定（三）[11]」における補充責任関連の条項は，以下の通りである。すなわち，同規定13条は，次のように定める。「①株主が，出資義務を履行せずまたは全面的には履行しなかった場合において，会社またはその他の株主がその者に対し，会社に対して法により全面的に出資義務を履行するよう請求したときは，人民法院はこれを支持しなければならない。②会社の債権者が，出資義務を履行せずまたは全面的には履行しなかった株主に対し，出資しなかった元金と利息の範囲内において，会社の債務を弁済できない部分について補充賠償責任を負うよう請求した場合は，人民法院はこれを支持しなければならない。出資義務を履行せずまたは全面的には履行しなかった株主が既に，上記の責任を負った後，その他の債権者が同様の請求を提起したときは，人民法院はこれを支持しない。③株主が会社の設立時に，その出資義務を履行せずまたは全面的には履行しなかった場合において，本条第1項または第2項に基づいて訴訟を提起した原告が，会社の発起人と被告株主に対して連帯責任を負うよう請求したときは，人民法院はこれを支持しなければならない。会社の発起人は責任を負った後，被告株主に対して求償することができる。④株主が会社の増資時に，その出資義務を履行せずまたは全面的には履行しなかった場合において，本条第1項または第2項に基づいて訴訟を提起した原告が，会社法第147条第1項に定める義務を尽くさずして出資が十分に払い込まれなくさせた取締役，高級管理人員に対して相

11）〔文補〕法釈［2011］3号，2010年12月6日最高人民法院裁判委員会第1504回会議採択，2011年1月27日公布・同年2月16日施行。2014年2月17日最高人民法院裁判委員会第1607回会議の「『中華人民共和国会社法』を適用する若干の問題に関する規定を改正することについての決定」により改正，法釈［2014］2号，2014年2月20日公布・同年3月1日施行。以下，「会社法解釈（三）」という。

応の責任を負うよう請求したときは，人民法院はこれを支持しなければならない。取締役，高級管理人員は責任を負った後，被告株主に対して求償することができる。」

同規定26条は，次のように定める。すなわち，「①会社の債権者が，会社の登記機関に登録されている株主がその出資義務を履行しないことを理由に，その者に対し会社の債務を弁済できない部分について，出資しなかった元金と利息の範囲内において補充賠償責任を負うよう請求した場合において，その株主が，自身は単なる名義株主であるにすぎず，実際の出資者でないことを理由に抗弁を行ったときは，人民法院はこれを支持しない。②名義株主が前項の規定に基づいて賠償責任を負った後，実際の出資者に対して求償したときは，人民法院はこれを支持しなければならない。」

以上の規定から分かるように，破産・清算事件において，破産管財人に故意または過失行為が存することにより関連損害を生じさせたときは，補充責任を負わなければならない。それと同時に，会社法において出資が事実と異なる場合にも，一部の責任主体が補充責任を負うこともある。

〈亓培氷〉
 一，補充責任の意味について
 (一) 法学辞書類の著作における補充責任についての定義
 １．中国政法大学出版社1991年版の『法学大辞典』における「補充責任」項目の解説は，次の通りとなっている。すなわち，「『主たる責任』に相対する呼称である。不法行為者（主たる責任者）が，全部の賠償責任を負うことができないとき，その者と特定の関連を有する当事者が法により，その者が償還できない部分について負う間接責任である。多くの国の法律によると，補充責任は主に，監護人が，制限的行為能力者が他人に損害を生じさせたことについて民事責任を負うべき場合に適用されている。中国の民法通則65条と133条の規定もまた，この類型に属する[12]。」

---

12) 全国人大常委会法制工作委員会民法室編『侵権責任法立法背景与観点全集』（法律出版社，2010年）661頁（以下，「観点全集」として引用する）からの再引用。〔文補〕前掲注（8）824頁。

2．中国検察出版社1995年版の『中華法学大辞典・民法学巻』（佟柔主編）における「補充責任」項目の解説は，次の通りとなっている。すなわち，「責任者が，行為者自身によってはその行為によってもたらされた損害を賠償するに足りないときに，その足り部分について負う賠償責任である。補充責任を負う責任者が責任を負うには，主たる債務者が完全には責任を負うことができないことをその前提条件とする。もし，主たる債務者が責任を負うのに十分な財産を有するならば，補充責任が生じることはない。各国の法律において，補充責任は主に，監護人が，制限的行為能力者が他人に損害を生じさせたことについて民事責任を負う場合に適用されている。例えば，1964年ソビエト連邦ロシア共和国民法451条は，『15歳から18歳までの未成年者に，損害を賠償するに十分な財産または給与がないときは，損害の相応する部分については，その者の父母または保護者が賠償しなければならない。もし，彼らが，損害は彼らの過錯によってもたらされたものでないことを証明できないとするならば。』と，定める。また，中国の民法通則133条2項は，『財産を有する民事行為無能力者，制限的民事行為能力者が他人に損害を生じさせた場合は，本人の財産の中から賠償費用を支払うものとする。足りない部分については，その監護人が適切に賠償するものとするが，組織が監護人を担当する場合は除く。』と，定める。上記の条項において規定する未成年者の父母，保護者および監護人が負う賠償責任はいずれも，一種の補充責任である。補充責任は，連帯責任とは異なる。連帯責任の責任者が負う責任には，先後・主従の区別がないのに対し，補充責任の責任者は，主たる債務者が責任を負う能力がないときにはじめて，損害について責任を負うことになる。民法通則65条（3項）は，『委託書に記載された授権が不明である場合，被代理人は，第三者に対して民事責任を負わなければならず，その代理人は，連帯責任を負う。』と，定める。ここにいう『連帯責任』もまた，一種の補充責任である[13]。」

3．『北京大学法学百科全書』は，補充責任について次のように解釈する。すなわち，「責任者が，行為者自身によってはある行為によってもたら

---

[13]「観点全集」661-662頁からの再引用。〔文補〕前掲注（9）33頁〔郭明瑞執筆部分〕。

された損害を賠償するに足りないときに，その足り部分について負う賠償責任である[14]。」

(二) 民法の専門家による補充責任についての定義

楊立新主編による「権利侵害責任法草案専門家建議稿」（第1章総則　第4節権利侵害責任形態——文補）20条は，補充責任について次のように定める。すなわち，「①法律の規定に基づき，同じ損害事実により2つ以上の賠償請求権が発生し，複数請求権の救済目的が同じであるものの，その請求権行使の順序について特別な規定がある場合は，被害者はまず，直接の加害者に対して賠償請求しなければならない。直接の加害者が，賠償できないかまたは十分に賠償できないときは，被害者は，補充責任者に対して損害賠償責任を負うよう請求することができる。②補充責任者は補充責任を負った後，直接責任者に対して求償権を行使することができるが，その過錯行為によって生じた直接の損害部分については求償権をもたない」。その立法理由は，次のように述べる。「不法行為法における補充責任とは，このような権利侵害責任形態をいう。すなわち，2人以上の行為者が，法定義務に違反して1人の被害者に対して加害行為を実施し，または異なる行為者が，異なる行為に基づいて被害者の権利に同じ損害を生じさせ，各行為者に同じ内容の権利侵害責任が生じた場合において，被害者が有する複数の請求権には，順序の区別があり，まず，順序が先である請求権を行使し，（請求目的を――文補）実現できないかまたは完全には実現できないときに，さらに他の請求権を行使しなければならない。」「その補充性は，責任を負う順序と賠償範囲の補充性に現れている。被害者はまず，法律に定める直接責任者に対して賠償請求しなければならず，直接の加害者が賠償できないかまたは十分には賠償できないときにはじめて，補充責任者に対して補充責任を負うよう請求することができる。補充責任の範囲は，直接の加害者が賠償できない範囲をその限度とする。」「補充責任者が，自己の過錯行為によって生じた直接の損害部分について負うのは，直接責任であるため，それについては求償権をもたない[15]。」

---

14)　魏振瀛＝徐学鹿主編『北京大学法学百科全書・民法学商法学』（北京大学出版社，2004年）7頁。

(三) 最高人民法院の関連裁判官による補充責任についての論述

　最高人民法院の集団編著による『侵権法司法解釈実例釈解』は，補充責任について次のように述べる。すなわち，「補充責任とは，責任者に賠償能力がないかまたは直接責任者を確定できないときに，関係するその他の責任者が法により補充して責任を負う形態をいう」。補充賠償責任には，2つの意味が含まれている。第1に，できるだけ直接責任者に賠償責任を負わせなければならず，直接責任者に賠償能力がないかまたは誰が直接責任者であるかを確定できないときに，さらに補充責任者に賠償責任を負わせることになる。第2に，補充責任者は，その過錯の範囲内において差額を補うことになる。もし，補充責任者に過錯がなければ，そもそも損害結果は発生しないような場合には，補充責任者は，直接の権利侵害者の賠償責任総額に従い補充責任を負わなければならない。もし，補充責任者に過錯がなければ，損害結果が軽減されるような場合には，補充責任については，損害結果が軽減され得る範囲内に限定すべきである。経営者は補充責任を負った後，自身が既に支払った賠償額について，第三者に求償することができる。補充責任において，全額求償できる理由は，以下の点にある。すなわち，まず，第三者が権利を侵害した場合，その第三者自らが民事賠償責任を負うことは，民法における「自己責任原則」に合致する。次に，補充責任者は直接の権利侵害者ではなく，その過錯は保護義務を尽くさなかったことに存するのみであり，第三者の過錯こそが損害をもたらした直接の原因である。もし，求償を認めないとするならば，第三者の責任を減少させることになり，過錯と責任が対等でなくなる。第3に，全額求償できるとはいえ，補充責任者もまた，第三者の無資力というリスクを負わなければならず，このことは，補充責任者自身の過錯による不利な結果を十分に体現させることができる[16]。

　全体的にみると，現在，補充責任に関する定義は多くなく，しかも，その見解はまちまちである。最高人民法院の関連裁判官による補充責任について

---

15) 「観点全集」662-663頁からの再引用。〔文補〕楊立新主編『中華人民共和国侵権責任法草案建議稿及説明』（法律出版社，2007年）78頁。

16) 「観点全集」663頁からの再引用。〔文補〕その原典が，黄松有主編『侵権法司法解釈実例釈解』（人民法院出版社，2006年）であることは確認できたが，なお未見である。

の理解は，楊立新による定義と比較的に接近しているとはいえ，両者間にはなお開きがあり，主に以下の点に現れている。すなわち，最高人民法院の関連裁判官は，次のように考えている。まず，被害者は，直接の加害者または補充責任者を選択して訴えることができ，直接の加害者が賠償できないかまたは十分には賠償できなくなることを待ってはじめて，補充責任者に対して主張することはない。次に，補充賠償の範囲は，直接の加害者が賠償できない範囲内に限定すべきでなく，主に補充責任者に過錯がある範囲内に限定すべきである。また，補充責任者は，直接の加害者に対して全額求償できる[17]。

二，補充責任の根源を追い求めて

王竹博士の考察によると，補充責任に関する法的構想が芽生えたのは，1950年代すなわち，わが国で初めて民法典の起草を試みたときである[18]。1957年1月9日に，「債権債務の通則第二次稿（別案）」73条について議論するとき，ある学者は次のように主張した。すなわち，「建築物，動物とその他の物が損害を生じさせた場合は，まずもって直接の責任を負う者が責任を負い，その者が責任を負えないかまたは責任を負うことが難しいときにはじめて，所有者が責任を負うべきである[19]」。この責任構造において，所有者が負う責任は直接責任者の後に置かれており，それは補充性を有している[20]。他方，1957年2月10日に，討議用に提出された「損害賠償［第三次草稿］」5条2項は，「制限的行為能力者が他人に損害を与えた場合は，その者自身が賠償責任を負う。（その者が）賠償できないか又は賠償が足りないときは，その者の法定代理人が賠償責任を負う。」と，明確に規定する[21]。同規定は，立法レベルにおいて正式に補充責任についての制度設計を提起した。しかし，遺憾なことに，1957年の整風運動によって民法典の起草作業が

---

17)「観点全集」663-664頁。
18) 王竹『侵権責任分担論——侵権損害賠償責任数人分担的一般理論』（中国人民大学出版社，2009年）188-189頁参照。
19) 何勤華ほか編『新中国民法典草案総覧（上巻）』（法律出版社，2003年）226頁。
20) 鄔硯『侵権補充責任研究』（法律出版社，2015年）3頁参照。
21) 前掲注（19）243頁。

中断され，上記草案は出されてからうやむやなままに終わってしまった[22]。そのため，補充責任に関する上記の法的構想は，現実の法律制度に転化することはできなかった。

1987年の「行政組織又は企業組織が開設した企業が倒産した後，誰がその債務を負担すべきか，という問題に関する最高人民法院の批復」（法（研）復［1987］33号）は，行政機関が開設した企業・会社が廃業した後に遺された債務に対し，企業・会社の財産をもって弁済し，足りない部分については，企業の開設に直接認可を与えた業務主管部門または開設会社の報告組織が責任を負うことを求めており，その実質は，補充的性質の法律責任である[23]。1997年になると，「補充責任」という概念が正式に，法的文書に現れるようになった。つまり，「最高人民法院の預金証書紛争事件の審理に関する若干の規定」（法釈［1997］8号）8条2項は，虚偽の預金証書を交付した金融機関は補充賠償責任を負わなければならないと，明確に規定した[24]。

1988年1月26日に最高人民法院裁判委員会が討論採択した民通意見[25]161条2項は，「行為者が他人に損害を与えたときに，満18歳になっていた場合

22）江平口述「新中国民法典的第一次起草」法制日報2012年5月30日9面参照。
23）鄔硯・前掲注（20）3頁参照。
24）同規定8条2項の全文は，以下の通りである。すなわち，「預金証書の所持者が，金融機関が交付した，実際の預金がないかまたは実際の預金に合致しない預金証書をもって質入れを行うことにより，他人の財産を騙取または占有した場合，当該質入れ関係は無効である。預金証書による質入れを引き受けた者が訴えを提起した場合は，当該預金証書の所持者と預金証書を交付した金融機関が，共同被告となる。預金証書を利用して他人の財産を騙取または占有した預金証書の所持者は，他人の財産権を侵害したことに対して賠償責任を負い，預金証書を交付した金融機関が，その過錯によって他人の財産権に損害を与えた場合は，その生じさせた損害について連帯賠償責任を負う。預金証書による質入れを引き受けた者が，預金証書の真実性を審査するうえで重大な過失があった場合は，預金証書を交付した金融機関は，その生じさせた損害についてのみ補充賠償責任を負う。預金証書が虚偽であることを明らかに知りつつ，その預金証書による質入れを引き受けた場合は，預金証書を交付した金融機関は，民事賠償責任を負わない。」
25）〔文補〕「最高人民法院の『中華人民共和国民法通則』を貫徹執行する若干の問題に関する意見（試行）」（法（辦）発［1988］6号，1988年1月26日最高人民法院裁判委員会討論採択，1988年4月2日公布施行。2008年12月18日一部改正・一部失効）をいう。

は，本人が民事責任を負わなければならない。経済的収入がない場合は，その扶養者が立て替えるものとし，立て替えることが確かに困難であるときは，判決または調停によってその給付を延期させることもできる。」と，定める。正式に公布されなかった民通意見（1990年修正稿）は，同条文をそのまま185条の中に残しておいた。当該ルールは，当時のわが国の司法実践において，大量に存在していた青年加害者に賠償能力のない事件の処理に対して，わが国の社会の民事上の慣習に基づき，補充的性質を有する扶養者の立替責任を創り出すとともに，第三順位の公平責任を設定した。このような制度設計は，私人の財産と責任保険のいずれも十分でない状況の下において，被害者の求償不能のリスクと，扶養者に頼って生活しかつ経済的収入もない青年加害者およびその家族の生活利益との間において，バランスを図ろうとする裁判機関の意図を一層体現している[26]。

　1990年代初期になると，補充構造的性質を有する権利侵害責任制度が，わが国の不法行為法において現れ始めるようになった。1993年2月22日公布の改正前の製品品質法30条1項が定める「販売者の過錯によって製品に欠陥が存することになり，人身損害，他人の財産損害をもたらした場合，販売者は賠償責任を負わなければならない」というのは，過失責任であるのに対し，同法30条2項が定める「販売者が欠陥製品の生産者を明示できず，また，欠陥製品の供給者も明示できないときは，販売者は賠償責任を負わなければならない」という規定は，実質的には補充責任形態の原形を含んでおり，ただ，欠陥製品の生産者と供給者を明らかにする義務を販売者に配分しているにすぎず，このこともまた，厳格責任領域における挙証責任の配分ルールに合致する。同条1項が規定したのは，過失責任である以上，過錯のない販売者が同条2項に基づいて例外的に責任を負う前提はまさに，欠陥製品の生産者と供給者を明示できないことにある。そうすると，立法目的に基づき，もし，販売者が，事後的に生産者または供給者を明らかにすることができたならば，同法28条2項後段の規定を参照して適用すべきである。すなわち，「生産者の責任に属するか，または販売者に製品を提供するその他の販売者

26）王竹・前掲注（18）189頁および同『侵権責任法疑難問題専題研究』（中国人民大学出版社，2012年）184頁。

（以下，供給者と略称）の責任に属するときは，販売者は，その生産者または供給者に求償することができる」。これは，わが国の法律レベルにおいて，初めて現れた補充責任の原形である[27]。

また，次のように考える見解も存在する。すなわち，「補充責任はまず，1990年代以来，裁判官が株主による不実出資等の問題に対し，実践においてそれを総括し析出してきたものであり，そのうえで裁判実務において幅広く押し広められていった。当該名称もまた，裁判官が判決の中で創設し，且つ，若干の司法解釈において認められるようになったのである[28]。」

私は，次のように考える。すなわち，補充責任は，わが国の不法行為法および司法実践における比較的特色を有すると同時に，極めて曖昧な制度であり，その実質的な淵源については，なお深く入り込んだ考証が待たれるところである。（設問にある）1950年代の関連立法草案における建築物による他人損害，被監護人による他人損害等の権利侵害事件に関する規定は，その責任形態において「補充責任」に類似している。つまり，これらはいずれも，まずもって直接責任者が責任を負い，（直接責任者が）責任を負うのに十分でないときにはじめて，所有者または監護人が責任を負う形として現れており，責任の順位性，補充性という特徴を体現している。しかし，上記2種類の不法行為形態は，立法において特殊不法行為形態に属しており，一般的に補充責任に属するとは考えられていないため，これらを補充責任の淵源とみなすことはできない。「補充責任」という概念が正式に，法的文書に現れるようになったのは，「最高人民法院の預金証書紛争事件の審理に関する若干の規定」（法釈［1997］8号）からであり，同規定8条2項は，虚偽の預金証書を交付した金融機関は補充賠償責任を負わなければならないと，明確に規定する。他方，補充責任が学者の視野に入り，かつ真に幅広く研究されるようになったのは，1999年前後にあった上海銀河ホテル事件からである。同事件において，裁判所は，ホテル側には安全保障義務およびそれを履行しなかった違約責任があると認定するとともに，これに基づいて銀河ホテルに違約によ

---

27) 王竹・前掲注（18）189-190頁。
28) 袁秀挺「論共同責任中補充責任的確認与適用——兼与非真正連帯責任的比較」法治論叢2005年6期101頁。

る賠償責任を負わせた。同事件は，2003年最高人民法院の人身損害解釈における安全保障義務関連条項の公布に対して直接的な推進作用を果たし，且つ，権利侵害責任法の中でも確立された。現在，補充責任に関する最も典型的なケースは依然として，安全保障義務違反の補充責任類型である。

〔日本側コメント〕
〈瀬川信久〉

文，王，張，亓の説明・検討によると，中国法の「補充責任」は議論の最中にあり，その内包（意義，法規範の要素）と外延（補充責任とされる事案類型の範囲）が未確定である。そこで以下では，まず補充責任の事案を整理し，それに基づき補充責任の規範内容を検討してその意義と淵源を考え，最後に日本法と簡単に比較する。

1．中国法の補充責任の整理と分析

中国では今日，補充責任をめぐって多くの議論がある[29]が，以前は必ずしもそうでなかったようである。「補充責任」の用語を早くに用いたのは，法律文献では『法学大辞典』(1991年)，『中華法学大辞典』(1995年)[30]，法規では，1997年の最高人民法院の規定だという[31]。そこで，1990年代の前か後かに注意しながら補充責任の事案を整理してみる。

(1) 事案の整理と分析
　ア）保証債務——事案類型（A）
まず，債務の中で補充性が最も明確な保証債務をみると，1980年代以前も1990年代以後も，補充責任とは考えられていない。上記の『法学大辞典』，『中華法学大辞典』も，補充責任として保証債務をあげない[32]。本共同研究

---

29) 本書第2部第4章，第5章の注に挙げられる諸論稿を参照。
30) 本章における亓培氷と張愛軍の回答部分による。
31) 王成・本書149頁（注（1））。出資者が資金使用者に直接資金を振り替えたのに預金証書・入金証書等を交付した金融機関は，資金使用者が返済できない部分について補充賠償責任を負うとする。
32) 張・本書177頁，亓・本書179-180頁の紹介による。

でも，文による「第1章　関連規定」は保証・担保に関する規律をあげる[33]が，王・張は，保証債務は約定に基づく後順位責任であることを理由に，補充責任から明確に排除する[34]。

イ）無権代理人，無能力者の監護人，建築物・動物等の所有者の責任
　　──事案類型（B）

上記の保証債務を横に置くと，古くからの法規範の中で今日の学説が補充責任と考えるのは，a）無権代理人の責任，b）制限的行為無能力者の監護人の責任，c）建築物その他の設備の所有者の責任，d）動物の管理者・所有者の責任である（1950年代の民法草案と1987年の民法通則133条2項があげられる[35]）。上記の『法学大辞典』，『中華法学大辞典』もこれらを補充責任としてあげる[36]。しかし，重要なのは，今日では，これらの不法行為責任は補充責任の中心的な事案と考えられていないことである。『中華法学大辞典』は，a）b）を「一種の補充責任」とし，張も，1950年代の民法草案や1987年の民法通則のa）b）を「一種の補充責任」だとし，また，1990年代前半の法律学辞典[37]の補充責任──そこでは上記のa）とb）の責任を考えていた──の定義[38]は，「単に被害者が全部の賠償を得ることを保証するという視角から行われたに過ぎない。」とする[39]。

ウ）今日の補充責任──事案類型（C）（D）（E）（F）

---

33) 本書135頁以下の「5．保証人の補充責任」参照。これは，共同研究の過程において筆者（瀬川信久）が，日本法の保証債務の補充性に言及したことを考慮したためかと思われる。

34) 王成174頁，175頁の四（八）2と4，張愛軍177頁第2段落。亓培氷179頁以下も同意見と思われる。

35) 文・本書123-124頁の1.1と1.2，張・本書176頁，亓・本書179-180頁，183頁。

36) ただし，これらの辞典は建築物その他の設備の所有者の責任と動物の管理者・所有者の責任を挙げていない。

37) 前掲注（8）と前掲注（9）をいう。

38) 不法行為者が全損害を賠償することができないときに，〔その者と特定の関連を有する者が……この部分は『法学大辞典』のみ〕足りない部分について負う賠償責任とする。

39) 張・本書177頁11行目。王は，無権代理人，制限的行為無能力者の監護人，建築物その他の設備の所有者，動物の管理者・所有者の責任を補充責任としてあげない（理由は述べない）。

第 3 章　補充責任の淵源問題　　189

　それでは，今日の学説はどのような事案を積極的に補充責任と考えるのか。まず，亢は，「補充責任はまず，1990年代以来，裁判官が株主による不実出資等の問題に対し，実践においてそれを総括し析出してきたものであり，そのうえで裁判実務において幅広く押し広められていった。当該名称もまた，裁判官が判決の中で創設し，且つ，若干の司法解釈において認められるようになったのである。」という（本書186頁上から4行目）。また，改正前の製品品質法（1993年）における販売者の責任が「実質的に補充責任形態の原形を含んでいる」とする[40]。王は，「補充責任が真に重視されるようになったのはやはり，最高人民法院が「人身損害解釈」（2003年）を起草制定する前後である。」とし，「上海銀河ホテル事件が安全保障義務と補充責任の確立について重要な影響を与えた。」とする[41]。

　これらによると，事案類型（B）のa）b）c）d）の責任は1990年代以前の補充責任であり，1990年代以後の補充責任の事案は，株主の不実出資等，製品品質法，上海銀河ホテル事件を含む人身損害解釈の問題である。そこで，今日の補充責任の事案として，文・王・張・亢があげる事案類型から，（A）の事案（保証債務，それと関連する担保提供者と保証人との関係，手形の裏書人の事案）と，1990年代以前からの（B）の事案を除いたものを考える。ただ，こうして得た事例群も依然として多様である。補充責任の事案の範囲（外延）が広く多様なものを含むほどその意味（内包）は希釈化するから，各事案の利害関係によってさらに区分けする必要がある。そこで，上記の事例群を事案の事実関係，特に損害の発生の仕方ないし原因によって分けると，4つのグループになる（表を参照。各グループの中は古いものから並べた。）[42]。

40）本書185頁下から9行目。しかし，製品品質法が規定するのは，販売者は生産者・供給者を明示できないときに賠償責任を負うという，順位の補充責任である。
41）王・本書149頁上から5行目，151頁下から2行目。上海銀河ホテル事件は，1998年にホテルYで第三者（後に死刑）が宿泊中の女性Aを殺害した事件で，2000年に判決がAの両親からYに対する損害賠償請求を減額して認容した。
42）本稿は，（A）保証債務を除く補充責任を，（B）と（C）と（E）（F）に分け，（D）を（C）と（E）（F）の中間に位置づける。亢・本書223頁によると，劉海安が補充責任を，不作為に基づくもの，受益に基づくもの，監護・扶養に基づくものに分類している。本稿の類型の（B）は劉海安の監護・扶養に基づく補充責任に，（C）は受益に基づく補充責任に，（E）（F）は不作為に基づく補充責任に対応するように思われる。

表の各責任について，それを補充責任と考えるかが議論されている。この問題に関し王教授は，一般的には，(C)(D)の責任を補充責任とせず，(E)の責任を補充責任とし，また，(D-2)(F-2)などの検査・認証機関の責任を補充責任とされない傾向がみられる（表の○×△を参照）。しかし，王教授は事案類型だけでなく条文の「体系的解釈」も重視されるからであろうか，事案類型による傾向には凹凸がある。しかし，被害発生に対する責任者の関与の仕方をみると，(C)(D)の責任を補充責任とせず，(E)の責任を補充責任とすることには実質的な理由があるように思われる。

　まず，(C)は，①銀行要員が預金者の通帳紛失届を受理しなかったことによる損害に関する銀行の責任，②公証人の錯誤に因る損害に関する公証機関の責任，③派遣従業員に因る損害に関する労務派遣組織の責任と，④破産手続の職務執行中に与えた損害についての破産管財人らの賠償責任，不当な職務執行により破産債権者に与えた損害についての破産管財人らの賠償責任である。これらの損害原因の事情は区々であるが，いずれも事業の被用者・受任者が事業遂行中に第三者に与えた損害について事業者に賠償責任を課すものであり，日本法では，使用者責任ないしその拡張・変形で受け止めている（後述）。つぎにみる(D)(E)(F)の損害が補充責任者の監督外の第三者の行為に因るのとは異なる。各補充責任の内実を知るために，少し立ち入ってみる。

　まず，①②について，文は補充責任の事案としてあげるが，王は，直接責任であること（①）あるいは一般的な職務上の不法行為であること（②）を理由に，補充責任でないとする（王167頁四（一），174頁四（七））。王は，①②の損害は補充責任者（銀行，公証機関）の事業活動の遂行に因るから，補充責任者の過錯の範囲に制限すべきでないと考えるのであろう。

　次に，③の労務派遣組織の責任は，補充責任を限定的に考える王も補充責任とする（159頁二3）。王が③を補充責任とするのは，公共場所の管理者の責任，教育機関の責任（(E)の①②）と同じく，権利侵害責任法が「相応の補充責任を負う」と規定するからであろう（王は規定の位置と文言による体系的解釈を重視する）。しかし，③の損害が，補充責任者（労務派遣組織）の業務の執行から生じているときには，損害発生の構造が公共場所の管理者・教

第3章　補充責任の淵源問題　　191

《表　1990年代以後の補充責任事例の類型》

(C) 使用関係ないしそれに類似する関係がある場合の	
(C-1) 指揮監督者の 責任	①銀行要員が預金者の通帳紛失届を受理しなかったことによる損害に関し銀行は民事責任を負う（1990）。　　　　　文134頁4.5，×王174頁四（七） ②公証人の錯誤に因る利害関係者の損害に関し公証機関は相応の賠償責任を負う（2005）。　　　　　文141頁の＊，×王167頁四（一） ③派遣された従業員に因る損害について労務派遣組織は相応の補充責任を負う（一次責任者は派遣を受けた組織。2009年の権利侵害責任法34条2項）。　　　　　　　　　　　　　文141頁7，○王159頁二3
(C-2) 業務従事者の 責任	④破産管財人・関連人員が職務執行中に他人の財産に与えた損害は共益債務となり，足りない部分について破産管財人・関連人員が補充賠償責任を負う。不当な職務執行による債権者の損害については，破産管財人・関連人員が相応の賠償責任を負う（2013）。 　　　　　　　　　　　　　　　　○王165頁三（九），○張177頁
(D) 企業の倒産・廃業，資産不足により企業債権者等が損害を受けた場合の	
(D-1) 企業の開設者 の責任	①行政組織・企業組織が開設した企業が，（違法な経営等により）倒産した場合には，開設認可した業務主管部門・開設会社の報告組織が，残債務を弁済しなければならない（1987）。　　　文142頁10.1，○元184頁 ②自己資本金が登録資本金に合致しなかったが他の要件を満たして法人資格を取得した企業が，その後に取消され・廃業し，債務を弁済できない場合には，開設企業は，投資した自己資本金と登録資本金の差額の範囲内で民事責任を負う（1994）。　　　　　　△王164頁三（八）
義務不履行の 出資者の責任	③瑕疵ある出資者は，会計検査の対象組織から賠償を受けられない利害関係者の損害に関し出資の偽り等の範囲内で補充賠償責任を負う（2007）。 　　　　　　　　文130頁3.3，○王161頁三（五），○張249頁 ④出資義務不履行の株主は，会社債権者が会社から弁済を受けられない分につき，出資不履行の範囲内で補充賠償責任を負う（2011年の会社法解釈（三）13条2項）。 　　　　　　　　　　　　　　　　○王166頁三（十），○張178頁 ⑤登録された名義株主は，出資不履行により会社債権者が弁済を受けられないとき，出資不履行の範囲内で補充賠償責任を負う（2011年の会社法解釈（三）26条）。　　　　　　　　　　　　　　　　　○張179頁

企業から無償処分を受けた上部組織の責任	⑥取消し or 登記抹消 or 休業後の被執行人から無償で財産を受けた上級主管部門 or 開設組織は，無償処分により被執行人が弁済できないことについて，受けた財産の範囲内で責任を負う（1998）。 文143頁の10.2，×王174頁四（八） 1
（D-2）企業資産を検査・認証した会計士事務所・公証機関・金融機関の責任	⑦故意又は悪意で虚偽の資産検査証明を交付した会計士事務所は，企業債権者の損害につき，証明金額の範囲内で責任を負う（1996，1998）。 文127-129頁3.1，3.2，×王169-170頁四（四） 1・2 ⑧組織，出資者，過失で事実と異なる会計検査報告をした会計士事務所は，利害関係人に与えた損害につき，実際と異なる金額範囲内で相応の責任を負う（2007）。　　　　　文130頁3.3，△王170頁四（四） 3 ⑨会計士事務所は，会計検査を受ける組織の出資不足による利害関係者の損害につき，実際と異なる金額範囲内で相応の責任を負う（2007）。 文130頁3.3，△王161頁三（五），○張249頁 ⑩公証機関は，虚偽の証明資料を審査確認せず公証したことによる損害につき，過錯相応の補充賠償責任を負う（2014）。 文141頁8，○王161頁三（四） ⑪当該会社の不実の資産検査報告を交付した金融機関は，不実の登録資本金証明により開設認可された会社の債務超過により債権者が受けた損害につき，登録資本金の範囲内での過錯と相応する責任を負う（1996）。　　　　　　　　　　文131頁4.1，×王171頁四（五） ⑫当該企業の不実，虚偽の資産検査報告・資金証明を提供した金融機関は，出資不足による利害関係者の損害につき，事実と異なる検査・証明の範囲内で責任を負う（2002）。　　　　　　　　　　文132頁4.3 ⑬電信為替を手続違反で払い戻した信用協同組合は，為替受取人に対し，民事責任を負う（1998）。　　　文133頁4.4，×王174頁四（六）
（E）公共的な場所の来場者が第三者から損害を受けた場合の	
公共的な場所の管理者の責任	①第三者に因る損害についてホテル，百貨店，銀行，駅，娯楽施設等の公共場所の管理人は相応の補充責任を負う（2009年の権利侵害責任法37条）。　　　　　　　　　　　　　　　文138頁6.2，○王159頁二 1 ②教育機関以外の者に因り行為無能力者・制限行為能力者が受けた人身損害について教育機関は，相応の補充責任を負う（2009年の権利侵害責任法40条）。　　　　　　　　　　　　　　文138頁6.2，○王159頁二 2 ③物品投棄等通行妨害行為に因る交通事故損害について道路管理者は，相応の賠償責任を負う（2012）。　　文140頁6.4，○王160頁三（二） ④第三者の不法行為に因り旅客が受けた人身損害につき鉄道輸送企業は防止できた範囲内で相応の補充賠償責任を負う（2010）。 文140頁6.5，○王161頁三（三）

第3章　補充責任の淵源問題　193

(F) 財・サービスの欠陥，取引の不適正等により消費者等が損害を受けた場合の	
(F-1) 販売者・サービス提供者の責任 (安全保障義務)	①製品の欠陥による<u>人身損害・財産損害</u>につき，<u>販売者</u>は，生産者・供給者を明示できないときに<u>賠償責任を負う</u>（1993年の製品品質法）。 　　　　　　　　　　　　　　　　　　　　　　　　　　○亓185頁 ②<u>第三者に因り旅行者が受けた人身・財産損害</u>に関し<u>旅行経営者・旅行サービス履行補助者</u>は<u>相応の補充責任</u>を負う。 ③<u>旅行者自身が手配した旅行期間中の人身・財産損害</u>について<u>旅行経営者は相応の責任</u>を負う（2010）。文139頁6.3，○王160頁三（一）1・2
(F-2) 食品・薬品の検査機関の責任	④<u>食品・薬品の消費者損害</u>につき，<u>過失で不実の検査報告をした検査機関は相応の責任を負う</u>（2013）。　　　　文142頁9，×王167頁四（二） ⑤<u>食品の消費者損害</u>につき，<u>事実と異なる認証をした食品認証機関は相応の責任を負う</u>（2013）。　　　　　　文142頁9，×王168頁四（三）
(F-3) 不適正な取引に関わった者の責任	⑥<u>高利の消費貸借借主の不返済による出資者の損害</u>につき，<u>出資者に預金証書等を交付した金融機関</u>は<u>不返済の部分の補充賠償責任</u>を負う（1997）。　　　　　　　　　　　　文131頁4.2，○王162頁三（六） ⑦<u>虚偽の預金証書の質権者が受けた損害</u>につき，<u>預金証書を交付した金融機関は連帯賠償責任を負う</u>。質権者が重過失のときは生じさせた損害のみの補充責任を負う（1997）。　　　　　　　　△王163頁三（七）

1) ＿＿＿＿は損害の発生態様，＿＿＿＿は補充責任者，＿＿＿＿は補充責任者の主観的態容，～～～～は賠償責任の条件，範囲と呼称である。
2) 「文」は「第1章　関連規定」の頁数であり，「王」「張」「亓」は各氏の意見の掲載頁である。
3) ○は補充責任ととらえることに賛成の意見。×は反対の意見。△は要検討とするの意見。無印は意見がない。文による「第1章　関連規定」は意見ではないものと考え，無印とした。
4) 一つの司法解釈が異なる事案に関する判断を含むときには別々に記した。例えば，(D) の③と⑨。
5) 責任順位の点でも責任額の点でも補充責任ではないもの（例えば，張178頁のあげる2011年の会社法解釈（三）13条3項（株主が出資義務を履行しなかった場合に発起人は会社債権者に対し当該株主と連帯責任を負う））は，表にあげていない。

育機関の責任の場合と異なる。③は使用者が複数いる場合であり，このときの使用者責任は，第三者の侵害行為を防止しなかった過錯とは別の法理に依るべきであろう（王も，「1種の補充責任である」として，補充責任とすることにやや躊躇している）。

　最後の④は，直接加害者の責任であるから補充責任ととらえるべきでない（張が補充責任として挙げるのに対し，王は補充責任ではなく連帯責任を負うべきだとする）。ただ④では，直接加害者（破産管財人等）が他者の事業（破産財団の清算）を遂行する過程で第三者を害していることから，事業の受益者（破産財団）を一次責任者とし，直接加害者の賠償責任を軽減するものと思われる。敢えて比すれば，使用者が責任を負う場合の被用者の責任の軽減であり，狭義の補充責任とは区別すべきであろう。

　以上のように，（C）は使用者責任あるいはその拡張・変形とみるべきものである。この（C）と比べると，（E）の公共的な場所の管理者の安全保障責任，（F）の財・サービス提供者の安全保障責任の事案では，損害発生に対する補充責任者の関与が間接的で，積極的でない。これらの補充責任の基礎は作為義務の拡張であり，これらにおいて賠償責任を縮減するのはこの作為義務拡張とのバランスを考慮したものと思われる。例えば，（E）は，多かれ少なかれ公共的な場所の来場者が第三者から侵害を受けた場合に，その場所の管理者に，侵害を防止する作為義務を根拠に賠償責任を課し，ただ，管理者自身の活動に起因する侵害でないことからその賠償責任を軽減するものであろう[43]。また，（F）は，財・サービスの品質，取引の適正さの欠陥等により消費者等が被害を受けた場合に，その欠陥の作出者でなくても財・サービス・取引の提供に——（F-1）では消費者への直接の提供者として，（F-2）では食品・薬品の検査・認証機関として——関わっていた者が損害発生を防止する義務を負っていたと考えて賠償責任を課し，ただ，直接の侵害者が他にいることを考慮してその賠償責任を軽減するものであろう[44]。

　（D）は企業の破綻・資本不足等の場合の責任であるが，補充責任としてあげられるのは，企業債権者・出資者等という第三者に対する責任であり，

---

43) 教育機関の責任については，権利侵害責任法38条・39条は補充責任としていないことに注意。補充責任は40条の第三者による加害の場合のみである。

会社自身に対する責任を含まないと理解した[45]。そう理解する場合，(D-1)の①は，企業が破綻して企業債権者が弁済を受けられない場合に，企業開設者に企業債務を一定の限度で弁済する責任を課すものである。①は，倒産の原因を限定せず広範な場合に責任を課すものであったが，②は，同じく開設者に破綻企業の債務弁済の補充責任を課すが，自己資本金が登録資本金に合致しない場合に限っている。③は，瑕疵ある出資者に，出資の瑕疵により損害を受けた者に対する賠償責任を課し，④⑤は，出資義務不履行の株主に，会社債権者に対する賠償責任を課す。なお，日本の会社法は，資本不十分な会社設立の場合に，①②のように，発起人等が会社債権者等に賠償責任を負うことを規定していたが（平成17年会社法改正により縮小），③④⑤のように，出資義務不履行の株主が損害を受けた会社債権者等に賠償責任を負うと考えたことはない。(D-2)の⑦〜⑫は，企業資産・出資状況を検査・認証する機関に，虚偽の検査証明・報告に因る損害について，企業債権者その他の利害関係者に対する賠償責任を課す[46]。

---

44) なお，この中の旅行経営者等の責任（②③）について，文，王は，「安全保障義務」として，(E)の公共的場所の管理人・教育機関・道路管理者・鉄道輸送企業の責任と並べる。ただ，(E)の「安全保障義務」の根拠が公共的な場所の管理者であるのに対し，旅行経営者等の責任は役務提供契約の当事者間の義務に基づくので，表では(F)に分類した（もっとも，(E)と(F)の差は連続的である）。
45) 中国法の(D)の事例のうち，④〜⑦⑪では企業債権者に対する責任であることが明らかであるが，①〜③⑧⑨⑩⑫では誰に対する責任かが明確でない。このうち⑧⑨⑫では，「利害関係者」の範囲による。ただ，企業開設者，出資義務不履行者，会計検査・認証機関等の会社に対する責任は，その存在目的から，会社の本来の債権額と実際に履行された額との差額に限定されるから，これを敢えて「補充責任」というべきでない。そこで，①〜③⑧⑨⑩⑫も会社以外の者に対する責任だと理解した。また，同様の理由から，取締役・高級管理人員の会社に対する責任（会社法解釈（三）13条4項）を補充責任とする（張179頁）のは適切でないと考え，これを表に入れなかった。
　なお，(D)の補充責任の趣旨・意味を考えるには，責任の相手方のほかにも，責任者が企業開設者，出資者，会計検査・認証機関の誰か，資本不足の場合については会社設立と新株発行のいずれか，企業破綻の原因が設立当初からの資本欠如か，粉飾決算，放漫経営か等，①〜⑫の事案の状況が必要であるが，調査できなかった。本文の検討はそれらの事情を考慮しない概括的なものである。
46) ⑥は，執行債務者である企業の上級主管部門または開設組織が，その企業から無償で財産を受けた場合に，企業の債務について責任を課すものであり，他と異なる。

以上のような（D）における補充責任者の侵害関与は，（C）に比べると間接的で小さいが，（E）（F）に比べると直接的で大きい。王教授が（D）の事案を補充責任でないとするのは，このような理由によるのであろう。

（2）補充責任の規範内容の検討

　中国の補充責任の法理には多様な要素があるが，それらの要素間の比重も，1990年代の前後で変化している。

　1990年以前は，補充責任の特性として，被害者に対する責任順位が考えられていた。例えば，1957年の民法典起草作業では，建築物・動物その他の物による損害について，直接責任者が責任を負えないか負うのが難しいときにはじめて所有者が責任を負う，制限行為能力者の監護人の責任について，制限行為能力者自身が賠償できないか賠償が足りないときに賠償責任を負うとしていた[47]。また，1990年前後には，18歳以上の加害者に経済的収入がない場合にはその扶養者が立替責任を負う旨の民通意見があった[48]。これらの補充責任は，（B）の事案で，一次責任の成立上あるいは履行上の障碍を補完する機能を考えていた。責任順位の補充責任では，責任額も直接責任者が未履行の額に限られる。しかし，未履行額への限定であり，過錯に応じた限定ではない。そもそも，この補充責任は過錯に基づく責任とは考えられていなかったようである。

　以上に対し，今日の中国の学説・実務は，第一に，補充責任の中核的要素として，被害者に対する責任の順位は考えず，そこでの賠償額の制限のみを考え，さらには，内部的な求償による補充責任者の最終的負担の制限を考えている。例えば，王成教授は次のようにいう。「……補充責任者が直接責任者の次に責任を負うことは，一般保証における保証人の検索の抗弁権とは異なる。補充責任者は畢竟，自己の過錯のために責任を負うため，この種の先後の順序はより観念的なものであり，終局的責任の意味におけるそれである。人身損害解釈6条2項後段は，『……安全保障義務者は賠償した後，第三者に求償することができる。……』と定める[49]。」。張氏も，補充責任者の

47）文・本書123-124頁，亓・本書183頁。
48）亓・本書184-185頁。

検索の抗弁権を，法律が規定する場合以外では原則として否定する（本書249頁）。亓氏も，補充責任の従属性の有無（第三者の責任の成立を前提とするか否か）には大きな曖昧さがある，補充責任では，複数の損害賠償請求権の行使に順序を付け，先順位の賠償義務者の賠償が損害を填補できないときに後順位の義務者に賠償請求できると理解されているが，「実践においては，このような順序性が厳格に守られたことは，一度もない。通常，被害者はすべて，補充責任を負う責任者を直接訴えるのであり，このとき，……その責任の『補充性』は明らかでないばかりか，逆に責任の独立性がより際立っている」とし，検索の抗弁権については，「一般的に，補充責任者が検索の抗弁権を有することは認めない。」とする（本書224頁，251頁）。

そして第二に，補充責任が補充責任者の過錯に基づくことを強調する。特に王成教授は，補充責任が過錯に基づく責任であり，その賠償額は，直接責任者が履行しない部分へ制限されるのではなく，補充責任者の過錯に相応する責任に制限されるとする[50]。

しかし，中国でも不法行為責任は原則として過失責任である。したがって，ここで，補充責任が過錯に基づくことを敢えて強調する理由は，まず，(a) 補充責任による賠償額が過錯に応じて制限されることを正当化するためである。しかし，それだけでなく，(b) 補充責任が，通常の過失（予見可能性）ではなく，他者（直接責任者）の加害行為を阻止する作為義務の懈怠に基づくことを示すためであるように思われる。それぞれにつき敷衍しておく。

(a) 賠償額を過錯に応じて制限することは，(B) の補充責任，さらに (A) の保証責任が，直接責任者・主債務者が賠償・履行できない範囲に限定されたことに類比される。しかし，賠償責任限定の基準が異なる。(A) (B) では主債務者，直接責任者の未履行分に限定するのに対し，(D) (E) (F) で

---

[49] 王・本書153-154頁の一3。同154頁以下（155頁，157頁）の5は，この求償の可否と内容について，基本的に補充責任者の過錯の程度にかかるが，場合によってはその他の要素の影響を受けるとする。

[50] 王・本書153頁，154頁の一2と一4。王成は補充責任を過錯に基づく場合に限定し，無過失責任や故意責任の場合を除外する。

は補充責任者の過錯あるいはその他の事情により限定する。

　(b) 補充責任の過失の特異性については，王が次のようにいう。「この種の過錯〔補充責任者自身が損害結果の発生について有する過錯〕は，補充責任者のある種の義務に対する違反に由来しているものの，この種の過錯は，損害の発生について積極的な原因力を有しない。補充責任者の過錯は往々にして，損害の発生のために条件を与えているにすぎず，直接責任者の行為がなければ，たとえ当該過錯が存在したとしても，被権利侵害者の損害を生じさせることはない[51]。」自己の行為による不法行為では，過失はその行為による加害結果の予見可能性という事実的な判断によることができる。これに対し，他者の加害を防止する作為義務違反の過失は，作為義務の有無・内容・範囲について規範的な判断を要する。補充責任の過錯につき，亓は次のようにいう。「この過失は抽象的な過失であるにすぎず，それは，裁判官が責任者に責任を負わせようと思えば，通常，『発見』できる過失である。公平責任の性質と類似して〔いる〕[52]。」

　補充責任の過失のこの特異性は，補充責任が作為義務違反に基づくことに由来する[53]。もっとも，(C) (D) (E) (F) いずれの過失も，一定の関与をした者の結果回避義務であり，純粋の不作為不法行為の作為義務ではない。さらに，(C) (D) (E) (F) の過失の間にも，（1）ウ）で見たような違いがある。(C) では自己の行為結果の過失に近いのに対し，(E) (F) は第三者の加害を防止しなかった作為義務違反の過失である。(D) は (C) と (E) (F) の中間にある。王が，(C) では全面的に補充責任を否定するが，(D-2) (F-2) でも部分的に補充責任を否定したり見解を留保するのは，この連続性のゆえであろう。

---

51) 王・本書153頁。同じことを王・本書152-153頁は次のようにいう。「注意しなければならないのは，補充責任者の過錯は，損害の発生のために一定の条件を与えた点に存するにすぎず，このような条件の提供は幇助に類似するものの，補充責任者には幇助の意思がないということである。また，両者間には意思の連絡がない。しかし，たとえ，このような条件があったとしても，直接責任者の行為がなければ，損害は通常生じない。そうでなければ，補充責任における責任はもはや補充責任でなくなる。」
52) 本書232頁。
53) 亓・本書232頁。

先の（1）では，補充責任の中心的事案が1990年代の前後で交替したことをみたうえで，今日の補充責任の事案類型を（C）（D）（E）（F）に分けた。（2）では，中心的事案の交替にともない補充責任の規範内容の重点が動いたことをみた[54]。そして，今日の補充責任規範の構造的特徴を明らかにしたが，各事案の義務の具体的な内容——特に作為義務の内容と範囲——までは立ち入っていない。それを明らかにすることは持続的な課題である。

（3）補充責任の淵源と将来
　以上の検討によると，今日の補充責任の淵源は，歴史的には，1990年代半ばからの10年間——1986年の民法通則から2009年の権利侵害責任法までの23年間の中心部分——にある。そこでの補充責任法理の形成を，事案類型に即して社会学的にみると，中国社会の急速な発展がある。すなわち，それぞれの事案類型における補充責任の社会的淵源は，（C）では雇用関係・事業委託関係の多様化・流動化であり，（D）では経済活動の活発化にともなう企業債権者，一般投資家の保護の必要であり，（E）では社会移動の活発化にともなう無関係の人々が集まる場所の安全確保であり，（F）では消費者市場の拡大にともなう消費者保護である。（D）の補充責任は，（A）の保証債務が個別的な貸付融資の個別的な保証であったのと対照的であり，（E）の補充責任は，（B）の監護人，建築物等の所有者，動物の管理者・所有者の責任が非市場的な個別の監護・管理関係を根拠にしていたのと対照的である。亓氏は，「〔補充責任は〕公平責任の性質と類似していて，……，中国人の法律観念における『社会連帯』という特徴を体現しており，それには，一定の曖昧さと保障性がある。」という（本書232頁）。抽象的にはその通りだ

54）この整理によると，亓・本書182-183頁が紹介する最高人民法院集団編集『侵権法司法解釈実例釈解』は，補充責任の1990年代以前の枠組みを維持しつつ，1990年代以後の考え方を説いていることになる。すなわち，同実例釈解は，「補充賠償責任には，2つの意味が含まれている。」として，責任順位と賠償額制限をあげる。ただ，責任順位の内実は，「被害者は直接責任者が損害全額を賠償できないことを待たなくても補充責任者を選択して訴えることができる」として無意味化し，賠償の制限は，直接責任者が賠償できない範囲ではなく，補充責任者の過錯の範囲によるとする。この実例釈解は過渡期の考え方の特徴を示している（出された時期は2006年だが詳細は不明）。

が，具体的なレベルでは，市場取引と活動の拡大がもたらすリスクから投資者，消費者を保護するための「社会連帯」である。そして，これらの事案における責任規範の内容を考えるためには各事案の具体的な利害構造を意識することが必要であるが，そうするときには，これら異なる事案類型の責任を「補充責任」として一括してとらえることも再検討する必要が生ずるであろう。

2．日本法との比較
（1）概観

1．（1）で述べた類型化は，補充責任の事案の対応物を日本の裁判例と学説の中に探しながら試みたものである。ここでは，その探索作業による日本法の状況をみる。

まず，その概観を述べておく。「補充責任」という表現は，(B) の事案と，(E) の事案のうち国家賠償責任にみられるが，それ以外の事案ではない。このように補充責任という表現は中国法に比べ限られている。しかし，表現を離れて実質的な事案とその解決をみると，全体的な動きは中国法と同じである。すなわち，中国法の (B)～(F) に対応する事案はいずれもある。そして，(B) では責任順位の補充性を考えているが，その補充性は次第に後退している。他方で，(D) (E) (F) では責任範囲を拡大した上で，一部で責任額を縮減している。しかし，以上の動きは中国法よりも長い時間を掛けて進行し，また，責任範囲は中国法よりも広く，責任減額は中国法よりも限定されている。以下では，各事案類型について以上の点を確認し，違いの意味を考えてみる。

（2）詳論

日本法では，(A) の保証債務において，主債務者の債務不履行のときにはじめて，債権者が保証人に履行を請求・執行できること（民法446条1項）を，保証債務の「補充性」と呼ぶ。具体的には，債権者Ｘからの履行請求に対し保証人Ｙは，催告の抗弁権（452条）と検索の抗弁権（453条）を有する。ただ，保証債務を「補充的責任」と呼ぶことはない。

これに対し，(B) の事案では，「補充責任」に近い表現で責任順位の補充性を考えている。すなわち，714条の法定監督者の責任は，被監督者が責任無能力のゆえに責任を負わない場合に限って認められる点で，起草時より「補充的ノ責任」と呼ばれ[55]，今日でも「補充的に生ずる」責任と理解されている[56]。また，717条の工作物所有者の責任は，占有者が注意義務を尽くして責任を負わない場合に認められる点で，1930年代より，占有者の責任に対し「第二次の責任者」と呼ばれてきた[57]。さらに，117条の無権代理人の責任は，代理権を証明できず，また本人の追認がない場合に限られるが，さらに，表見代理が成立しない場合に限るべきかが問題になった。かつての通説（我妻栄など）は，表見代理が成り立つときは相手方の保護はそれで足りるとし，117条の無権代理人の責任を，本人が表見代理による責任を負わない場合の補充的責任のように考えていた（後述するように，今日この学説は「補充的責任説」と呼ばれる）[58]。

　以上のように，(B) の事案における責任順位の補充責任は「補充的責任」の呼称で考えている。しかし，この補充責任は次第に後退している。

　まず，714条・717条の責任順位の補充性（法定監督義務者・工作物所有者の責任を，被監督者・占有者が責任を負わないときに限ること）は，戦前から批判を受けた。そして，今日の判例は，被監督者が責任能力を有し賠償責任を負うときでも法定監督義務者は709条の賠償責任を負うことを認めたり（最判昭和49年3月22日民集28巻2号347頁），工作物所有者を工作物の（間接）占有

---

55) 浦川道太郎「補充的責任」法律時報60巻5号（1988年）19頁以下。
56) 例えば，加藤一郎編『注釈民法 (19)』（有斐閣，1965年）257頁〔森島昭夫〕。
57) 我妻栄『事務管理・不当利得・不法行為』（日本評論社，1937年）179頁，186頁は「第二次の責任者」，前田達明『民法Ⅵ2』（青林書院新社，1980年）164頁は「第二次的」，四宮和夫『事務管理・不当利得・不法行為（下）』（青林書院，1985年）728頁は「第二次責任」，吉村良一『不法行為法（第5版）』（有斐閣，2017年）241頁は「二次的責任」と表現する。岡松参太郎『民法理由註釈　下巻』（有斐閣書房，1897年），末弘厳太郎『債権各論』（有斐閣，1918年）1004頁にはこのような表現がない。
58) 1980年代末に，「複数関与者の不法行為」という問題の一環として，714条と717条に715条（使用者責任）を加えて「補充的責任」ととらえる論考があり（浦川・前掲注 (55) 掲載書），今日では，717条の責任を「補充的責任」と呼ぶ学説もある（窪田充見『不法行為法（第2版）』（有斐閣，2018年）247頁）。
　なお，以下では，特に問題がない限り，「補充責任」の語のみを用いる。

者と認めて717条1項本文の責任を認めることにより（最判昭和31年12月18日民集10巻12号1559頁），その責任順位の補充性を後退させている。そして，これらの条文の責任順位の補充性は先順位の責任の不成立を補充するものであるから[59]，それを後退させた結果，通常の連帯責任になっている。他方，117条の無権代理人の責任順位の問題をみると，上に述べたように，かつての通説は同条の無権代理人の責任を，表見代理による本人の契約責任の補充のようにとらえていたが，1960年代に，相手方は表見代理による本人の責任と117条による無権代理人の責任を選択できるとの見解が主張され，次第に多数の支持を得，1980年代半ばにはそれが判例となった（最判昭和62年7月7日民集41巻5号1133頁。この判例・学説は「選択責任説」と呼ばれ，それとの対比で，かつての通説は「補充的責任説」と呼ばれている）。

中国法の責任順位の補充性は主に（B）の事案類型で考えられ，その（B）の事案類型は1990年代以後にその比重を減じた（1．参照）が，日本では以上のように，（B）の事案類型の強度な責任順位が長い時間を掛けて弱体化した。責任順位を弱体化させた理由は，被害者の保護である。直接責任者の責任不成立や賠償不能をこれらの賠償請求の厳格な要件とすると，訴訟提起・執行の場面で被害者がその要件事実を主張立証したり，主観的予備的併合を認めるなど，その権利行使に特別の負担が生ずるからである。

次に，（C）の事案（使用者責任の拡張）では，戦前より，名義借人の加害行為についての名義貸与者の使用者責任，自動車（船舶）とともに貸した運転手（船員）の加害事故に関する貸主の使用者責任，下請けの労働者の加害行為についての元請人の使用者責任などを一定の要件の下で認めており（いわゆる「当為としての使用関係」「規範的指揮監督関係」）[60]，最近ではフランチャイジーの加害行為についてフランチャイザーの使用者責任を認める裁判例がある[61]。派遣労働者による加害事故（「競合的使用関係」）についても戦前より判例があり，派遣元事業主も派遣先事業主も実質的な指揮監督関係が

---

59) 対応する中国の法文が先順位の責任の不履行を補充するのと異なり，比較法的にも特異である。
60) 神田孝夫『使用者責任（新版）』（一粒社，1998年）16頁以下，田上富信『使用関係における責任規範の構造』（有斐閣，2006年）74頁以下。

あれば使用者責任を負うことを基本とし，派遣元と派遣先の関係等をも考慮して判断しているという[62]。これらの事例では賠償額減額はしていない。これらは，独立事業者が結合した複合事業であり，中国では補充責任の拡大によって対応しているようだが，日本では715条の使用者責任の「使用関係」の要件の拡大・実質化，あるいは709条の一般不法行為の注意義務の拡大によって対応している。

　(D) の補充責任に相当するのは，日本法では，会社の倒産・廃業，資本不足等のゆえに損害を受けた会社債権者等第三者に対する発起人・取締役・監査役・会計監査人等の責任である（会社法53条2項，429条）。日本の会社法には，これらの者の対第三者責任を軽減する規定はない。裁判例においても，第三者（被害者）自身の過失を理由とする過失相殺で減額することはあるが，「割合的責任」のような特別の減額はしていない。ただ，(D) の被害者には，株主や会社への融資者のように直接の加害者と特別な関係を有する者がおり，裁判例は，この特別な関係のゆえに相当因果関係を限定したり（間接損害論），会社への賠償によって回復されるとして直接の損害賠償請求を否定している[63]。しかし，これらは損害賠償請求を全面的に否定するものであり，賠償額を減額するものではない。中国法が (D) の事案で賠償額を減額するのは，第三者と会社の関係，会社と取締役等との内部関係（求償関係）を合わせて処理するための減額とみるべきであろうか[64]。

---

61) 大阪高判平成13年7月31日判時1764号64頁（ただし傍論）。学説は肯定説（加藤新太郎・『私法判例リマークス第26号』（日本評論社，2003年）61頁）と否定説（西口元ほか編『フランチャイズ契約：判例ハンドブック』（青林書院，2012年）281頁）に分かれる。なお，この問題を考える視点を比較法的研究から提示するものとして，小塚荘一郎『フランチャイズ契約論』（有斐閣，2006年）189頁以下がある。
62) 田上・前掲注 (60) 75頁以下，87頁以下。
63) 江頭憲治郎『株式会社法（第6版）』（有斐閣，2015年）503頁以下，岩原紳作編『会社法コンメンタール9　機関 [3]』（商事法務，2014年）337頁以下〔吉原和志〕。
64) 第三者に対する責任の中には，責任順位の補充性があるものもみられる。例えば，現行会社法580条の持分会社の無限責任社員の責任は，会社財産で弁済されないときに課される。ただ，会社法580条1項2号（平成17年改正前商法80条・157条）の補充性は会社債権者の請求に対する無限責任社員の抗弁権であるが，これを弱体化する解釈論が有力である（神田秀樹編『会社法コンメンタール14──持分会社』（商事法務，2014年）80頁〔今泉邦子〕）。

なお，発起人，設立時取締役は，現物出資財産等の価額が不足する場合に会社に対し，不足額を支払う義務を負う（会社法52条）が，既に述べたように（本書195頁・前掲注（45）），この責任が不足額に限定される趣旨は，中国の(D)の「補充責任」と異なる。また，取締役・会計参与・監査役・執行役・会計監査人が任務を怠ったときに会社に対し損害賠償責任を負うが（会社法423条），下級審裁判例には，同条による取締役の責任を，寄与度に応じた因果関係の割合的認定に基づき，損害の一定割合にとどめるものがある[65]。しかし，会社に対する責任であることのほか，複数の取締役のうちの関与の小さかった取締役の責任を軽減するものであることを考えると，「補充責任」とは趣旨が異なるように思われる。

(E)は，被害者との一定の関係に基づき第三者（直接の加害者）や自然災害等の侵害から被害を防止する作為義務を負っていた場合の責任である。日本法では（広義の）安全配慮義務と呼んでいる[66]。安全配慮義務の根拠となる被害者との関係には，雇用契約，公務員関係，請負契約，幼児の委託契約，入学契約，入院契約，旅客契約，旅行契約，ホテルの宿泊契約，スポーツ指導契約，入場契約などの被害者の身体の受け入れを内容とする契約関係が多いが，売買契約，賃貸借契約のような身体の受け入れを内容としない契約，子供会活動での児童の世話，町内会の草刈り作業への参加など契約と言えない援助関係や無償の労務提供関係などもある。日本では1980年代からこれらの関係のある場合に，雇主，国・公共団体，注文者，受託者，学校，病院，交通事業者，旅行業者，ホテル，ガソリンの売主，賃貸人，子供会指導者等々の安全配慮義務を少しずつ拡大し，一定の場合にその責任を認めてきた[67]。そして，被害者に過失がある場合には，しばしばそれを理由に賠償額を減額している。しかし，この賠償責任が，第三者・自然災害による侵害を防止する作為義務であること――すなわち，直接の加害者が別にいること

65) 東京地判平8・6・20判時1572号27頁など3判決。学説の議論については，岩原・前掲注（63）284頁以下〔森本滋〕，増田友樹「取締役の監視義務と割合的責任について」法律時報88巻12号（2016年）112頁以下を参照。
66) 加害者との一定の関係に基づき第三者からの侵害を防止する義務を負う場合もある（714条の法定監督義務者の責任，715条の使用者責任など）が，安全配慮義務とは呼ばない。

——を理由とする賠償額減額は一般にしていない。

ところで，日本では，国・公共団体は一定の場合に，国民を第三者や自然災害等の侵害から防止する作為義務を負い，その義務を懈怠した場合には国家賠償責任を負うとの考えが強い。1970年代から裁判例が，公害・薬害・労働災害において，加害企業の賠償責任とは別に認めてきた行政の「規制権限不行使の責任」である[68]。この義務は「安全配慮義務」「安全確保義務」とは呼ばれていないが，国民との関係に基づく国・公共団体の作為義務を根拠とする責任である。多くの裁判例は，この行政主体の責任を被害者に対する関係では全部責任（加害企業とは不真正連帯債務）とし，内部的負担割合でのみ行政主体の責任を小さなものと考えている[69]。しかし，「寄与度」「発生させた損害の割合」「二次的責任」という考え方によって国・公共団体の責任を損害額の一部にとどめる裁判例も少なくない。その多くは被害者が多数の事件である。学説はこの国・公共団体の一部責任を「補充的責任」「国家賠償責任の補足性」「二次的，後見的責任」として説明したり議論している[70]。管理者の作為義務違反に基づく縮減された責任である点で，中国の（E）の安全保障義務に近い。国家賠償責任以外の（E）の事案では「割合的責任」等の用語で説明するのに，国家賠償責任で「二次的責任」「補充的責任」と呼ぶことが多いのは，国家的な政策の下での民間企業の開発行為によ

---

67) 詳しくは，例えば瀬川信久「安全配慮義務論・再考」加藤雅信ほか編『21世紀の日韓民事法学』（信山社，2005年）205頁以下，平野裕之「安全配慮義務の契約法における密かなる浸透」松久三四彦ほか編『社会の変容と民法の課題〔上巻〕』（成文堂，2018年）441頁以下を参照。
68) 遠藤博也『国家補償法（上巻）』（青林書院新社，1981年）377頁以下，阿部泰隆『国家補償法』（有斐閣，1988年）176頁以下。ただ，西淀川公害第１次訴訟判決（大阪地判平３・３・29判時1383号22頁）など，国家賠償責任を否定した裁判例も少なくない。
69) 1970年代の造成宅地擁壁崩壊事故，野犬事故，高知古ビニール公害訴訟，新島残留爆弾暴発事件など（西垣道夫「国の"補充的責任"の拡大と求償の実行（西東間話）」判例タイムズ397号（1979年）5頁，西埜章『国家賠償法コンメンタール（第２版）』（勁草書房，2014年）738頁以下を参照）。ただ，行政主体の責任が全額責任，部分責任のいずれの場合にも，行政主体が加害事業者に求償することは非常に少ないとされる（西埜・同前730頁）。
70) 西垣・前注掲載論文。宇賀克也「行政介入請求権と危険管理責任」『行政法の新構想Ⅲ』（有斐閣，2008年）267頁は，「国家賠償責任の補足性」という。

る被害に対しその一部を国家が塡補するという戦前からの開発統制的な考え方が，戦後の経済成長政策の中での被害に拡大されたものと理解することもできる[71]。著名な裁判例のみをあげておく[72]。

薬害事件では，東京地判昭53・3・1判時899号48頁（東京スモン判決。国，製薬会社の責任額の1/3），福岡高判昭59・3・16判時1109号44頁（カネミ油症事件。国，加害企業の責任額の3割）。

公害事件では，熊本地判平5・3・25判時1455号3頁（熊本水俣病第3次訴訟第2陣。国と県，加害企業の賠償額の1割），大阪高判平13・4・27訟月48巻12号2821頁（熊本水俣病関西訴訟。国と県，加害企業の賠償額の1割），最判平16・10・15民集58巻7号1802頁（熊本水俣病関西訴訟。国と県，原審は加害企業の賠償額の1割，最高裁は1/4）。

労働災害事件では，大阪地判昭57・9・30判時1058号3頁（大東マンガン事件。国，使用者の賠償責任額の6％〜9％。二審は0），福岡高判平13・7・19判時1785号89頁（筑豊じん肺。国，損害の1/3），大阪高判平23・8・25民集68巻8号900頁以下，特に1157頁以下に掲載（大阪泉南アスベスト事件。国，被害の1/2），京都地判平28・1・30判時2305号22頁（建設アスベスト京都訴訟。国，被害の1/3）。

自然災害では，名古屋地判昭48・3・30判時700号3頁（飛騨川バス転落事

---

71) 金沢良雄「個人の損害賠償責任における国家の補完的作用」川島武宜編集代表『損害賠償責任の研究（中）我妻先生還暦記念』（有斐閣，1958年）773頁以下（傍点は瀬川）は，1950年代後半までの鉱害，工業廃水被害，臨海工業地帯の地下水採取による地盤沈下被害について，民間事業者の賠償責任と並んで国が賠償責任を負う場合を検討する（規制権限不行使の国家賠償責任にとどまらない）。

なお，本文に述べたように，今日の日本では国や公共団体に第三者の侵害や自然災害から国民を守る義務を広く課しているが，その基礎には戦後日本の国家観があるように思われる。遠藤博也「危険管理責任における不作為の違法要件の検討」北大法学論集36巻1・2号438頁（1985年。同『行政法研究Ⅲ』所収）は，国家の広い不作為不法行為責任について次のように述べる。「見知らぬヤクザになぐられてもそれは不運ですむ。親しい人のささいな言葉に心傷つき不幸となるのは信頼・期待の濃厚さの程度の差違を示している。行政の不作為に激怒する国民の姿は，行政への信頼・期待の程度の高さを物語って余りあるといえよう。」

72) 宇賀・前掲注（70）267頁，山本隆司『判例から探究する行政法』（有斐閣，2012年）558頁以下，西埜・前掲注（69）739頁による。

故。国，全損害の6割。二審は国の全部責任を認容），新潟地判昭50・7・12判時783号3頁（加治川水害訴訟。国，全損害の3割。控訴審判決も同旨）。

なお，現在継続中のいくつかの原発事故避難訴訟では，国の賠償責任に関する裁判所の判断は分かれている。前橋地判平29・3・17判時2339号4頁は損害全額の賠償責任を認め（東電と連帯責任），千葉地判平29・9・22裁判所ウェブサイトは国の責任を全面的に否定し，福島地判平29・10・10判時2356号3頁は損害の1/2の賠償責任を認めている[73]。

（F）の事案は，日本で裁判例が増えている。複数の者が関わる取引で生じた被害につき直接の加害者以外の者の義務違反・責任を問う場合であるが，近時は，不適正な取引の購入代金の融資者，代金決裁者・収納業者，有価証券報告書等の虚偽記載の様々な関係者，詐欺取引がなされたネットオークションの運営者等，（F-3）の事案が多い。裁判例は個々の事情を踏まえて，条理に基づく作為義務，名板貸し責任の類推適用，共同不法行為等によって一定の場合に責任を認めている[74]。その責任が認められる者の範囲は中国法よりも広い。しかし，責任を認めるときの減額は，過失相殺以外にはみられず，「寄与度」「割合的責任」等を理由に減額する裁判例はないようである。ただ，前掲・京都地判平28・1・30判時2305号22頁（建設アスベスト訴訟）は，個別的因果関係を推認した上で，製造販売者の賠償責任を，雇用事業者の一次的な配慮義務を考慮して1/3を限度とする（124頁一）。これは中国の（E）と（F-1）の混合型の事案での「補充責任」とみることができる。

以上のように，日本法でも，中国の補充責任と同様に，責任順位の補充性が後退し，他方で直接責任者でない者（補充責任者）が賠償責任を負うことが増えている。ただ，補充責任者の責任額を縮減する考え方は，中国法ほど顕著でない。日本で多い賠償額縮減は，割合的責任，寄与度責任の考え方によるものだが，それは，作為の加害原因が複数競合した侵害の場合と素因な

---

[73] 吉村良一『公害・環境訴訟講義』（法律文化社，2018年）256-258頁。
[74] 瀨信良久「中間責任から間接的侵害へ」浦川道太郎先生・内田勝一先生・鎌田薫先生古稀記念論文集『早稲田民法学の現在』（成文堂，2017年）618頁以下，同「不法行為の将来」『民事責任法のフロンティア』（有斐閣，2019年）108頁以下。

ど被害者の事情が競合した場合であり，作為と不作為の加害原因が競合した場合に不作為の加害者の責任を認めながら軽減することは一般的でない[75]。

〈小口彦太〉
　日本における不法行為法の代表的教科書の一つである平井宜雄著『債権各論Ⅱ　不法行為』（弘文堂，1992年）では，「補充的責任」の語が出てくるのは，平井の唱える複合型不法行為中の監督者責任の僅か1箇所においてのみである。すなわち，責任無能力者の監督義務者等の責任に関する「714条によれば，監督者責任は責任無能力者が責任を負わない場合にのみ生じる補充的責任である[76]」という箇所においてのみである。因みに，筆者が座右に置いているコンパクトな法律学辞典の1つである『法律学小辞典［新版］』（有斐閣，1994年）には，「補充的責任」の項目は見当たらない。中国の実務・学説が広範囲に補充責任を論ずるのと対蹠的である。
　ところで，日本民法714条は「（責任能力に関する）前二条の規定により責任無能力者がその責任を負わない場合において，その責任無能力者を監督する法定の義務を負う者は，その責任無能力者が第三者に加えた損害を賠償する責任を負う。ただし，監督義務者がその義務を怠らなかったとき，又はその義務を怠らなくても損害が生ずべきであったときは，この限りでない」と規定する。
　中国法では条文において責任能力の用語は存在しないが，13歳以上の未成年者を日本では責任能力者として想定していることからすると，中国の民法通則12条の制限的行為能力者がおおむねこれに対応し，監護人の責任に関しては，民法通則133条及び権利侵害責任法32条が日本民法714条にほぼ相当すると言ってよい。権利侵害責任法32条は，「①民事行為無能力者，制限的行為能力者が他人に損害を与えたときは，監護人が民事責任を負う。監護人が

---

75) 作為の加害原因が競合した場合の責任減額は，個別的因果関係の証明負担を軽減するためであり，被害者の事情が競合した場合の責任減額は内部負担を考えるものであろう。作為と不作為の加害が競合した場合の責任減額の理由はこれらと異なると思われる。
76) 平井宜雄『債権各論Ⅱ　不法行為』（弘文堂，1992年）214頁。

監護責任を尽くしたときは，その民事責任を適切に軽減することができる。②財産を有する民事行為無能力者，制限的民事行為能力者が他人に損害を与えたときは，本人の財産の中から賠償費用を支払う。不足部分は，監護人が適切に賠償する。」と規定する（民法通則には「但し単位が監護人を担当するときは，この限りでない」との規定が存した）。

　以上の日本民法714条と中国の権利侵害責任法32条をもとにして，以下の2点について言及してみたい。その1は，補充的責任の日中間での相違についてである。その2は，日本の裁判例で問題とされている，責任能力を有する未成年者の加害行為に対する親権者・後見人あるいは監護人の責任をめぐる問題（それを中国法に引き付けてみた場合の問題）である。

　先ず，第1の問題について。日本法における補充的責任については上記の通りであるが，中国の民法通則133条2項（及び権利侵害責任法32条2項）の下線部について，張愛軍は「上記条項における監護人が負う責任もまた一種の補充責任である」と説く。この点について，他の論者の説を見てみると，王成は，権利侵害責任法32条（民法通則133条2項）に言及していない。このことは，王成は，当該規定を補充的責任の規定としてとらえていないということであろうか。また亓培氷にも，言及がない。そこで，少し視野を広げて諸説を見てみたい。高聖平主編『《中華人民共和国侵権責任法》立法争点・立法例及経典案例』（北京大学出版社，2010年）398-400頁によれば，権利侵害責任法32条の監護人の民事責任形態をめぐる諸説が紹介されている。

　（a）代位［替代］責任を原則とし，補充責任を例外とし，公平責任を補充とする説（楊立新説），（b）代位責任を原則とし，補充責任を例外とし，公平責任は負わないとする説（余延満＝呉徳橋説），（c）代位責任・連帯責任を原則とし，公平責任を例外とする説（梁慧星説），（d）単純な代位責任と連帯責任とする説（姜戦軍説），（e）単純な代位責任説（王利明説）。詳論すれば，以下のとおりである。

　（a）監護人は被監護人の加害行為に対して過失推定責任を有する。もし監護人が監護過程において過錯がなかったことを証明できなければ，被害者に対して全額を賠償しなければならない。但し，被監護人に財産があるときは，監護人は補充責任を負うだけである。このほかに，もし監護人が監護上

の過失がなかったことを証明できれば，公平責任にもとづいて適当な責任を負担しなければならない（①監護人有過失＋被監護人無財産→監護人全額賠償。②監護人有過失＋被監護人有一部財産→監護人補充責任。③監護人無過失→監護人公平責任）。

(b) (a) の見解と基本的に同一であるが，監護人が監護義務について過錯がないことを証明できれば，その賠償責任を免除され，且つ公平責任は適用されない（①監護人有過失＋被監護人無財産→監護人全額賠償。②監護人有過失＋被監護人有一部財産→監護人補充責任。③監護人無過失→監護人免責）。なお，この (b) 説では，ドイツ民法，日本民法等で明示的文言のある「責任能力」概念を採用する（余延満＝呉徳橋）。すなわち（1）被監護人に責任能力がないとき，すなわち被監護人が民事行為無能力者であるとき，あるいはその行為について識別能力を具有しない制限的行為能力者であるときは，監護人が代位責任を負担する（④監護人有過失＋被監護人無責任能力→監護人代位責任）。（2）被監護人がその行為について識別能力を具有する，責任能力を具有する制限的行為能力者であるときは，監護人は被監護人に財産がないか，損害の全額を賠償するに足りないときに，補充責任を負担する（⑤監護人有過失＋被監護人有責任能力＋被監護人無財産→監護人補充責任。⑥監護人有過失＋被監護人有責任能力＋被監護人有一部財産→監護人補充責任）。しかし，監護人が過錯のなかったことを証明できれば，補充責任を負担する必要はない（⑦監護人無過失＋被監護人有責任能力→監護人無補充賠償責任）。

(c) 識別能力または意思能力を判断基準とし，被監護人が条件付きで責任能力を具有するという基礎のうえに打ち立てられたものである。被監護人に責任能力がないときは，監護人が代位責任を負う（①被監護人無責任能力＋監護人無過失→監護人全額賠償）。被監護人に責任能力があり，且つ監護人に監護過失があるときは，監護人と被監護人が連帯責任を負う（②被監護人有責任能力＋監護人有過失→連帯責任）。もし監護人に過失が存在しないときは，被監護人が単独で責任を負う（③監護人無過失＋被監護人有責任能力→被監護人単独責任）。但し，被監護人が単独で責任を負うとき，十分な責任財産がなく，そのため被害者に不公平をもたらすのを防止するために，適当に公平原則を適用しなければならない（④監護人無過失＋被監護人有責任能力＋被監

護人有一部財産（又は無財産）→公平責任）。

(d) 監護人が負担する可能性のある責任は，被監護人が責任能力を具有していたかどうかによって，代位責任と連帯責任に分かれ，その他の責任形式はない。すなわち（1）監護人が負担するのは無過失責任であることによって，監護人が監護義務を果たしたかどうかに関係なく，被監護人が他人に与えた損害に対して賠償責任を負う。この責任は代位責任である（①監護人の過失の有無は問わない（無過失責任）＋被監護人無責任能力→監護人代位責任）。（2）未成年者が責任能力を具有し，且つその権利侵害行為に対して責任を負うべきときは，監護人と被監護人が連帯して被害者に対して賠償責任を負う（②監護人の過失の有無は問わない（無過失責任）＋被監護人有責任能力→連帯責任）。他方，監護人の責任は過失責任によるべきで，過失なきことを証明できたときは，監護人は免責されるとの説もある（③監護人無過失→監護人免責）。この説は，ドイツ民法832条1項（「法律の規定でもって未成年者又は精神的若しくは身体的状況によって監護を必要とする人に対して監督義務を有する者は，監督を受ける者が不法に第三者に損害を与えたときは，賠償義務を負う。監督者が相当の監督責任を尽くしたとき，又は相当の監督を行っても損害が発生したであろうときは，賠償義務を負わない」）の影響を受けた説と思われる。

(e) 監護人が監護責任を尽くしたかどうかを考慮する必要はなく，被監護人が他人に損害を与えさえすれば，監護人が代位責任を負わなければならない。但し，監護人の負担が過重にならないよう，当該草案では被害者に過失があるとか，あるいは加害者がたとえ完全な行為能力を具えていてもなお損害の発生を避けることができなかったときは，監護人の負担する権利侵害責任を軽減又は免除することができると規定した（「中国民法典草案建議稿」（中国人民大学版）1897条参照──文補）（①監護人の過失の有無は問わない（無過失責任）→監護人代位責任。②被害者有過失又は加害者不可抗力→監護人軽減又は免責）。

以上のように，日本民法のように被監護人の責任能力の有無のみによって（監護人に過失あることが前提であるが）監護人の補充責任を論ずる，いわば二者択一的な日本民法の法適用原則と異なり，中国法での権利侵害責任法32条の解釈論は多岐にわたっている（裁判例の動向は定かでない）。このうち，

補充責任論は (a) の②, (b) の②, ⑤, ⑥に登場してくる。しかし, 学説上は, 権利侵害責任法32条2項につき, 補充責任論を展開する説が多数説であるとはいえない。多数説に与すれば, 日本と中国では, 責任無能力者≒制限的行為能力者による第三者への加害行為につき, 日本法は補充的責任として捉えるのに対して, 中国法は補充責任として捉えないという差異が存する。

また, 上記 (a)(b) 説のように, 補充責任と捉えるとしても, 当該加害行為によって生じたその損害賠償の範囲はどこまで及ぶかという問題が存する。この点に関し, 張愛軍は「(民法通則133条2項につき)上記条項における監護人が負う責任もまた, 一種の補充責任である」と説く（本書176頁）が, 張は同一箇所, すなわち, 補充責任論を展開した文脈の中で, 民法通則65条3項の「委託書に記載された授権が不明である場合, 被代理人は第三者に対して民事責任を負わなければならず, その代理人は連帯責任を負う」との規定について, ここでの「連帯責任」は,「責任負担の主従の区別という点から見ると, 実質的にはやはり一種の補充責任である」と述べている（本書176頁）。もし連帯責任であるとすると, 代理人は生じた損害につき全額賠償義務が発生することになる（「連帯債務とは, 数人の債務者が, 同一内容の給付について, 各自が独立に全部の給付をなすべき債務を負担し, しかもそのうちの一人の給付があれば他の債務者も債務を免れる多数当事者の債務である[77]。」）が, 張愛軍は補充責任であっても, 加害行為者と同様の全額賠償義務を負うことがあると考えるのであろうか。しかし, この点に関して, 王成は「補充責任者は, その過錯に相応する責任のみを負う。補充責任者の過錯は, 直接損害をもたらしておらず, 損害の発生に条件を与えたにすぎず, 直接責任者の行為がなければ, 損害は通常発生しない。そのため, 補充責任者は, その過錯に相応する責任のみを負うのであって, 全部の補充責任を負わない」と説く（本書154頁）。この王成の説明によれば, 補充責任においては, 直接的加害行為によって生じた全額の賠償義務を負わない。

上記の王成のような理解に立つと, 日中間では, 補充的損害賠償の範囲に

---

77) 我妻栄『新訂債権総論（民法講義Ⅳ）』（岩波書店, 1964年）401頁。

は大きな差異が存することになる。すなわち，中国の補充責任の範囲は，補充責任者の過錯の程度に相応する範囲での部分的損害賠償に止まるのに対して，日本の補充責任は全額賠償で，中国のような損害賠償の範囲の制限はない。なお，平井前掲書によれば「監督義務者違反責任における賠償の範囲が中心的な争点となった判決例は見当たらない[78]」とのことである。

　そこで，具体的事例として，日本における有名な判決例につき，日中間での結論の違いの有無につき検討してみたい。事件の内容は以下のようなものである。

　「中学三年生（15歳11月）の少年が同一年生の新聞配達の少年を殺害して代金を奪ったもので，右加害者の両親に対し親権者としての監督義務違反を理由とする損害賠償がなされた[79]」。

　この事件について，日本の最高裁は，「未成年者が責任能力を有する場合であっても監督義務者の義務違反と当該未成年者の不法行為によって生じた結果との間に相当因果関係を認めうるときは，監督義務者につき民法709条に基づく不法行為が成立するものと解するのが相当」であるとの判断を示した（ただ，この判決に対して，本件は「709条と714条とがいわば融合した，新しい複合型不法行為の類型が創造されたと認むべきである」との主張も存する[80]）。この709条によって不法行為が認められると，監督義務者は損害の全額賠償義務を負うことになる。

　以上の事件を中国の権利侵害責任法32条により処理した場合，どのようになるのか。上記の（a）〜（e）の諸説によれば，以下のような結論となる。

　（a）①＝監護人全額賠償（←代位責任），②＝監護人一部賠償（←補充責任），③＝監護人一部補償（←公平責任）。

　（b）（2）－⑤＝監護人一部賠償（←補充責任），（2）－⑥＝監護人一部賠償（←補充責任），（2）－⑦＝監護人免責。

　（c）②＝全額賠償（←連帯責任），③＝監護人免責，④＝監護人一部補償（←公平責任）。

---

78) 平井・前掲注（76）221頁。
79) 平井・前掲注（76）215頁より転引。
80) 平井・前掲注（76）215頁，216頁。

(d) （２）－②＝監護人全額賠償（←連帯責任），（２）－③＝監護人免責。
(e) ①＝監護人全額賠償（←代位責任），②＝監護人賠償額減額又は免責。

〈但見亮〉

　補充責任の淵源については，正に「補充責任」として規定されたもの，または（本文に示されたような）補充責任の典型的な要素を備えたものがいつから見られるのか，という問題以上に，このような規定に至る規定上または制度的な背景が問われるべきであろう。そのような問いから見るとき，王成が紹介する銀河ホテル事件判決から感じられる不自然な座りの悪さは，それこそが補充責任の理論の活発化と規定の成立を導いた，と考えるのに十分な理由があると思われる。

　すなわち，同判決において銀河ホテルが責任を問われたのは，直接責任者の無資力（または資力不足）を補うためであったということは，原告だけでなく裁判所，そして一般の世論にとっても恐らく明らかであっただろう。しかるに，判決はわざわざ契約上の義務違反（２審判決は「警備員が24時間巡視し，貴方の人身上の安全を確保する」と承諾したことからこの義務が「契約の主たる義務」へと高まったとしている）を認定しながら，契約上の安全保障義務への違反については予見可能性による制限があるとし，さらに殺害や財産の強奪などについても，まず直接責任者がその責任を負うと強調し，加えて被害者の側にも「契約の付随義務」を履行する上での過失があったとして，「違約による賠償額を適切に減額」しているのである。

　このような各方面への配慮がにじむ苦しい弁解が，補充責任という理論，さらには規定の確立に寄与したことは容易に想像ができる。とはいえ，補充責任は正にそのような配慮なり弁解なりに対応するために，理論的に見て整合的でない様々な要素を含むものとなってしまっている。

　まず，本章でも指摘されるように，補充責任では一般に，被害者に損害が生ずるにつき一定の原因を与えたという点において「過錯」が認められ，補充責任者はその「過錯」に相応する責任（のみ）を負うもの，とされている。

　銀河ホテル事件にも見られるように，この過錯は往々にして補充責任者と被害者との間の契約など，いわば主たる被害関係（往々にして不法行為）と

は独立した別個の関係に基づくものであることが一般的であろう。そうすると，直接の責任者への求償は（後述のようにそれが現実的でないとしても），理論的にスムーズに導かれるものではない。

さらに，補充責任の適用場面では，補充責任者に重大な過失があった場合でも（補充責任にとどまる限り），直接責任者に十分な資力がありさえすればそれは問われず，軽微な過失しかなかったとしても，直接責任者が無資力であれば（そのような過失に依拠して）一定の責任を問われる，ということになるが，これは裏を返せば，少なくとも補充責任が論じられる場面において，「過錯」は帰責の理由のための便宜的なものに過ぎない，ということになる。

そもそも直接責任者からの損害賠償が不可能または困難であるからこそ補充責任が問題となる，ということからすれば，求償の議論は理論整合性云々というより，もはや欺瞞的との印象を受ける。

「補充責任」の形成における便宜性は，利益状況や財力を考慮した損害の可及的填補という意識によるもの，というべきであろう。その考え方自体は理解できるとしても，それは結果として補充責任を「極めて曖昧な制度」（亓培氷，186頁）とならしめている。その形成の社会的・構造的過程なり原因なりを探るのは興味深いが，個々の事件処理における「過錯」認定や責任形態，そして最終的な賠償または補償額は，どこまでもカズイスティックなものとならざるを得ないように思われる。

第4章　補充責任の位置づけをめぐって

　補充責任とは通常，法律が同じ損害結果について2つ以上の賠償請求権を有する権利者に対し，先後の順序に従い賠償請求権を行使すべきことを求め，先順位にある賠償義務者による賠償がその損害を填補するのに足りないときに初めて，後順位にある賠償義務者に対して賠償請求できると定めるものとして，理解される[1]。このような補充責任の当否をめぐっては，大きく，肯定説と否定説に分かれる[2]。肯定説は，分割責任と連帯責任という，複数者関与による不法行為における責任負担方式の限界を指摘し，独立した責任形態としての補充責任の存在意義を強調する。具体的には，①民法における公平原則を体現し，社会的調和と安定の促進という法律の機能を発揮させることに有利であること，②権利侵害責任拡張の制限と当事者の利益についての均衡を実現し，賠償権利者の求償選択権を合理的に制限しており，わが国の司法の現状に合致していることなどが挙げられている[3]。また，肯定

---

1) 張新宝「我国侵権責任法中的補充責任」法学雑誌2010年6期2頁参照。
2) 鄢硯『侵権補充責任研究』（法律出版社，2015年）14-17頁参照。学説の議論状況に関しては，同書に負うところが大きい。なお，同書は，補充責任の位置づけをめぐる学説を肯定派，否定派，改良派の3種類に分ける。また，鄢硯氏は，重慶市沙坪壩区人民法院の現役裁判官であり，同書は，2014年に西南政法大学に提出した氏の博士学位請求論文である。
3) 張新宝＝唐青林「経営者対服務場所的安全保障義務」法学研究2003年3期79頁以下，張・前掲注（1）1頁以下，張新宝『侵権責任法（第4版）』（中国人民大学出版社，2016年）178頁以下，王竹『侵権責任法疑難問題専題研究』（中国人民大学出版社，2012年）182頁以下，楊立新「論侵権責任的補充責任」法律適用2003年6期16頁以下，楊立新『侵権法論（第5版）・上巻』（人民法院出版社，2013年）554頁以下，王利明『侵権責任法研究（下巻）』（中国人民大学出版社，2011年）156頁以下，王成『侵権責任法』（北京大学出版社，2011年）239頁以下，奚暁明主編『中華人民共和国侵権責任法条文理解与適用』（人民法院出版社，2010年）268頁以下〔呉暁芳執筆部分〕，陳現傑主編『中華人民共和国侵権責任法条文精義与案例解析』（中国法制出版社，2010年）127頁以下〔朱理執筆部分〕，王勝明主編『中華人民共和国侵権責任法釈義（第2版）』（法律出版社，2013年）219頁以下など参照。

説はいずれも，直接の加害者が終局的責任者であって，安全保障義務者は終局的責任者でないため，その責任は二次的で補充的な責任であると主張する。

　他方，少数説である否定説の代表的論者は，張民安教授と楊垠紅教授である。その理由としては，前者は，以下のものを挙げる。すなわち，第1に，補充賠償責任理論は，不法行為損害賠償法における最も重要な原則である全部賠償の原則に反している。行為者（安全保障義務者をいう——文補）が，保護義務に違反した場合において，法院が被告の行為が不法行為であると認定したならば，被告は，この原則に基づいて原告に対して実際の損害賠償責任を負い，賠償金を支払うことによって原告の損害を不法行為が発生する前の状態に回復させなければならない。これに対し，補充賠償責任を適用すると，被害者が実際に被った損害を2つの部分に分け，行為者がその一部について賠償責任を負い，犯罪行為を行った第三者も一部について賠償責任を負うことになり，このことは事実上，全部賠償の原則に反することになる。第2に，補充賠償責任理論は，現代不法行為法の基本的原理に違反しており，過失不法行為の基本的趣旨に合致しない。第三者の不法行為または犯罪行為が，加害行為であると考えるのに対し，行為者の保護義務違反の行為は加害行為でなく，責任を負わないかまたは補充賠償責任を負うにすぎないとすることは事実上，不法行為を過錯による作為行為［作為過錯］と同視し，過錯による不作為行為［不作為過錯］を排除するものであり，このことは，過失不法行為の基本理論に完全に違背している。第3に，補充賠償責任は，大陸法系と英米法系諸国における不法行為法の基本的原理に違背しており，保護義務理論の基本的趣旨に合致しない。第4に，補充賠償責任は，訴訟経済の原則に違背する。第5に，補充賠償責任は，公平原則に違反し，原告の利益を損なうことになる。実際の生活において，行為者は往々にして，十分な資力を有する商人であり，関連措置を講じて不法行為または犯罪行為の発生を防止する十分な経済力を有している。ひとたび，第三者が原告に対して不法行為または犯罪行為を行い，原告に損害を与えたならば，被告は，原告に対して賠償責任を負った後，責任保険の加入によりそのリスクを保険者に転嫁させるかまたは管理費の引き上げによりそのリスクをテナントに転嫁させる

など，容易くこのような賠償責任を解消することができる。何故なら，このようなリスクは予見可能なものであり，保険によってカバーできるリスクだからである。これに対し，原告は往々にして，経済地位が相対的に弱い自然人であり，ひとたび，彼らが完全な損害賠償を得られないならば，彼らと彼らの家族構成員の生活が著しく悪化することになる[4]。他方，後者は，以下のような理由を挙げる。すなわち，①第三者が責任を負うのは，その作為による過錯によるものであるのに対し，安全保障義務者が責任を負うのは，その不作為による過錯によるものであり，両者にいずれも過錯がある状況下で，第三者が責任を負うからといって，安全保障義務者を免責させるわけにはいかない。②安全保障義務者には過錯があり，当該過錯と被害者の損害との間には相当因果関係が存在しているため，安全保障義務者は一定の責任を負わなければならず，当該責任を第三者に転嫁してはならない。③安全保障義務者が，被害者に損害が生じる可能性が極めて高いことを明らかに知りつつ，それを放任した場合または安全保障義務者の不作為不法行為と第三者の作為不法行為が直接結合して初めて，損害が生じた場合は，両者が連帯責任を負い，それ以外の場合に分割責任を適用することには，一定の合理性がある[5]。

　　質問：上記の肯定説と否定説をどのように考えるべきか。補充責任は，連帯責任と分割責任と並ぶ独立した責任形態と考えてよいか。

〔中国側回答〕
〈王成〉
　私は，肯定説を採る。連帯責任が，被害者の保護に対して最も十分であるのに対し，分割責任は，被害者の保護に対して比較的に劣る。連帯責任を構

---

4) 張民安『侵権法上的作為義務』（法律出版社，2010年）66-68頁参照。
5) 楊垠紅「安全保障義務人補充責任之検討」法治論叢2008年 2 期56頁以下，李良雄＝楊垠紅「対安全保障義務人補充責任的反思」南陽師範学院学報（社会科学版）2008年 5 期14頁以下，李良雄＝楊垠紅「再論安全保障義務人的補充責任」雲南大学学報法学版2008年 4 期58頁以下，楊垠紅「侵権法上不作為因果関係之判定」法学2014年 1 期142頁以下参照。

成できないような場合において，補充責任は，分割責任に勝る１種の制度的配置を提供しており，分割責任に比べ，より良く被害者の利益を保護することができる。補充責任は，連帯責任の長所を有し，責任財産の範囲を拡大しており，債権の保障を増やしたかまたは一部増やしている。また，分割責任が単に責任の割合を区分しているのに対し，補充責任はさらに責任の順序も区分している。典型的な補充責任の場合，補充責任者の過錯は単に，不法行為の発生のために幇助または条件を提供したにすぎず，直接の権利侵害者の行為がなければ，損害が発生することはない。従って，補充責任者の過錯は通常，あまり大きくはない。もし，補充責任者の過錯が非常に重大であるならば，連帯責任に転化する可能性がある。前述の通り，連帯責任，補充責任と分割責任の間には連続性があり，過錯の程度は，それに影響を与える１つの要素であるといえよう。

〈張愛軍〉

　補充責任の位置づけをめぐっては，現実においても論争が比較的に大きい。肯定説は主に，補充責任の司法実践における重要な役割を強調した。現在の社会経済の絶え間ない発展により，異なる損害問題が次々と現れてきており，補充責任はまさしく，現実問題の解決において各当事者間の利益の均衡を保つ点において，重要な役割を果たしている。これに対し，否定説は，理論的基礎の視角から出発し，補充責任と伝統的民法理論との抵触を説く。張民安教授が，原告の利益を守ることに重点を据えたうえで，補充責任は原告の損害を完全には填補できないと考えることには，一定の合理性がある。しかし，行為者は決して最終的な責任を負わず，その責任は，過錯の程度に応じて負う補充的性質を有するものであり，第三者こそが最終的な責任の負担者であり，もし，盲目的に行為者の過失によって生じた責任を拡大させ，行為者が負うべき（責任の）範囲を超えるならば，行為者の過錯と責任は，著しく均衡を失することになる。楊垠紅教授の主張については，安全保障義務者と第三者間の責任区分の根本目的は，如何にして被害者の損害を填補するかという点にあると，私は考える。被害者の損害は，計量化かつ確定できるものであるため，安全保障義務者と第三者のいずれにも過錯がある場合に

は，第三者は直接責任者として，被害者の全部の損害について賠償しなければならない。このとき，既に被害者の全部の損害をカバーしており，補充責任は単に，賠償できない部分を填補するにすぎず，また，第三者の責任と相まって，ともに填補という目的を達成しているのであり，当該目的を最終的に達成しさえすれば，それで足りるのである。そのため，決して責任の転嫁という問題は存在しない。

　私は，連帯責任および分割責任と並ぶ独立した責任形態として，補充責任を列挙することができると考える。

　まず，補充責任は，現在の司法実践のニーズに合致する。伝統的民法理論において，連帯責任と分割責任が現れてきたのも，事実上，現実の問題を解決するためであり，且つ，実践において総括され確立してきたのである。経済のグローバルな発展にともない，加えて科学技術が飛躍的に進歩発展し，新しい事物，新しい状況が絶えず現れてきており，このことは必然的に，健全化された責任負担の体系により各主体間の利益の均衡を図ることを求めることになる。補充責任は，伝統的な連帯責任と分割責任の不備を補うことができ，且つ，次第に立法において確立させることができる。補充責任が，現実問題を解決するうえでなくてはならない役割を果たしている以上，むしろその存在価値を肯定し，且つ，司法実践を指導させたほうがよい。例えば，近時，私の弁護士事務所が上海で処理した１件の破産・清算事件において，発起人株主には，出資をこっそり引き揚げた行為が存在していたが，その債権者が権利を主張する際には，「会社法解釈（三）」13条と14条をその根拠とすることができた。すなわち，両条文は，株主，取締役および高級管理人員が，会社の債務を弁済できない部分について補充責任を負うことを規定すると同時に，このような補充責任の内部において，出資義務を履行せずまたは全面的には履行しなかった場合および出資を引き揚げた場合において，関連責任主体が負うのは相応の責任であるか，それとも，連帯責任であるかを厳格に区別した。これらの規定は，債権者が株主，取締役および高級管理人員等の責任を追及するとき，その後続の追及プランおよび追及の効果に対して重要な影響を与えることになる。

　次に，訴訟の効率を高める。被害者は，直接の加害者または補充責任者を

選択して訴えることができ，直接の加害者が，賠償できないかまたはその賠償が足りないときまで待ってはじめて，補充責任者に対して主張することはない。また，裁判官が事案の実際の状況に基づき，当該事案に連帯責任，分割責任または補充責任のいずれを適用すべきかを判断することも，難しくないのである。

さらに，公平原則を体現する。補充責任を適用して各当事者の利益について処理を行うときは，画一的に連帯責任を適用するのではなく，被害者の損害を填補できるのみならず，補充責任者の過錯の程度も考慮することができるのであって，このことは，公平な価値判断を体現している。

〈亓培氷〉

補充責任の位置づけをめぐっては，その主な問題は，果たして補充責任は独立した民事責任形態であるか否かということに関する論争となっている。これには主に，賛成派，否定派および折衷派がある。

賛成派は例えば，張新宝教授，楊立新教授などがそれである。張新宝教授は，不法行為法における補充責任の主唱者である。氏が起草した「中国民法典・不法行為法編草案建議稿」13条は，「①民事上の主体の人身又は財産が損害を被った場合は，その加害者が，賠償責任及びその他の関連責任を負う。②加害者を確定できないか又は加害者に賠償責任を負う資力がない場合は，被害者の人身又は財産に対して安全保障義務を負う者が，補充責任を負う。ただし，その義務者が，自己に過錯のないことを証明できたときは除く。」と，規定する[6]。肯定説はいずれも，次のように主張する。すなわ

---

6) 同建議稿は，法学研究2002年2期（135頁以下）に掲載されている。その後，同建議稿は，梁慧星教授が主宰して起草させた「中国民法典草案建議稿」に組み込まれることになり，同条の順番は1554条となった（最初の条文番号であり，その後，第3版に至っては，1618条となっている――文補）。条文の起草の役割分担からみると，張新宝教授が同条の起草者であることが分かる。しかし，張新宝教授の初志からいうと，当該補充責任は「全額の補充責任」であった。すなわち，「加害者を確定できないときは，安全保障義務者が全部の責任を負い」，「加害者を確定できるものの，加害者または損害について賠償責任を負う者の資力が全部の責任を負うのに足りないときは，まずもって，加害者または損害について賠償責任を負う者が，できるだけ責任を負い，その残りの部分については，安全保障義務を負う者が負担」し，「補充責任を負った

ち，直接責任者が終局的責任者であるのに対し，安全保障義務者は終局的責任者でないため，その責任は，二次的かつ補充的な責任である。

　否定説を採る学者は，張民安教授と楊垠紅教授をその代表者としており，その理由は，次の通りである。第1に，補充賠償責任理論は，不法行為損害賠償法における最も重要な原則である全部賠償の原則に反している。第2に，補充賠償責任理論は，現代不法行為法の基本的原理に違反しており，過失不法行為の基本的趣旨に合致しない。第3に，補充賠償責任は，大陸法系と英米法系諸国における不法行為法の基本的原理に違背しており，保護義務理論の基本的趣旨に合致しない。第4に，補充賠償責任は，訴訟経済の原則に違背する。第5に，補充賠償責任は，公平原則に違反し，原告の利益を損なうことになる。

　改良派（折衷派のこと——文補）には，李中原教授，黄龍教授，劉海安博士，孫維飛博士などが含まれるが，それぞれの主張は，なお異なる。例えば，李中原教授は，「レベル区分の学説（級別区分理論ともいう）」を核心として，多数当事者間の債権債務について再構築を行うべきことを主張する。敷衍すると，異なる法的原因に基づく多数の債務者に対しては，その過錯と原因力の大小を考慮すべきであり，もし，過錯の程度と原因力が大体同じであるならば，同じ責任レベルに帰属させ，連帯責任を適用すべきである。これに対し，過錯の程度と原因力が明らかに異なるならば，異なる責任レベルに帰属させ，不真正連帯責任を原則とし，補充責任をその例外とすべきである[7]。わが国の台湾地区の王千維教授もまた，同様の主張を行っている[8]。

　　後，安全保障義務者は，加害者またはその他の賠償義務者に対する求償権を取得する」。人身損害解釈が公布された後，張新宝教授の立場は，幾度の曲折を経て，最終的には「相応の補充責任」に性質決定されることになった（張新宝『侵権責任法』（中国人民大学出版社，2010年）187頁参照）。

7) 李中原「論民法上的補充債務」法学2010年3期78-91頁，同「不真正連帯債務与補充債務理論的梳理与重構——兼論多数人債務体系」陳小君主編『私法研究（第8巻）』（法律出版社，2010年）197-234頁，同「不真正連帯債務理論的反思与更新」法学研究2011年5期37-53頁，同「論違反安全保障義務的補充責任制度」中外法学2014年3期676-693頁参照。指摘しなければならないのは，多数当事者間の債権債務が異なるレベルに置かれているとき，果たして補充責任を適用すべきか，それとも，不真正連帯責任を適用すべきかをめぐって，李中原教授の見解には，1つの変化の過程が見られ

劉海安博士は，現行法における補充責任を以下の3種類に分ける。すなわち，第1は，不作為に基づく補充責任であり，第2は，受益に基づく補充責任であり，第3は，監護，扶養に基づく補充責任である。氏は，次のように主張する。すなわち，補充責任を適用するには，補充責任者に一般的な帰責可能性がなく，且つ，先に直接の加害者に追及するコスト〔先究成本〕を被害者に負担させることに合理性があることを求めるべきであり，不法行為における補充責任については，救助行為における補充責任，個人間の無償労務提供における補充責任と緊急避難における補充責任に限定すべきである[9]。

孫維飛博士は，次のように主張する。すなわち，不法行為における補充責任と権利侵害責任法12条[10]はいずれも，数人がそれぞれ，不法行為を行って同じ損害を惹起させた場合に関するものである。従って，両者の規律範囲には抵触が存在しており，この矛盾を調和させるためには，不法行為における補充責任の適用範囲を「直接責任者が故意であること＋補充責任者が過失であること」という場合に限定すべきである[11]。

補充責任については，最高人民法院の司法解釈および権利侵害責任法のい

る。すなわち，「不真正連帯債務与補充債務理論的櫛理与重構——兼論多数人債務体系」と「論民法上的補充債務」において，李中原教授は，異なるレベルに置かれている債務に対しては，補充責任を原則とし，不真正連帯債務をその例外とすべきと，主張していた。これに対し，その後の「不真正連帯債務理論的反思与更新」と「論違反安全保障義務的補充責任制度」においては，不真正連帯責任を原則とし，補充責任をその例外とすべきと，その主張を改めている。以上は，鄔硯・前掲注（2）16頁からの再引用である。

8）王千維「連帯債務与不真正連帯債務——評最高法院八十九年度台上字第一七三四号民事判決」月旦法学雑誌2006年10月号260-261頁参照。鄔硯・前掲注（2）16頁からの再引用。
9）劉海安「侵権補充責任類型的反思与重定」政治与法律2012年2期121-131頁参照。鄔硯・前掲注（2）16頁からの再引用。
10）〔文補〕権利侵害責任法12条（累積的競合）は，「二人以上の者が，それぞれ不法行為を行って同一の損害を生じさせた場合において，責任の大小を確定できるときは，各自相応の責任を負う。責任の大小を確定できないときは，案分して賠償責任を負う。」と，定める。
11）孫維飛「論安全保障義務人相応的補充責任——以《侵権責任法》第12条和第37条第2款的関係為中心」東方法学2014年3期34-35頁参照。鄔硯・前掲注（2）16頁からの再引用。

ずれにおいても規定があり，また，司法実践においても，それを適用することがあるが，当該責任を独立した責任形態と位置付けるべきではないと，私は考える。その理由は，以下の通りである。

まず，論理の視角からいうと，連帯責任，分割責任および不真正連帯責任が焦点を当てているのは，異なる責任主体間の責任の割合および責任の関連性であるのに対し，補充責任が焦点を当てているのは，異なる責任主体間の主従の関係および責任の順序であり，両者の視角は異なっており，同列に論じることはできない。

次に，連帯責任，分割責任および不真正連帯責任という責任形態は既に，多数当事者の責任間の責任関係を解決できており，その次元が異なる補充責任を付け加えるとなると，必然的に既存の責任体系の混乱をもたらすことになる。

更に，補充責任自体の意味内容は明らかでなく，独立した責任形態の確定性を具備していない。もし，補充責任が1種の独立した責任形態だとすると，その責任は，第三者の責任が成立することをその前提とするだろうか。補充責任は，自己責任の範疇に属するといえるだろうか。これらの問題において，補充責任に関する理論は曖昧である。つまり，あるときは，補充責任には従属性があるすなわち，第三者の責任の成立をその前提とすると，考える。他方，また，あるときは，当該責任は，別の法律関係における義務者の独立した責任であると考える。このように，それには比較的大きい曖昧さが存在している。補充責任は通常，法律が同じ損害結果について2つ以上の賠償請求権を有する権利者に対し，先後の順序に従い賠償請求権を行使すべきことを求め，先順位にある賠償義務者による賠償がその損害を填補するのに足りないときに初めて，後順位にある賠償義務者に対して賠償請求できると定めるものとして，理解される。しかし，実践においては，このような順序性が厳格に守られたことは，一度もない。通常，被害者はすべて，補充責任を負う責任者を直接訴えるのであり，このとき，被害者は，自身と当該責任者との間の独立した法律関係および当該責任者の過錯に基づいて訴えており，その責任の「補充性」は明らかでないばかりか，逆に責任の独立性がより際立っている。

以上のことをまとめていうと，既存の責任体系の下において，いわゆる補充責任の類型をその責任の性質に従い分類すると，以下の3つの類型に分けることができる。すなわち，第1に，責任者に故意または重大な過失（故意と同視し得る）がある場合は，直接の権利侵害者と共同で連帯責任を負うことになる。第2に，責任者の不作為と第三者の積極的な作為不法行為が直接結合してはじめて，損害が生じるような場合は，過錯の大小，原因力等の要素に照らして，双方に分割責任を負わせることができる。第3に，責任者に一般過失があり，直接の権利侵害者の過失と間接結合し，責任者の責任の基礎が直接の権利侵害者のそれとは異なる場合において，責任者が責任を負った後，第三者による権利侵害と関わっておりかつその第三者が最終的な責任を負うときは，責任者は，第三者に求償することができる。また，このとき，被害者が，自身と責任者間の法律関係に基づいて単独で（その責任者に対して――文補）主張したときは，不真正連帯責任によって処理することになる。

〔日本側コメント〕
〈瀬川信久〉
　補充責任を独立の責任形態と考えるかという問題における肯定説と否定説の対立については，2つのレベルを区別する必要があるように思われる。
　一つは，文氏の紹介にある対立――注（3）の張＝唐，王，楊らの肯定説と，注（4）の張民安，注（5）の楊垠紅，李良雄らの否定説の対立――である。ここでの肯定説は，直接責任者は全額賠償責任を負うとしつつ，安全保障義務者の責任につき部分責任を認めるのに対し，否定説は，安全保障義務者も全額賠償責任を負うとする。これは，安全保障義務懈怠の責任を縮減すべきかという実際問題のレベルの対立である。その答えは，事案類型ごとに，安全保障義務者にどれだけ広い義務を課すべきかによるべきであろう。(D)～(F)を一括してすべて全額責任とすることも，すべて部分責任とすることも妥当でないように思われる。
　もう一つの対立は，本共同研究での王教授・張弁護士の肯定説と亓弁護士の否定説の間の，補充責任を独立の法概念として認めるか，その前提として

補充責任としてどのような責任を考えるのかの対立である。王と張は、専らあるいは主として（E）の事案を考えて、補充責任の要素から責任順序の補充性を捨象したうえで、過錯に応じた責任縮減のみの補充責任が新しい問題に対応するための独自の意義を持つとする。これに対し、亓は、責任順序の補充性を補充責任概念の要素とすることに反対しつつも（224頁）、責任順序の補充性を補充責任の要素とすることを前提として、そのような補充責任は、責任順序の補充性を要素としない連帯責任・分割責任・不真正連帯責任とは視角が異なるから同列に論じることができず、両者を合わせると責任体系の混乱をもたらし、また、責任順序の補充性がある場合とない場合の両方を包含する補充責任概念は曖昧だとして反対する。まとめると、亓は（B）の事案の古典型補充責任と、（C）（D）（E）（F）の事案の現代型補充責任を包含する補充責任を考えて、そのような補充責任は独立の責任形態と認め難いとする。これに対し、王は（E）を中心とする現代型に限定した補充責任を考えて、独立の責任形態として認めるのである。

とすると、王の肯定説と亓の否定説の間には実際問題での違いはない。王は補充責任の問題を事案類型に分解して考えるべきだとし、（E）の事案に限定して補充責任の概念を認める。補充責任を事案類型に即して考える点で王の見解に賛成したい。しかし、それを、補充責任を「独立の責任形態」として認める見解と呼ぶのはミスリーディングであると考える。王の見解は、（B）の事案を含む広義の補充責任概念を否定するものだからである。

〈但見亮〉

第3章でも述べたように、補充責任は理論的に見ると過度に便宜的であり、予見可能性や公平性・公正性に欠けるところがある。そして、それが便宜的に適用される以上、補充責任の性質や特徴もまた、状況により異なる様相を示すことになり、法的に一定の位置づけを行うことは困難であろう。そうであるとすると、少数説であるとしても、否定説が理論的には妥当であるように思われる。

もちろん、張愛軍も指摘するように（220頁）、そこでは「填補という目的」を「最終的に達成」することが何より求められているのであり、その点

では目的合理性を見出すこともできる。しかし，目的合理性を過度に追求すれば，必然的に論理的・体系的整合性が損なわれることは，言うまでもないことである。

　理論・制度の形成，そしてその背後に存在する目的に鑑みれば，補充責任については，具体的なケースにより様々な性質ないし特徴が見出されるかもしれないが，そのどれが本質的または決定的であるかというと，それはどこまでも不確定的であり，そもそもその理論的位置づけが可能なのか，疑問が残る。

第5章　補充責任の性質論および その他の責任形態との関係

　補充責任が独立した責任形態であることを認める論者の多くは，安全保障義務者が負う補充責任は，その過錯に基づく自己責任であることを認めつつ，連帯責任，不真正連帯責任，分割責任とは異なるものであると主張する。具体的には，以下の通りである[1]。

　まず，連帯責任とは，以下の区別が存するとされる。第1に，責任の範囲が異なる。連帯責任において，各責任者は，被害者が受けた損害に対してそれぞれ，「全部の給付責任を負い[2]」，且つ，賠償権利者は，「いずれの責任者に対しても全部または一部の給付を請求できる[3]」のに対し，補充責任においては，直接の責任者のみが全部の給付責任を負い，補充責任者は，「相応の」給付責任しか負わない。第2に，責任の順序が異なる。連帯責任において，「債権者は，各債務者に対して同時にまたは異時的に請求することができ[4]」，請求の順序は問わない。これに対し，補充責任は厳格な「順位性〔次位性〕」を有しており[5]，賠償権利者はまずもって，直接の責任者に賠償請求しなければならず，直接の責任者による賠償が足りないときに初めて，補充責任者に対して賠償責任の負担を求めることができる。第3に，求償権の有無が異なる。連帯責任において，その内部関係は分割責任関係であり，各責任者は相応の負担部分に基づく最終的責任を負わなければならないため，自己の負担部分を超える責任を負った連帯責任者の1人は，その他の連

---

[1] 鄔硯『侵権補充責任研究』（法律出版社，2015年）58-62頁参照。
[2] 鄭玉波著，陳栄隆修訂『民法債編総論』（中国政法大学出版社，2004年）389頁。ほかに，〔独〕廸特爾・梅廸庫斯（Dieter Medicus）著，杜景林＝盧諶訳『徳国債法総論』（法律出版社，2004年）606頁，〔日〕我妻栄著，王燚訳『民法講義Ⅳ　新訂債権総論』（中国法制出版社，2008年）335頁も参照。
[3] 前掲注（2）『徳国債法総論』606頁。
[4] 前掲注（2）『民法債編総論』392頁。
[5] 王利明『侵権責任法研究（上巻）』（中国人民大学出版社，2010年）47頁参照。

帯責任者に求償することができる。これに対し，補充責任の内部において，補充責任者はリスク責任（中間責任ともいう）しか負わず，最終的責任を負わないため，実際に負担した責任について全額の求償権を享有する。他方，直接の責任者は最終的責任を負うため，そもそも求償権を有しない。

次に，不真正連帯責任とは，以下の区別が存するとされる。第1に，責任の範囲が異なる。不真正連帯責任において，「各責任者はそれぞれ，全部の給付義務を負う[6]」のに対し，補充責任において，補充責任者は，全部の給付義務ではなく，「相応の」給付責任しか負わない。第2に，責任の順序が異なる。不真正連帯責任において，各債務の間には順序の区別がなく，「債権者は，債務者の1人または全部の債務者に対して同時にまたは異時的に，全部または一部の債務の履行を請求できる[7]」。これに対し，補充責任においては，賠償権利者はまずもって，直接の責任者に賠償請求しなければならず，直接の責任者が賠償できず若しくはその賠償が足りないかまたはその行方が不明であることによって当該請求権が実現されないときに初めて，補充責任者に対して責任の負担を求めることができる[8]。第3に，各責任間の関係が異なる。不真正連帯責任において，各責任の発生原因は異なり，「それぞれ独立した債権債務の関係」に属する[9]のに対し，補充責任においては，直接責任が独立性を有するものの，補充責任は直接責任に依存するところがある。第4に，執行不能のリスクを負担する結果が異なる。補充責任において，法院が，直接の責任者に賠償責任の負担を命じ，強制執行を経るも，実際に履行されなかった場合，賠償権利者は別途，足りない部分について訴えを提起し，補充責任者に対して補充責任の負担を求めることができる。これに対し，不真正連帯責任において，賠償権利者が，一部の債務者に対して全部の責任を負担するよう請求し，法院の認容判決を得たが，執行されなかった場合，賠償権利者は，実際に執行されなかった部分について改めて訴えを

---

6) 前掲注（2）『民法債編総論』392頁。ほかに，王利明・前掲注（5）51頁も参照。
7) 史尚寛『債法総論』（中国政法大学出版社，2000年）675頁。ほかに，王利明・前掲注（5）51頁も参照。
8) 楊立新『侵権法論（第5版）・下巻』（人民法院出版社，2013年）1000頁参照。
9) 王千維「連帯債務与不真正連帯債務――評最高法院八十九年度台上字第一七三四号民事判決」月旦法学雑誌2006年10月号258頁。

提起し,その他の責任者に対して責任の負担を求めることはできず,不適切な責任主体を選択したことによる賠償不能のリスクを負わなければならない。

さらに,分割責任とは,以下の区別が存するとされる。第1に,責任の範囲が異なる。分割責任において,各債務者は,自己の負担部分についてのみ責任を負い,すべての債務者の負担部分を足すと,全部の賠償責任になる。これに対し,補充責任においては,補充責任が責任の順序と範囲という二重の制約を受けるため,責任の範囲において分割責任と類似するものの,直接の責任者は全部の賠償責任を負わなければならない。そのため,直接責任と補充責任を足すと,全部の賠償責任を上回ることになる。第2に,責任の順序が異なる。分割責任において,責任の順序という問題は存在しないのに対し,補充責任においては,「先に直接責任,後に補充責任」という責任の順序を守らなければならない。第3に,各責任間の関係が異なる。分割責任において,各責任はそれぞれ独立し,相互に影響しないのに対し,補充責任においては,直接の責任者による賠償が足りないならば,賠償権利者は,補充責任者に対して相応の範囲内において補充責任を負うよう求めることができるため,補充責任は独立性を有しない。第4に,求償権の有無が異なる。分割責任において,各責任者は,本人が最終的に負担すべき責任部分しか負わないため,各責任者間には求償の問題が存在しないのに対し,補充責任においては,補充責任を負った補充責任者は,実際に負担した責任部分について直接の責任者に対して求償することができる。

　質問:補充責任と連帯責任,不真正連帯責任,分割責任の区別に関する以上の議論をどのように理解すべきか。

〔中国側回答〕
〈王成〉
　一般的な意義において,上記の区別は賛同に値する。しかし,補充責任自体には多様性があるため,一部の状況については,具体的に分析する必要がある。例えば,補充責任者の求償権についていうと,決してすべての補充責

任者に求償権があるわけではない。補充責任者に求償権があるのは，その過錯が非常に小さく，その者が責任を負う原因が，他人に代わって咎めを受けることにあるからである。補充責任者の過錯が比較的に重大であるような場合には，補充責任者はまさしく，自己の過錯のために責任を負うのであって，さらに求償権を与えるべきでない。この点に関する具体例については，前述の議論（第３章における氏の回答部分――文補）を参照することができる。

〈張愛軍〉
　上記の見解は，基本的に補充責任と連帯責任，不真正連帯責任および分割責任の区別を記述できている。しかし，責任順位の区別については，直接の加害者と補充責任者に対して合わせて訴訟上の主張を提起することができ，直接の加害者が賠償できないかまたはその賠償が足りないときを待って初めて，補充責任者に主張することはないと，私は考える。裁判所は，完全に１回の訴訟において両者の責任を確定することができる。ただ，具体的な執行過程においては，厳格に「順位性〔次位性〕」の要求に従い賠償金の給付を行うことになる。もし，まず直接の加害者に対して訴訟を提起し，その者が賠償できないかまたはその賠償が足りないときに，改めて第２回目の訴訟を提起して補充責任者に対して主張するとなると，紛争解決の効率は大幅に減殺されることになり，被害者がなるべく早く賠償を得ることは非常に難しくなる。従って，なるべく早く被害者に賠償を行い，一日も早く紛争を解決するためには，主張を提起する点においては，厳格に順位の要求に従う必要がない。これに対し，具体的な執行過程においては，厳格に順位の要求に従い順次行わなければならない。

〈亓培氷〉
　補充責任の性質およびその他の責任形態との連関関係を論ずるには，まず，補充責任について定義を行う必要がある。一部の司法解釈または立法文書において，「補充責任」という文言を用いているものの，いったい何が「補充責任」であるか，また，その適用場面はどのような場合かということには，非常に大きな論争性がある。補充責任はいったい「何か」ということ

自体に，なお曖昧さが残っている状況の下において，その他の責任形態との関係を議論することには，一定の難しさがある。われわれは，最も典型的な，通説が「補充責任」であると考える責任形態（例えば，安全保障義務違反の補充責任）と，不真正連帯責任，連帯責任および分割責任等について区別するしかない。私は，補充責任は決して独立した責任形態ではなく，それは責任の細分において，連帯責任，分割責任および不真正連帯責任のいずれかに組み入れることができると，考える。

補充責任の性質についていうと，補充責任が中国の立法および司法実践において存在するのは，中国の特殊な現実の国情，法律観念等によって総合的に決定付けらたからだと，私は考える。補充責任の存在価値は，経済的に負担能力のある主体が，被害者の不幸な損害に対して「包括〔兜底〕」責任を負うことにある。補充責任は，現在，中国の保険および社会保障（制度）が完備されたとはいえない状況の下における，被害者の損害に対する一種の救済形態である。補充責任は，自己責任の範疇に属し，また，その責任主体が責任を負う前提もその名義上，過失がなければならいということになっているとはいえ，この過失は抽象的な軽過失であるにすぎず，それは，裁判官が責任者に責任を負わせようと思えば，通常，「発見」できる過失である。公平責任の性質と類似していて，当該責任もまた，中国人の法律観念における「社会連帯」という特徴を体現しており，それには，一定の曖昧さと保障性がある。そして，補充責任はその理論上精緻ではないものの，一定の社会問題を解決することをその目標としていて，中国不法行為法の立法および司法実践における特色であり，中国の特色ある法観念を体現した。

〔日本側コメント〕
〈瀬川信久〉

この問題を考える前提として，債務者が多数の場合の法概念を整理しておく必要がある。日本法では，一つの債務につき複数の債務者がいる場合には，債務の合有，不可分債務，連帯債務，分割債務などがある。債務の合有は複数債務者間に団体関係がある場合であり，不可分債務以下は団体関係がない場合である。団体関係がない場合のうち，不可分債務は，債権の目的が

性質上または当事者の意思表示によって不可分の場合である。債権の目的が性質上可分の場合は分割債務になる。連帯債務は，債権の目的は性質上可分だが，債務の弁済を確実にするために契約あるいは法律により各債務者が給付全部の履行義務を負う場合である。連帯債務には，各債務者と債権者間の付遅滞・消滅時効中断等一定の事情の効果が他の債務者と債権者の間にも及ぶ真正連帯債務（絶対的効力）と，及ばない不真正連帯債務（相対的効力）がある。なお，1950年代以前の学説は，真正連帯債務では弁済した債務者は求償でき，不真正連帯債務では求償できないと考えていたが，60年代以後は学説・判例はいずれでも求償請求できるとしている（実際にいくら求償できるかは，個々の事案の債務者間の負担部分による）ので，両者の違いは上記の絶対的効力か相対的効力かの点に限られる。中国法では不真正連帯債務では債権者が執行不能のリスクを負担するとのことであるが，日本法ではそのようなことはない。最後に，分割債務は，各債務者が債権者に対し，一定の基準により分割された額の債務を各債務者が負う場合である。

安全保障義務者が負う補充責任の特質は責任額が過錯に応じて縮減される点に限られる。多数当事者の債務関係の上記のような整理の上で，日本法はこのような責任を一部連帯債務ととらえている。連帯している部分が真正か不真正かは上記の絶対的効力と相対的効力のいずれかによる。それは事案類型ごとに考えるべき問題であり，一概に決めることができないと考える。

検索の抗弁権までともなう補充責任——保証債務，(B)の諸事案の賠償責任——は，日本法では，上記の不可分債務，連帯債務，分割債務とは別のものと考えている。

〈但見亮〉

前章で述べたように，性質論ないしその他の責任形態との関係という問題は，「補充責任」が損害の可及的填補という目的に応じて柔軟に用いられるために，ケースごとの必要の違いによりその様相を異にするものといえよう。そのため，それと（不真正）連帯責任や分割責任等との区別を論じることにどの程度の意味があるのかは疑問である。

もちろん，「補充責任」が論じられる学説または適用されているケースを

個別に観察し，そこに共通の要素ないし顕著な特徴を見出す試みは，その外延なり内包なりを大まかに捉えるためには有用であろう。とはいえ，それは結局，「補充責任」として（またはそのような認識により）法院が適用しているルールの多面的な様相を記述的に捉えること，または多くとも一部ケースに現れた一定程度共通の特徴を把握することにとどまるのではないだろうか。それがさらに補充責任の本質ないし定義にまで至るのか，そしてそのような定義との相違が何らかの批判や否定的評価の根拠となるのか，と考えると，やはり疑問が残るところである。

　この点，中国側の発言を見ても，「補充責任自体には多様性があるため，一部の状況については，具体的に分析する必要がある」（王成，230頁），「一日も早く紛争を解決するためには，主張を提起する点においては，厳格に順位の要求に従う必要がない」（張愛軍，231頁），「いったい何が『補充責任』であるか，また，その適用場面はどのような場合かということには，非常に大きな論争性がある」（亓培氷，231頁），というように，目的に応じて定義，性質そして効果が柔軟に変化するという理解が明確に示されている。

第6章　補充責任関連事案における
各責任主体の主観的態様の如何

　不法行為における補充責任に関する現行法の規定を見ると，直接の責任者と補充責任者の主観的態様をめぐっては，「無から有→有から無→無から有」という反復の過程を辿ってきており，具体的には，以下の4つの段階に分けることができるとされる[1]。すなわち，第1は，区別しなかった段階である。虚偽の資産検査証明によって会計士事務所が負う補充責任に関し，最高人民法院は，1996年の回答と1998年の批復においていずれも，会計士事務所の故意と過失を区別せず，補充責任を負う旨を定めている。その後の人身損害解釈6条2項と7条2項も，これを踏襲し，主観的態様について区別をしなかった。第2は，ある程度の区別をした段階である。2007年の「会計士事務所に関わる会計検査業務活動における民事上の権利侵害賠償事件の審理に関する最高人民法院の若干の規定」がそれであり，登録会計士の故意と過失の如何によって，会計士事務所が負う責任はそれぞれ，連帯責任と補充責任に分かれた（同規定5条，6条，10条参照）。第3は，再び区別しないことへ回帰した段階である。2009年の権利侵害責任法は，人身損害解釈のモデルに回帰し，同法37条2項と40条2項は，主観的態様について区別せずに補充責任を負う旨を定めた。第4は，区分が比較的細分化された段階である。この段階においては，権利侵害者の主観的態様について区分を行い，かつ第2段階より更に細分化された。2014年の「最高人民法院の公証活動に関わる関連民事事件を審理することに関する若干の規定」がそれであり，同規定5条は，「(公証機関が) 法により審査・確認義務を尽くさなかった場合は，その過錯相応の補充賠償責任を負わなければならない。公証に供された証明資料が虚偽であることを明らかに知っていたか又は当事者と悪意で通謀した場合は，連帯賠償責任を負う。」と，定める。

　1）鄔硯『侵権補充責任研究』（法律出版社，2015年）242-243頁参照。

これに対し，学説においては，明確にこの点を述べるものは殆ど見られなかったが，近年，補充責任の適用範囲を「直接の加害者＝故意＋安全保障義務者＝過失」の事案に限定すべきことを主張するものが散見される[2]。

質問：補充責任における直接の責任者（加害者）と補充責任者の主観的態様については，どのように考えるべきか。

〔中国側回答〕
〈王成〉

補充責任者の多くが負うのはいずれも，過失責任であり，また，重大な過失を有する場合もある。補充責任者が故意であるときは，補充責任を負うべきでない。しかし，この点，司法解釈において，一部の補充責任者が故意である場合もある。例えば，「会計士事務所に関わる会計検査業務活動における民事上の権利侵害賠償事件の審理に関する最高人民法院の若干の規定」（法釈〔2007〕12号）10条1号は，次のように定める。すなわち，「人民法院は，本規定第6条に基づいて会計士事務所が負うその過失の程度と相応の賠償責任を確定するときは，以下に掲げる事情に照らして処理しなければならない。（1）まず，会計検査を受ける組織が，利害関係人の損害を賠償しなければならない。会計検査を受ける組織の出資者が，出資を偽り，実際とは異なる出資を行うか又は出資を引き揚げ，その後不足額を補っておらず，且つ，法により会計検査を受ける組織の財産について強制執行を行うも，依然として損害を賠償するに足りないときは，出資者は，出資を偽り，実際とは異なる出資を行うか又は出資を引き揚げた金額の範囲内で，利害関係人に対して補充賠償責任を負わなければならない」。また，「最高人民法院の『中華人民共和国企業破産法』を適用する若干の問題に関する規定（二）」（法釈〔2013〕22号）33条1項は，次のように定める。すなわち，「破産管財人または関連人員が職務の執行中に，故意または重大な過失によって，他人の財産

---

2) 孫維飛「論安全保障義務人相応的補充責任──以《侵権責任法》第12条和第37条第2款的関係為中心」東方法学2014年3期34頁以下，李中原「論違反安全保障義務的補充責任制度」中外法学2014年3期676頁以下，鄔硯・同前243頁以下参照。

を不当に譲渡したかまたは他人の財産を毀損，滅失させた場合は，他人に損害をもたらしたことにより生じた債務は共益債務として，債務者の財産の中から随時に足りない損害填補部分を弁済するものとし，権利者が，破産管財人または関連人員に対して補充賠償責任を負うよう主張したときは，人民法院はこれを支持しなければならない」。上記両条文の規定において，出資者，破産管財人・関連人員はその主観上故意であり，その責任を補充責任として配置すべきか否かは，再考を要する問題である。筆者は，ここでは補充責任ではなく連帯責任を負わなければならないと，考える。

〈張愛軍〉

　直接責任者の主観的心理状態は，故意に限られず，過失も含めるべきである。これに対し，補充責任者の主観的心理状態もまた，絶対的に過失に限定すべきではない。一部の学者が，補充責任の適用範囲を「直接責任者＝故意＋補充責任者＝過失」の事案に限定していることは，なお検討を要する。

　直接責任者が故意であるか，それとも，過失であるかにかかわらず，保護義務を尽くしていなければ，補充責任者は，生じさせた損害に対して責任を負うべきである。例えば，ある顧客が不注意で氷水を百貨店の床にこぼし，百貨店が速やかに清掃しなかったことにより，そこを通っていた別の顧客が氷水を踏んで転倒負傷した場合，当該百貨店は，被害を受けた顧客に対して補充賠償責任を負うべきである。このとき，直接責任者の過錯行為は，決して補充責任者が保護義務を尽くさなかったという事実を変えておらず，補充責任者は，これに対して補充責任を負うべきである。

　権利侵害責任法37条２項は，「第三者の行為によって他人に損害を生じさせた場合は，第三者が権利侵害責任を負う。管理人または組織者が安全保障義務を尽くさなかったときは，相応の補充責任を負うものとする。」と，定める。また，「最高人民法院の旅行紛争事件の審理において法律を適用する若干の問題に関する規定」（法釈［2010］13号）７条２項は，「第三者の行為によって旅行者に人身損害，財産的損害を生じさせた場合は，第三者が責任を負う。旅行経営者，旅行サービスの履行補助者が安全保障義務を尽くさず，旅行者が両者に相応の補充責任を負うよう求めたときは，人民法院はこ

れを支持しなければならない。」と，定める。

　上記の法律規定は，第三者の行為が故意によるものか，それとも，過失によるものかについては，決して明確に区別しておらず，第三者の行為が他人に損害を生じさせた場合，補充責任者は関連義務を尽くしていなければ，補充責任を負わなければならなくなる。もちろん，補充責任者の主観的心理状態は，過失に限定されるかという問題について，私は，社会環境は複雑であるため，ある特定の場合において，補充責任者に故意の主観的心理状態が存在することもあると，考える。例えば，株主が故意にその出資を引き揚げた場合において，出資を引き揚げた株主は，会社が弁済できない債務につき，債権者に対して補充責任を負わなければならないのに対し，出資の引き揚げに協力したその他の株主，取締役，高級管理人員または会社の実際の支配者は，出資を引き揚げた株主が負う補充責任の範囲内において，連帯責任を負わなければならない。

〈亓培氷〉
　不法行為における補充責任において，各責任主体の主観的心理状態は，（関連）立法および司法解釈における規定が異なることによって異なる。学理からいうと，通説は，不法行為における補充責任の適用範囲を，「直接責任者＝故意＋補充責任者＝過失」の事案に限定すべきことを主張する。その理由はこうである。つまり，もし，補充責任者の心理状態が故意または重大な過失であるならば，直接の権利侵害者との共同過錯（主観的関連共同のこと——文補）とみなされて連帯責任を負わされることになる。また，補充責任における過失は，軽過失でなければならず，当該軽過失が存在することによって，補充責任者は別の法律関係において，被害者に対して責任を負うことになる。

〔日本側コメント〕
〈但見亮〉
　「補充責任」について本書で示された原則的なルールに従えば，補充責任者は，直接責任者に対して補充的に（その賠償が不足する場合に限り）責任を

負うに過ぎない。その関係から見る限り，補充責任者はその主観的側面においては過失でしかありえない，というべきであろう。

　もちろん，上述のような「補充責任」の柔軟かつ多様なあり方からすれば，その負うべき責任の量だけでなく種類（補充的か連帯的か）もまた，主観的側面の悪性なり程度なりと連動して変化することも考えられる。

　この点について中国側の見解を見ると，王成は，「補充責任者が故意であるときは，補充責任を負うべきでない」(236頁)とし，具体的に最高人民法院による会計士事務所の会計検査業務活動に関する「若干の規定」(法釈［2007］12号) 10条1号および「企業破産法解釈（二）」(法釈［2013］22号) 33条1項を引いて，両規定では出資者，破産管財人・関連人員が「その主観上故意であり」，「補充責任ではなく連帯責任を負わなければならない」(237頁)としているのに対し，張愛軍は「補充責任者の主観的心理状態（は）…過失に限定すべきではない」(237頁)としており，見解が分かれている。

　ただ，王と張はいずれも，効果として連帯責任を負うものとするように，これは結局「補充責任」の性質ないしは効果についての認識の違いに由来するものである。それは，上記「若干の規定」により，王が「補充責任ではなく連帯責任を負わなければならない」(237頁)とするのに対し，張は「補充責任の範囲内において，連帯責任を負わなければならない」(238頁)とするところに顕著である。

　これについては，「補充責任の適用範囲」については，これを「『直接責任者＝故意＋補充責任者＝過失』の事案に限定すべき」，とする亓培氷の見解 (238頁) が明瞭であり，理論的にも首肯できる。ただ正に，亓も「学理からいうと」という限定を置くように，それは資力に応じた損害負担の配分による可及的填補，という補充責任の目的に反し，その実用的価値を損なうように思われるのだが。

第7章　補充責任者による直接の加害者への求償の可否およびその範囲

　人身損害解釈6条2項は，安全保障義務者による直接の加害者への求償を認めていたが，権利侵害責任法37条2項では，当該文言が削除された。このことも相まって，補充責任者による直接の加害者への求償の可否およびその範囲については，見解が分かれており，大きく，以下の3つに分けることができる[1]。

　（1）全額の求償権を認めるもの。その理由としては，以下のものが挙げられる。第1に，補充責任を認めると，必然的に全額の求償権を認めることになり，全額の求償権を否定すると，補充責任を否定することになる。補充責任における順位についての共通認識によると，補充責任者は，直接の権利侵害者を確定できないかまたはその者に賠償資力がない場合にのみ責任を負うことになり，直接の権利侵害者を確定できかつ賠償の能力があるときにその者に対して求償することは，順位ルールの本来の姿を回復するにすぎないものである。第2に，直接の権利侵害者が全部の終局的責任を負わなければならず，補充責任者が終局的責任を負わないことは，補充責任を決定付ける不可欠の決定的要素である。もし，補充責任者はその負担部分について求償できないとするならば，補充責任ではなく分割責任を適用すべきである[2]。

　（2）限定的に求償権を認めるもの。これには，2種類のものがある。1

---

1) なお，鄔硯『侵権補充責任研究』（法律出版社，2015年）48-49頁はこれを，①補充責任者と直接責任者のいずれも，求償権をもたないとするもの，②補充責任者は求償権をもたず，直接責任者は求償権をもつとするもの，③補充責任者は原則として求償できず，直接責任者に故意または悪意がある場合などの場合にのみ求償できるとするもの，④補充責任者は求償権をもつが，直接責任者は求償権をもたないとするもの，との4種類に分類する。
2) 徐銀波「侵権補充責任之理性審思与解釈適用」西南政法大学学報2013年5期66頁参照。このほかに，全額の求償権を認めるものとして，譚氷濤「論侵権補充責任――以安全保障義務為視角」福建政法管理幹部学院学報2009年3期41頁以下，鄔硯・前掲書55頁参照。

つは，補充責任者が，自身が負うべきでない責任を負うかまたは他人に代わって責任を負った場合に部分的求償権を認め，一部の補充責任（その者がもともと負うべきであった責任）を負った場合は求償権を認めないものである[3]。いま１つは，原則として補充責任者（安全保障義務者）の求償権を認めないものの，直接の加害者（第三者）に故意または悪意が存する場合または補充責任者が責任を負った後，直接の加害者に財産があることを発見しかつ時効期間内にある場合は，例外的に求償権を認めるものである[4]。

（３）求償権を認めないもの。これには，「安全保障義務者が安全保障義務を尽くさなかった以上，このことは，その者に過錯があることを意味し，その者は，第三者の過錯ではなく自己の過錯のために責任を負うのであって，当然に求償権を享有すべきでない」との指摘[5]があるほか，学校等の教育機関が負う補充責任に関し，「尽くすべき管理上の職責を履行しなかったため，その行為自体には帰責可能性があり，そのため，ここにおける補充責任は終局的責任であって，学校等の教育機関は責任を負った後，第三者に求償することができない」との指摘[6]が見られる。

質問：この問題をどのように考えるべきか。

〔中国側回答〕
〈王成〉

補充責任者が求償できるか否かは，その過錯の程度に関わっている。現実の規定からみると，求償権があるもの，求償権がないもののいずれも，存在

---

3) 郭明瑞「補充責任，相応的補充責任与責任人的追償権」煙台大学学報（哲学社会科学版）2011年１期16頁参照。なお，陳現傑主編『中華人民共和国侵権責任法条文精義与案例解析』（中国法制出版社，2010年）131頁〔朱理執筆部分〕も，補充賠償責任範囲内における安全保障義務者の求償権を認めない。
4) 王利明『侵権責任法研究（下巻）』（中国人民大学出版社，2011年）194-195頁参照。
5) 程嘯『侵権責任法』（法律出版社，2011年）354頁。
6) 姫新江『共同侵権責任形態研究』（中国検察出版社，2012年）354頁。なお，奚暁明主編『中華人民共和国侵権責任法条文理解与適用』（人民法院出版社，2010年）297頁〔姜強執筆部分〕，前掲注（３）陳現傑主編書142頁〔姜強執筆部分〕も，教育機関による求償権を認めない。

している。そのため，一概に論じることはできず，また，求償権がないからといって，補充責任ではないと考えるべきでもない。

〈張愛軍〉
　補充責任者が，直接責任者に求償できるか否かの重要な考慮要素は，損害の発生時に直接責任者の主観的心理状態が故意であるか，それとも，過失であるかということにあると，私は考える。もし，直接責任者の主観的心理状態が故意であれば，補充責任者は求償することができ，もし，直接責任者の主観的心理状態が過失であれば，補充責任者は求償権を享有することができない。
　他方，求償の範囲についていうと，補充責任には，2つの意味内容が含まれている。すなわち，第1に，できるだけ直接責任者に賠償責任を負わせるべきであり，直接責任者に賠償能力がないかまたは誰が直接責任者であるかを確定できないときに，さらに補充責任者に賠償責任を負わせるべきである。第2に，補充責任者は，その過錯の範囲内において，差額を補うべきである。求償の範囲は，補充責任者の過錯の範囲に基づいて確定することになる。補充責任者に過錯がなければ，損害結果はそもそも発生しないような場合には，補充責任者は，直接の権利侵害者の賠償責任総額に従い補充責任を負わなければならない。補充責任者に過錯がなければ，損害結果は軽減されるような場合には，補充責任は，損害結果が軽減され得る範囲内に限定しなければならない。補充責任者は補充責任を負った後，自身が支払った賠償額に基づいて直接責任者に求償することができる。何故なら，直接責任者は直接の権利侵害者であり，その過錯こそが損害の発生をもたらした直接の原因であるのに対し，補充責任者は，その過失行為によって補充責任を負うにすぎず，補充責任者の過錯の範囲に基づいて求償の範囲を確定したほうが，直接責任者が賠償できない範囲に基づいて確定するより更に正確であり，過錯と責任の一致をより良く実現できるからである。そうでなければ，補充責任者は，その過錯の範囲を超える賠償金を負わされる可能性があり，公平原則に反することになる。

第7章 補充責任者による直接の加害者への求償の可否およびその範囲 243

〈亓培氷〉

　補充責任者は責任を負った後，求償権を有するか否かという問題をめぐっては，異なる見解が存する。

　肯定説は，補充責任の意味内容について次のように考える。すなわち，加害者を確定できるときは，加害者またはその他責任を負う者が責任を負い，補充責任者は責任を負わず，加害者を確定できないときに初めて，補充責任者が責任を負うことになる。もし，加害者を確定できるものの，加害者または損害に対して賠償責任を負う者の資力によっては，全部の責任を負うのに足りないときは，まずもって，加害者または損害に対して賠償責任を負う者が，可能な限り責任を負い，残りの部分については，補充責任を負う者が負担する。従って，責任者と（残額の）補足者は，責任の順序において異なっている。補充責任を負った後，補充責任者は，加害者またはその他義務者に対する求償権を取得することになる[7]。黄龍教授は，学界の補充責任者が求償権を有することに関する３つの根拠を，次のように総括した。すなわち，①過失責任から来る要求，②民法の基本原則における公平原則から来る要求，③不当利得のルールから来る要求である。氏はさらに，３つの新しい根拠を提起する。すなわち，第１は，法律が過錯吸収のルールを活用して関連の責任関係を処理するという制度的配置であり，第２は，被害者の権利主張に対して必要な制限を行う結果であり，第３は，補充責任のメカニズムによって決定付けられたことである[8]。

　別のある見解は，次のように考える。すなわち，補充責任者が責任を負った後に求償できるか否かについては，責任発生の原因に従い具体的に分析しなければならない。およそ補充責任者が責任を負うのが，自身の行為に対して責任を負うような場合は，求償が生じる余地はない。相応の補充責任者が負う相応の補充責任は，自身の過錯行為に対して負う責任であるため，相応の補充責任者は責任を負った後，求償権をもたない[9]。

---

7) 張新宝『侵権責任法立法研究』（中国人民大学出版社，2009年）242頁。
8) 黄龍「民事補充責任研究」広西警官高等専科学校学報2007年４期28頁。〔文補〕氏は，さらに４番目の根拠として，補充責任者の合法的な権利利益を保護する現実的ニーズを挙げている。

この点，私は次のように考える。すなわち，原則として，補充責任者が責任を負った後，最終的な責任者が存在するならば，補充責任者の最終的な責任者への求償を認めることを肯定すべきである。このとき，補充責任の性質は，不真正連帯責任に類似することになる。もし，最終的な責任者が存在しなければ，補充責任者は，独立して責任を負わなければならない。

　補充責任の求償範囲をめぐっては，学者たちの見解が分かれており，主に以下の3種類の見解が存する。第1は，「無限補充説」または「完全補充説」である。「無限補充説」は，学術界における初期の見解であり，同見解は次のように考える。すなわち，加害者を確定できないときは，補充責任者が全部の責任を負う。もし，加害者を確定できるものの，加害者または損害に対して賠償責任を負う者の資力によっては，全部の責任を負うのに足りないときは，まずもって，加害者または損害に対して賠償責任を負う者が，可能な限り責任を負い，残りの部分については，補充責任者が負担する[10]。第2は，「有限補充説」または「相応の補充責任説」である。「有限補充説」は，人身損害解釈および権利侵害責任法が採る立場であり，人身損害解釈および権利侵害責任法ではそれぞれ，「自身が損害を防止しまたは制止できた範囲内において相応の補充賠償責任を負わなければならない」という文言を使用するか，または直接「相応の補充賠償責任」という文言を使用している。その後，「有限補充説」は，一部の学者の承認と支持を得るようになった[11]。このほかに，第3種の見解も存在しており，われわれは，これを「折衷説」と呼ぶことができよう。郭明瑞教授は，次のように考える。事実上，2種類の見解が併存しており，法文上，「補充責任」の前に「相応の」という限定修飾語を使用したならば，それは「相応の補充責任」であるすなわち，「有限補充説」であり，「相応の」という限定修飾語によって限定されていなければ，「完全な」補充説となる[12]。

---

9) 郭・前掲注（3）論文12頁。
10) 張新宝＝唐青林「経営者対服務場所的安全保障義務」法学研究2003年3期91頁参照。
11) 陳現傑「『最高人民法院関於審理人身損害賠償案件適用法律若干問題的解釈』若干理論与実務問題解析」法律適用2004年2期7頁参照。
12) 詳しくは，郭・前掲注（3）論文14頁参照。

わが国の司法実践において，補充責任は通常，「相応の補充（または適切な補充）」をその原則とする。つまり，法定または約定の場合を除き，補充責任者は，相応の補充責任しか負わない。しかし，補充責任は，責任者がその自身の過錯に基づいて負うべき責任であるため，その責任の範囲は，その過錯の大小，損害結果におけるその不作為の原因力等の要素に鑑みて決定すべきであり，且つ，その者が合理的に予見すべき損害の範囲を超えてはならないと，私は考える。

〔日本側コメント〕
〈但見亮〉

　現実的に考えれば，求償の問題は多くの場合机上の論理であり，執行難や手続上の問題などを考慮せずとも，法的に求償権を行使する可能性は微々たるものであると思われる。もちろん，求償権という問題は想定しうるし，実際にそのような請求は起こりうるだろう。とは言え，少なくとも「無限補充説」または「完全補充説」といったものには，精神的な慰め以外に何らかの意味を見出すことは難しい。

　そもそも，補充責任の本来の目的に照らせば，あくまで直接責任者の賠償が主であって，それが不可能または困難であるときに初めて，補充責任者の負担が問題となるはずである。さらに，本研究における具体的事件の判決例の検討から見ても，そこでは（主たる直接責任者からの回収困難という前提の下で）従たる補充責任者の主観的態様と具体的な義務違反の程度，被害者自身の過失等々の事情を加味し，限定的な範囲で被害者の損害を填補することが目指されている。

　このような判決の様相から見る限り，補充責任者の負担については，現実的に求償が可能であるとは思われないだけでなく，責任の範囲・程度，予見可能性，被害者との関係そしてその他関連する要素いずれについても，補充責任者自身の過失及び行為等に基づく構成となっている。

　これらの点に鑑みると，補充責任による求償は，その法的構成において論理的に整合的ではない。ただ，それも同様に「学理から言えば」というだけであり，損害の可及的填補さらには中国特有のメンツや体裁といった有形無

形の効果を考えれば，それは非常に現実的かつ合理的な配慮に基づくもの，と言えるのかもしれない。

〈長友昭〉

　近年，中国では，不動産業の興隆にしたがって，取引された後の不動産に関する不動産管理サービス業界も急速に発展している。この不動産管理を引き受けているのが，不動産会社である。不動産会社（物業公司）とは，マンションオーナーとの契約により，不動産の管理サービスを提供する会社のことをいう。また，「物業管理条例」33条によれば，マンションオーナーである管理者や集会から不動産管理を受託できるのは，企業法人である不動産会社だけであり，国務院の建設行政部門の規則に基づいた資格管理が行われている[13]。

　しかし，不動産管理会社と区分所有者（オーナー）の間の紛争もまた日増しに増加しており，その主たる原因として，不動産管理会社と区分所有者（オーナー）の安全保障義務の範囲についての理解が異なることが挙げられており，また，これによって生じる責任の性質および範囲の理解には議論があるとされている[14]。

　一般に，不動産管理会社の区分所有者（オーナー），不動産使用者の安全保障義務についての主な発生原因は契約であり，契約の約定または法律，法規の直接の規定であると言われている。もっとも，不動産管理契約には法定の様式はなく，「契約法」は不動産管理契約についての明文の規定はないが，実務における多数の不動産管理サービス契約では，一般に不動産管理部門の保安の職責がすべてに規定されており，納入される不動産費の中にも保安費用が含まれていて，この費用にも保安要員等の雇用に用いることも含まれると言われている。同時に，2007年の「不動産管理条例［物業管理条列］」の36，46，47条によれば，不動産管理会社が負担する安全保障義務で不動産管理会社が負わなければならないのは，契約の約定により契約を履行する範囲内で区分所有者（オーナー）の人身，財産の安全を保障する義務および条

---

13) 國谷知史＝奥田進一＝長友昭『確認中国法用語250』（成文堂，2011年）75-76頁。
14) 趙荧瑩「物業公司安全保障義務的責任承担」中国商界（下半月）2008年2期101頁。

例の規定に基づいて不動産管理区域について行われる不動産消防等の管理と区画の治安管理の義務を指すものであることが見て取れる。そして，安全保障義務の違反では，直接責任を負う可能性があるのみならず補充責任を負う可能性もあるとされる。例えば，もし純粋に不動産管理会社が安全保障義務に違反して，不動産の区域内に必要な消防設備を設置せず，なおかつすみやかに救護しなかったことにより，火災の発生を招いたり，あるいは不動産管理会社が区域内の建築物，施設の維持の対応がすみやかでない場合に，第三者の権利侵害行為がないにもかかわらず，区分所有者（オーナー）の使用時に人身，財産的損害を引き起こしたときは，不動産管理会社が直接賠償責任を負わなければならない。他方で，もし区分所有者（オーナー）の人身，財産的損害の結果が第三者の権利侵害行為によって引き起こされた場合は，不動産管理会社が職責を履行する時に合理的な保護義務の職責を履行していないと，不動産管理会社の主観上の故意・過失［過錯］があったか否かにかかわらず，違約の賠償責任を負わなければならないことになり，これは不動産管理会社が賠償責任を負った後には，権利侵害者にその責任を負った範囲内で求償することができるものであって，このような状況下で不動産管理会社が負うものは，補充責任である。

　問題は，この点，安全保障義務の違反の意義が問題となる。ここ数年の不動産の敷地で，第三者の権利侵害による重大な犯罪行為が引き起こされる不動産管理紛争が生じている。この点，中国における不動産会社の性質について，理解しておく必要があるだろう。以前の中国では，住宅の手配は各自の職場などが行い，公有住宅が通常であった。このような状況下では，職場あるいは当事者の生活ないし人生全般の管理の中で行われる安全というような意識も生じやすく，敷地内での安全は，単なる不動産管理に関する契約以上の安全の意味と考えられやすい。しかしながら，市場経済化に伴い住宅の個人所有も進み，住宅，特にマンション管理の必要性が高まったことから，これに対応し，2003年に［物業管理条例］が制定され，その後2007年に制定された物権法の用語法にあわせて同条例も改正され，不動産会社を示す「物業管理企業」が「物業服務企業」に改められ，マンション「管理」から「サービス」へという変化があった[15]。すなわち，今日の不動産管理は，このサー

ビス契約に基づく安全配慮義務であると解すべきである。しかし，このような経緯があるので，上述のような保安にかかるような問題もすべからく不動産管理会社の安全保障義務に含まれるというマンションオーナー側の意識が強いといえる。では，不動産管理会社は，どのような状況下で第三者の権利侵害または犯罪行為について責任を負うべきだろうか。これはやはり，権利侵害責任法37条，人身損害解釈6条および「物業管理条例」46条1項，47条の規定による民事上の直接責任ないし補充責任に限定すべきであろう[16]。これらの規定は，言うまでもなく，不動産会社が社区内で生じた，第三者の権利侵害行為によって引き起こされた人身，財産的損害のすべてについて必ず全部の法的責任を負わなければならないということを意味するものではない。不動産管理会社が提供するのはあくまでも安全保障サービスのみであって，治安管理と等しいものではなく，いわんや警察の社会治安維持の一般的な水準に達することを求めるものではないだろう[17]。

---

15) 前掲注（13）75-76頁。
16) 劉貞磊「物業服務提供者安全保障義務探析——以第三人侵権為視角」長春工業大学学報（社会科学版）2014年1期73頁。
17) 前掲注（14）101頁。

第8章　補充責任者の検索の抗弁権問題

被害者，直接の加害者との関係を視野に入れた場合，実際の訴訟において，補充責任を負う者が有するとされるいわゆる検索の抗弁権［先訴抗辯権］はどのように実現すべきか，または実現できるか。

〔中国側回答〕
〈王成〉
　検索の抗弁権を有するべきでない。一般保証人に検索の抗弁権があるのは，一般保証人を保護し，一般保証人による保証提供の積極性を高めるためだからである。これに対し，補充責任者が補充責任を負う場合は，その者自身に過錯が存在するため，その補充はより観念的なものであり，検索の抗弁権をもつべきではない。

〈張愛軍〉
　検索の抗弁権については，法律がある場合に検索の抗弁権を適用することを明確に規定したときに初めて，補充責任者はこれを行使できると，私は考える。例えば，会計士事務所が，虚偽の資産検査（証明）によって負う補充責任がそれである。
　「会計士事務所に関わる会計検査業務活動における民事上の権利侵害賠償事件の審理に関する最高人民法院の若干の規定」（法釈［2007］12号）10条は，次のように定める。すなわち，「人民法院は，本規定第6条に基づいて会計士事務所が負うその過失の程度と相応の賠償責任を確定するときは，以下に掲げる事情に照らして処理しなければならない。（1）まず，会計検査を受ける組織が，利害関係人の損害を賠償しなければならない（下線は，張愛軍氏によるもの）。会計検査を受ける組織の出資者が，出資を偽り，実際とは異なる出資を行うか又は出資を引き揚げ，その後不足額を補っておらず，

且つ，法により会計検査を受ける組織の財産について強制執行を行うも，依然として損害を賠償するに足りないときは，出資者は，出資を偽り，実際とは異なる出資を行うか又は出資を引き揚げた金額の範囲内で，利害関係人に対して補充賠償責任を負わなければならない。（2）法により会計検査を受ける組織，出資者の財産に対して強制執行を行った後，依然として損害を賠償するに足りないときは，会計士事務所が，実際と異なる会計検査を行った金額の範囲内で相応の賠償責任を負わなければならない。（3）会計士事務所が1人又は複数の利害関係人に対して負う賠償責任は，実際と異なる会計検査を行った金額をその限度とする。」

　被害者は損害を蒙った後，直接責任者と補充責任者を共同被告として合わせて権利を主張することができる。被害者が補充責任者のみを訴えたとき，人民法院は，法により直接責任者を共同被告として追加し，訴訟に参加させなければならない。それと同時に，現在，執行難問題が普遍的に際立っているため，直接責任者に執行に供する十分な財産があるか否か，執行の強さおよびどの程度まで執行すれば，いわゆる「損害を賠償するに足りない」という認定基準に達したといえるかなどの問題はいずれも，補充責任者の検索の抗弁権の実現に影響を与えることになる。この問題については，なお更なる検討が待たれるところである。

〈亓培氷〉

　検索の抗弁権問題について。検索の抗弁権によると，債権者は，主たる債務者に対して訴えを提起し，かつその者の財産について強制執行するも依然として，満額の弁済を受けられないときになって初めて，従たる債務者に対して足りない部分について補充債務を負うよう求めることができる。補充的性質の要求に基づくならば，補充責任はその効果において，検索の抗弁権をその原則とすることを明確にし，よって，補充債務は，主たる債務者の弁済不能[1]（弁済の拒絶ではなく）または執行不能（例えば，主たる債務者が行方不明である場合など）に対する補充であることを強調すべきであろう。検索の抗弁権をもたない補充債務は，法律の定めまたは約定に限るべきである。補充責任者は検索の抗弁権を有するか否かという問題については，理論上なお

論争が存在しているとはいえ,実践においては,比較的に統一されている。すなわち,一般的に,補充責任者が検索の抗弁権を有することは認めない。実践において,「補充責任」をどのように訴えるかという問題については,権利者は,直接責任者を直接訴えることができ,補充責任者と直接責任者を共同被告として列記することもできる。補充責任者を単独で訴えた場合は,直接責任者を追加して併合審理を行わなければならない。

　実際の訴訟において,補充責任者の検索の抗弁権を実現しようとすると,その処理において比較的に困難であるだけでなく,科学的でもなく,補充責任制度の存在価値を無くしてしまう可能性があると,私は考える。キーポイントとなる点は,通常,直接責任者は行方不明であるか,資力がないかまたはその償還が困難であるのに対し,補充責任者には資力があり,その者に対して主張したほうがより易しいということにある。そのため,被害者はいずれも,補充責任者を直接訴える方へ傾いている。これに対し,補充責任者が負う責任自体は1種の保障責任,「包括責任〔兜底責任〕」であり,それが存在する価値はすなわち,被害者の不幸な損害のために救済を与えることにある。補充責任者に検索の抗弁権を与えることは,被害者が賠償を主張することの無効率化をもたらし,更には,当該責任の存在価値を否定することになる。

〔日本側コメント〕
〈瀬川信久〉

　ここでの問題は,補充責任に検索の抗弁権(責任順位の補充性)を認めるときに,補充責任者に対する権利行使をどう考えるべきかである。したがって,補充責任に責任順序の補充性を認めない見解を採るときは,この問題は存在しない。王成教授は補充責任を過錯に応じた減額責任のみを考え,(A)

---

1) 注意しなければならないのは,ここにいう「弁済不能」は主に,客観的に弁済能力を喪失したことにより惹起されるものであるが,個別の場合においては,法律上の制限に基づくことになる。例えば,主たる債務者が善意の不当利得者であるときは,その返還義務は現存する不当利得の範囲のみに限定され,既に消費してしまった部分については,たとえ,その者に事実上賠償能力があるとしても,その者は法律上,弁済することはない。

(B)の事案類型を補充責任の外に出すから，この問題はないとされる。しかし，(A)(B)の事案類型では，また，(C)～(F)の事案類型でも例えば(D-1)の③など，個別に検索の抗弁権が規定される場合には，王成教授も——概念上は補充責任の外であるが——この問題を考えなければならないはずである。以上に対し，補充責任から責任順序の補充性を排除しないときには，補充責任でこの問題が存在する。

具体的には，日本でも中国でも保証債務や無権代理人の責任で，検索の抗弁権を認めている。そのほか，日本では持分会社の社員に（会社法580条，本書203頁注(64)参照），中国では(D-1)の③の債務者（瑕疵ある出資者）に検索の抗弁権を認める（張249-250頁）。これらの場合に債権者（被害者）が補充責任者のみを訴えると，日本では，補充責任者は検索の抗弁権を行使できる。そして，検索の抗弁権の要件を満たしていれば補充責任者に対する請求を棄却する。検索の抗弁権の要件を満たしていなければ請求を認める。その場合の責任額は未弁済の債務額である。

以上に対し，張氏によると，中国では，人民法院は——検索の抗弁権の要件を満たしているか否かを問わず——直接責任者を共同被告として追加して訴訟に参加させ（この点は，裁判官の判断によるのではなく法的な強制だという），その上で，裁判官が，直接責任者の財産状況や執行の奏功可能性を判断して，補充責任者に対する請求の認否・認容額を判断するようである（以上につき，張250頁）。他方，亓氏は，補充責任者の検索の抗弁権は，理論上は争われているが実務上は認められていないとする。そして，債権者（被害者）が補充責任者のみを訴えたときには直接責任者を共同被告として追加して併合審理にするという（亓251頁）。検索の抗弁権は，張氏の論述によると，補充責任者に認められるがその行使は裁判官が職権により行い，亓氏によると，そもそも補充責任者に認められない。そして，両氏とも，債権者（被害者）が補充責任者のみを訴えたときは直接責任者を共同被告として併合審理になるという。検索の抗弁権（責任順位の補充性）が無意味になっている。

他方，債権者（被害者）が直接責任者と補充責任者をともに訴えたときについて，中国法がどうするかに関する説明はないが，補充責任者のみを訴え

た場合と同じく共同被告として併合審理にし，その上で，裁判官が，直接責任者の財産状況，執行の奏功可能性を判断して，補充責任者に対する請求の認否と認容額を判断するのでないかと思われる。そして，請求を認める場合には過失に応じて減額すると思われる。これに対し，日本法では，補充責任者は検索の抗弁権を行使できる。そして，検索の抗弁権の要件を満たしていると，補充責任者に対する請求を棄却するか主観的予備的併合として認めるかになる。1968年の最高裁判決（最判昭和43・3・8民集22巻3号551頁——文補）は主観的予備的併合を不適法としていたので，この判決によれば請求棄却になる[2]。しかし，下級審裁判例には主観的予備的併合を適法とするものもあり，学説も分かれていた。1996年の民事訴訟法改正は，予備的併合の代わりに同時審判申出共同訴訟を認めた（41条）。同条によると，債権者（被害者）は原告として口頭弁論終結時までに同時審判申出をすることができ，この申出があると，裁判所は複数被告に対する請求について弁論の分離ができず，必ずそれらの請求全部について判決をしなければならない。この結果は中国法の解決と同じであり，中国法に接近している。ただし，原告が直接責任者と補充責任者をともに訴え，かつ，同時審判を申し出たことを要件とする点では大きな違いが残っている。また，この場合に日本法は，補充責任者の賠償額を減額する規定があるときは減額するが，そうでない一般の場合は減額しない。この点でも中国法と異なる。

　総じて中国法では職権主義による全体的解決を志向しているようにみえる。中国の民事執行は債務者の財産全体を対象とする点で，個別財産を対象とする日本の民事執行と異なる[3]が，上述のように直接責任者と補充責任者に対する訴訟の自働的な併合は，同様の考え方に基づくように思われる。

〈但見亮〉

　検索の抗弁権については，王成がこれを明確に否定しているのに対し，張

---

2) 主観的予備的併合と同時審判申出に関する説明は，高見進「同時審判の申出がある共同訴訟」伊藤眞＝山本和彦編『民事訴訟法の争点』（有斐閣，2009年）76頁による。
3) 中国の債権者取消権の検討でみたところである（『中国契約法の研究』（成文堂，2017年）236頁以下〔瀬川信久〕）。中国の民事執行は，この点で破産手続に近い。

愛軍は規定がある場合には可能とし，亓培氷は「実際の訴訟において」は「困難である」としている（251頁）。思うに規定上検索の抗弁権が与えられていなければ，それを抗弁として主張しても意味はないであろうし，正に張が示すように，司法解釈等で責任負担の先後が明確に規定されていれば，実質的に検索の抗弁と同様の効果を期待することができるだろう。

　要するに，これは「補充責任」において検索の抗弁権が認められるか（どのように実現すべきか）という問題ではなく，むしろ個別の規定の問題ということになる。

第2部 補　論

〈文元春〉

　従来，複数者関与による不法行為において，各責任主体が負う責任形態としては，連帯責任[1]，不真正連帯責任[2]と分割責任が考えられてきた。しかし，中国においては，人身損害解釈（とりわけ，同解釈6条2項）の制定を契機に，前三者とは異なる責任形態として，安全保障義務者の補充責任という責任形態が導入され，補充責任に関する議論もそれを中心に活発に行われるようになった。その事案類型は，王成教授が第3章で取り上げた銀河ホテル事件のように，その多くは，安全保障義務者の消極的な作為義務不履行（不作為不法行為）と，第三者＝直接の加害者の積極的加害行為が介在している事案である。もっとも，当初は，直接の加害者を特定できないか，またはその者が賠償資力のない事案のみが検討対象とされ，直接の加害者を特定できかつその者に賠償資力がある事案は殆ど検討対象とされなかった。ここにおける安全保障義務者の補充責任には，①責任順位の補充性（二次的責任），②

---

[1] 連帯責任については，人身損害解釈3条が，同時に主観的関連共同（共同故意と共同過失）と客観的関連共同（直接結合＝必要条件的競合）による狭義の共同不法行為の成立を認めていたが，2009年制定の権利侵害責任法8条は，狭義の共同不法行為について主観説（共同過錯説）を採用したと，一般的に考えられている。そのため，同法8条による狭義の共同不法行為の成立範囲は基本的に主観的関連共同に限定されることになったが，裁判実務においては――同法の施行後，その数は少数に止まるが――，同法10条＝共同危険行為（加害部分不明案への拡張適用）と同法11条＝重畳的競合（可能的因果関係としての適用）の拡大解釈または両者の同時適用によって，実質的に客観的関連共同（直接結合）による狭義の共同不法行為を認めるものも一部存在している（文元春「中国における共同不法行為についての基礎的研究――狭義の共同不法行為を中心に」早稲田法学会誌65巻1号411頁以下（2014年）参照）。

[2] 中国において，不真正連帯責任については通常，各債務者が異なる法律関係に基づいて債権者に対して全部の賠償責任を負い，終局的責任者の存在を理由に，各債務者間の内部求償を認めない（文元春「中国における不真正連帯責任の位置づけをめぐって――ある再審事案を素材に」比較法学49巻3号192-194頁（2016年）参照）。

非終局的責任（終局的責任者は直接の加害者），③責任範囲の補充性（その過錯に応じた相応の賠償責任），④直接の加害者に対する求償不能リスクの引受けなどの特徴がある。これらはいずれも，従来の責任形態とは明らかに異なる点である。現在，補充責任をめぐる議論は主に，①責任順位の有無，②責任範囲，③求償権の有無，という3点に集中している。

1950年代の民法典編纂作業における2つの草案[3]と，1990年代の『法学大辞典』・『中華法学大辞典・民法学巻』はいずれも，不法行為における補充責任のみを考えていた。これに対し，中国現行の法律法規および関連司法解釈等の規定をみると，広義の補充責任には，不法行為責任のほかに，契約責任も含まれている。このことは，社会経済の発展と時代の変化にともなって，複数者関与による紛争類型が次々と現れるようになったことを物語っている。しかし，契約責任を含むすべての補充責任を検討対象にすると，その範囲が広範になり，その意味内容が希薄化すること，また，本共同研究は不法行為責任に関する日中比較法研究であることから，検討対象は基本的に，不法行為に関するものに限定した。

上記草案の規定および法学辞書の定義によると，ここでの補充責任とは，直接責任者が賠償できないかまたは一部しか賠償できない場合にはじめて，補充責任者がその不足額について負う責任（責任順位の補充性と不足額についての全額補充）である[4]。これに対し，その後，人身損害解釈6条2項・7条2項，権利侵害責任法37条2項・40条などに典型的に見られるように，責任順位の補充性についてはこれを継承しつつ，補充責任者の賠償範囲については，直接責任者の賠償不能額ではなく，補充責任者の過錯の程度によって

---

3)「債権債務の通則第二次稿（別案）」の〔注2〕および「損害賠償〔第三次草案〕」5条2項は，補充責任という用語を直接使用してはいないものの，責任順位の補充性という点では，現在の補充責任と同じであり，その意味では，これらは少なくとも「補充責任」の萌芽であったということができ，それが現在の補充責任と全く関係ないとはいえない。

4) これに関し，「中国民法典草案建議稿」（中国社会科学院法学研究所版）1618条も，加害者＝直接の責任者が不明な場合と加害者に賠償資力がない場合は，全額補充責任を，加害者に一部の賠償資力がある場合は，その不足額についての全額補充責任を考えており（梁慧星主編『中国民法典草案建議稿附理由：侵権行為編』（法律出版社，2013年）30-31頁），その流れを汲むものである。

限定するようになった（いわゆる「相応の補充責任」）。このことは，中国不法行為法における補充責任には，全額の補充責任と相応の補充責任という，2種類の補充責任が存在することを意味する[5]。もっとも，現在，一般的に考えられている補充責任とは，不完全賠償責任すなわち相応の補充責任のことである。

　ここで，説明しておかなければならないことがある。編著者は，「第2部　補充責任　第1章関連規定」の関連条文を，補充責任と何らかの関わりを有するものとして列記したつもりであり，そのすべてが補充責任であると考えたわけではない。例えば，物権法176条と公証法43条がそれであり，編著者の説明不足によって誤解を招いてしまったところがある。また，上記の関連規定については，責任順位の補充性の弱体化，過錯[6]の程度による賠償範囲の限定，不法行為責任という意味で補充責任を考えた場合は，王成教授のような判断結果になり得る（本書152頁以下参照）。しかし，契約責任をも視野に入れた場合は，一般保証における保証人責任も補充責任である[7]。

　補充責任については，人身損害解釈6条2項のように，安全保障義務者＝補充責任者の消極的な作為義務違反と第三者＝直接責任者の積極的加害行為の介在型事案が，不法行為法における最も基本的で典型的な事案類型として

---

[5] これに関し，王利明教授は，補充責任には，全部の損害について賠償責任を負う補充責任と，過錯の程度・原因力の大小に基づいて一定の限度内でのみ賠償責任を負う相応の補充責任という，2種類が存在しており，「わが国の権利侵害責任法は，創造的に相応の補充責任を確立した。すなわち，補充責任について厳格な限定を行い，既に根本的に補充責任の伝統的な意味内容を改めた。」と，指摘する（王利明『侵権責任法研究（上巻）』（中国人民大学出版社，2010年）48頁）。

[6] 王成教授は，「重大でない過失」と「比較的軽い過失」という判断基準によって，求償できる補充責任と分割責任という2つの異なる責任形態を想定する（本書157頁）が，果たして実際の事案処理において，このような区別を行うことができるかは疑問である。

[7] ちなみに，1980年代の法学辞書には，「保証」に関する次のような解説がある。「保証人が，債権者に対して債務者の債務履行を担保することを指し，債務者が債務を全く履行しないかまたは不適切に履行したとき，債権者は，保証人に対して（債務の）履行または損害賠償を請求することができる。保証人の責任に関し，各国の立法規定には，①連帯履行責任，②補充履行責任，③賠償責任という，3種類の場合がある」（『中国大百科全書・法学』（中国大百科全書出版社，1984年）724頁〔張佩霖執筆部分〕）。

考えられていた[8]。また，中国における安全保障義務は，ドイツ法上の社会生活上の義務（Verkehrspflicht）に由来するものであり，ホテル・百貨店などのような安全保障義務者は，その支配領域に入ってくる者が，第三者の不法行為によって人身・財産上の損害を受けることを防止する作為義務を負うことになる。

このような事案の特徴は，補充責任者の不作為行為と直接責任者の作為行為が競合していること，補充責任者に関する因果関係存否の判断が難しいことにある。理論上，因果関係有無の判断については，「もし，安全保障義務者が安全保障義務を尽くしたならば，①当該損害結果は発生しなかったか，または②軽減できたか」と，いえるかどうかによって行われる。もし，その答えが①であれば，安全保障義務者は全部の賠償責任を負い[9]，②であれば，一部の賠償責任を負うことになる。他方，「もし，安全保障義務者が安全保障義務を尽くしたとしても，当該損害結果の発生を防止することはできない」ならば，安全保障義務者は免責されることになる。しかし，その判断は，安全保障義務の射程（どれぐらいの作為義務を設定するか），安全保障義務者の予見可能性——これらは，過錯有無の判断でもある——とも密接に関わっており，その判断には多くの不確定的な要素が含まれており，裁判官による政策的判断が入ることも排除できない。王成教授が，因果関係について殆ど触れていないのも，そのためであると考える。また，補充責任の典型例とされる安全保障義務者の補充責任から考えると，直接責任者と補充責任者の主観的態様としては，前者が故意，後者が過失である場合が一般的であり，両者ともに過失である場合もあり得ると考える。

ところで，王成教授が指摘するように（本書153頁），このような補充責任は，損害の発生のために条件（間接原因）しか与えていない安全保障義務者に連帯責任，不真正連帯責任または分割責任の負担を求めることは酷であ

---

8) 最高人民法院民事審判第一庭編著『最高人民法院人身損害賠償司法解釈的理解与適用』（人民法院出版社，2004年）109頁〔辛正郁執筆部分〕参照。

9) この場合は，求償権をもたない連帯責任となり，もはや補充責任ではないと考える。また，この場合は，従来の直接結合（人身損害解釈3条1項）と同様の事案であり，権利侵害責任法10条または11条の類推適用によって，補充責任者に連帯責任を負わせることができると思われる（前掲注（1））も参照）。

り，終局的責任を負う直接責任者とのバランスを図ることにより生まれたものである。そのため，安全保障義務者が負う補充責任は，非終局的責任（直接責任者に対して求償可能）であり，その責任範囲もまた，過錯相応の範囲に限定されることになった。従って，補充責任については，そのもの固有の機能が予定されていたのであり，このような機能を発揮することができれば，従来の責任形態とは区別される独立した責任形態になり得るはずである。

このように，補充責任は，被害者・直接責任者・補充責任者の三者間で利益衡量を行い，法政策的に生まれてきたものであり，その特徴は，①責任順位の補充性，②責任範囲の補充性，③直接責任者に対する求償権の付与にある。そうすると，もし，これらを保障できないとするならば，補充責任の立法趣旨が没却され，補充責任の存在意義がなくなってしまうことになる。そのため，どのようにして，このような補充責任を実現できるかが問題となる。とりわけ，問題となるのは，補充責任の最大の特徴といえる責任の補充性を如何にして維持できるかである。このことは，分割責任との関係で最も顕著であり，責任順位の補充性がなければ，もはや両者の区別はなくなる。ところが，裁判実務では，補充責任者に分割責任を負わせる裁判例が多く存在するとの研究結果もある[10]。

被害者の損害の迅速な填補および訴訟経済の観点からみると，補充責任における責任順位の補充性を維持するには，訴訟段階ではなく，執行段階でこれを確保することで足りるように思われる。

具体的にいうと，まず，訴訟段階では，被害者の請求について特段の制限を設ける必要がなく，また，直接責任者を特定できないかまたは直接責任者に賠償資力がないときになってはじめて，訴えを提起する必要もない。訴訟形態として考えられるのは，①直接責任者のみを訴える場合，②補充責任者のみを訴える場合，③直接責任者と補充責任者の両方を訴える場合の3つの

---

10) 黎曉道「補充責任按份化的実証分析」管理観察2017年18期102-108頁参照。同論文によると，氏が「北大法宝・司法案例」で収集した，2010年7月1日～2016年12月31日における権利侵害責任法34条2項・37条2項・40条に関する裁判例817件のうち，補充責任者に分割責任を負わせたものが320件（全体の39.17％）であったのに対し，責任順位の補充性に合致するものは489件あったとされる（103頁）。

場合しかない。厳密にいうと，補充責任関連事案は必要的共同訴訟ではなく，処分権主義の観点からは，いずれの場合も，原則として被害者の請求を認めるべきである。しかし，被害者救済[11]および訴訟経済[12]の観点からは，できるだけ併合審理を行うことが望ましい。とりわけ，②の場合は，直接責任者が特定していれば，裁判官が釈明権を行使して直接責任者を共同被告に追加することができる。そして，併合審理が行われた場合は，判決主文において，まず，直接責任者が全額賠償責任を負うこと[13]，次に，補充責任者がその過錯相応の範囲内で補充賠償責任を負うことを明記しなければならない[14]。

次に，執行段階に入ると，被害者は上記の勝訴判決を債務名義として，執行法院に強制執行を請求することになる。この場合は，まずもって，直接責任者の責任財産によって賠償し，直接責任者に賠償資力がないかまたは一部の賠償資力しかない場合にはじめて，その不足額の範囲内において，補充責任者がその過錯に応じた賠償責任を負うことになる。補充責任者は，直接責任者に対して求償できるが，直接責任者が無資力の場合は，求償不能のリスクを引き受けることになる[15]。

---

11) 被害者は，補充責任者のみを訴えたからといって，全額賠償を得られるわけではなく，直接責任者を共同被告に追加することによって全額求償の可能性が高まる。その意味では，直接被害者と補充責任者の両者をともに訴えることは，被害者救済に資することになる。
12) 併合審理した場合は，1回の訴訟で，各責任主体の賠償範囲を確定できるだけでなく，直接責任者が特定されたことによって，補充責任者が賠償した後，別訴で直接責任者を訴えることもより容易になる。
13) ここでは，被害者に過失がある場合または素因減額などの事由は考えていない。
14) 上海市高級人民法院編『民事法律適用問答』2004年3期における第12問参照。また，実際の裁判例では，そのような判決を下すものもある。例えば，北京市房山区人民法院（2014）房民初字第02258号民事判決（レストランの経営者，全損害の15％），山東省滕州市人民法院（2012）滕民重初字第15号民事判決（組織再編した係争学校の資産を接収した県級人民政府の派出機関，全額補充）などがそれである。なお，この両判決の再審法院はいずれも，第1審判決を認容した。
15) 中国では未だ，執行難の問題があることも事実である。しかし，とりわけ民事事件について見る限り，以前と比べると，その状況は大きく改善できたと思われる。近年，最高人民法院は，民事強制執行を改善・強化させる一連の施策を打ち出しており，着実にその成果を上げてきた。また，2016年4月からは，2年ないし3年以内に

以上のように考えた場合，いわゆる検索の抗弁権［先訴抗辯権］については，訴訟段階では認められず，執行段階で認めることになる。

執行難問題を基本的に解決するという政策目標も明確に打ち出している。最高人民法院の一連の施策・活動について詳しくは，最高人民法院周強院長が，2018年10月24日に第13期全人代常務委員会第6回会議で行った以下の活動報告を参照されたい。周強「最高人民法院関於人民法院解決"執行難"工作情況的報告」http://www.court.gov.cn/zixun-xiangqing-124841.html，2019年2月26日確認。

［編著者］
文　元春（ぶん　げんしゅん）早稲田大学法学学術院准教授

［著　者］
王　　成（Wang Cheng）北京大学法学院教授
張　愛軍（Zhang Aijun）北京市中勤弁護士事務所弁護士
亓　培氷（Qi Peibing）上海市方達（北京）弁護士事務所弁護士
瀬川信久（せがわ　のぶひさ）北海道大学名誉教授
小口彦太（こぐち　ひこた）早稲田大学名誉教授・江戸川大学学長
但見　亮（たじみ　まこと）一橋大学大学院法学研究科教授
長　友昭（ちょう　ともあき）拓殖大学政経学部准教授

中国不法行為法の研究
――公平責任と補充責任を中心に――

2019年7月10日　初版　第1刷発行

編著者　文　　元　　春
発行者　阿　部　成　一

〒162-0041　東京都新宿区早稲田鶴巻町514
発行所　株式会社　成　文　堂
電話 03(3203)9201(代)　Fax 03(3203)9206
http://www.seibundoh.co.jp

印刷　藤原印刷　　　製本　弘伸製本
☆乱丁・落丁はおとりかえいたします☆
© 2019 G. Bun
ISBN978-4-7923-3388-1　C3032
定価（本体5200円＋税）　　　　検印省略